増補

スサノオと出口王仁三郎

SUSANOO
KAJ
ONISAVULO

出口和明❖著

八幡書店

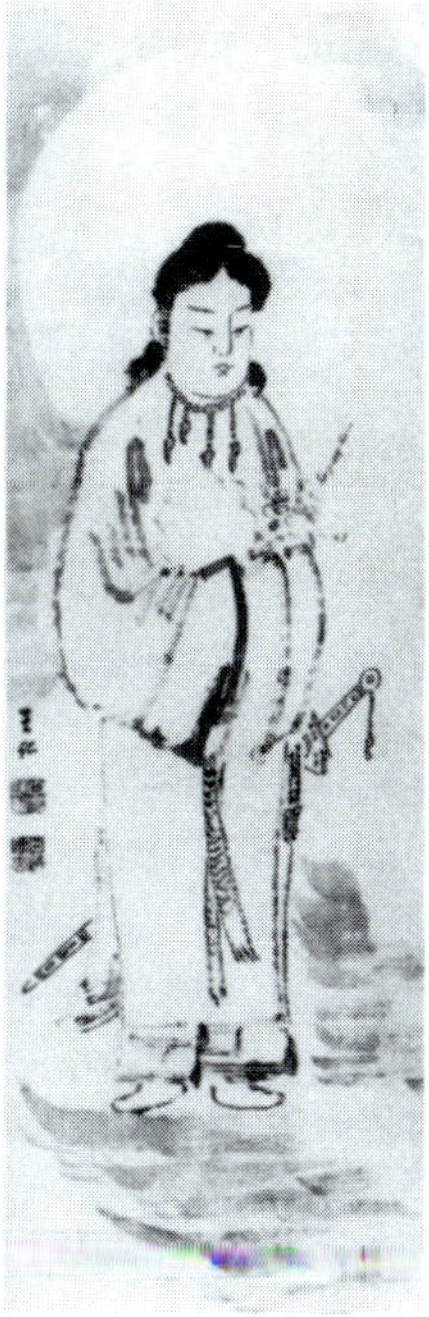

左は救世主神・神素盞嗚大神に扮した出口王仁三郎（昭和8年10月撮影）。右は王仁三郎筆の神素盞嗚大神ご神像。

上は大正５年の出口一家。中央が出口なお、その右が王仁三郎、左に二代澄子。右下は神素盞嗚大神ゆかりの地、信州皆神山山頂に立つ王仁三郎（昭和４年６月撮影）。左下は王仁三郎筆の伊都能売聖観音。聖観音は神素盞嗚大神の活動を象徴する。

上は神島での記念写真（大正6年旧9月撮影）。このとき、王仁三郎に懸かる神霊が神素盞嗚大神であると判明。右下は神素盞嗚大神が祀られていた月宮殿（第二次大本事件で破壊）。左下は王仁三郎筆の「天の岩戸開き」をモチーフとした神業図。

上は『霊界物語』の口述風景。右下は綾部鶴山に建立された長生殿の斧始式で斎主を務める王仁三郎（昭和10年撮影）。左下は戦時下の王仁三郎（昭和17年撮影）。

増補

スサノオと出口王仁三郎●目次

スサノオ神話と出口王仁三郎

「古事記」神話の深層

❖ 天帝とエンゼル

人は精霊《せいれい》と体《たい》とで成り立っています。精霊とは、人をはじめ動物の生きた霊のことです。精霊には、人が肉体を持つように、「霊身《れいしん》」という霊の体がある。また肉体が衣服を着るように、霊身には「霊衣《れいい》」という衣服があります。霊衣は精霊から発する霊気、いわば気の形象化といえましょう。最近よく使われる言葉でいえば、オーラのことですね。

出口王仁三郎《でぐちおにさぶろう》によれば、オーラには色があるそうです。明紫色《めいししょく》の霊気は、人ばかりか動植物にまで、精神的・肉体的成長力を促進させ、回りのものにまで影響力を与えます。反対に人の心が乱れて憎悪に満ちた時など、暗赤色《あんせきしょく》の霊気を出します。これには破壊性・殺害性の力があって、その刺激を受けると、精神的にも肉体的にも成長力が阻害される。戦争はもちろんのこと、夫婦喧嘩をして茶碗を投げ合ったり、家庭内暴力とか、校内暴力なども、そういった色素の触発からくる一つの現象でしょうね。

なんということもない集会でも心が弾んで浮き浮きしたり、安らいだり、有難く有意義な集会のはずなのに、なぜか気分が滅入ったりする。それも参加者が無意識に出し合っているオーラの色素の影響でしょう。

今から神素盞鳴大神《かむすさのおのおおかみ》と須佐之男命《すさのおのみこと》についてお話しますが、それぞれが明紫色の気を出し合って、神素盞鳴大神のすばらしい祝祭空間をかもしだすよう、御協力をお願いいたします。

王仁三郎は非常に大事なことを教えています。

祈りは天帝《てんてい》のみにすべきものである。他の神さまには礼拝するのである。私はそのつもりで沢山の神さまに礼拝する、そはあたかも人々に挨拶すると同様の意味においてである。誠の神様はただ一柱《ひとはしら》しかおわしまさぬ、他はみなエンゼルである。(『水鏡』「祈りは天帝にのみ」)

そのためにはまず、天帝とエンゼルの区別をわきまえないといけない。祈りという行為は人の誠心《せいしん》の発露ですから美しいことですが、「鰯《いわし》の頭も信心から」では、せっかくの信仰が間違ってしまう。ですから、祈りは天帝にのみ捧げよというのです。

われわれの周囲には電波がとびかっていますが、普通では、それを感じることはできません。だが電源にコードをさしこみ、スイッチを入れることで、テレビやラジオが様々な形や音を伝えてくれる。神霊の霊波は宇宙間に満ち満ちていますが、そのままでは感知できません。祈りはいわば電源にスイッチを入れる行為です。そこで問題はダイアルの合わせ方です。テレビにしても、ダイアルの合わせ方を間違えたら、見たくもない不愉快な画像が飛び込んできますね。祈りの対象を間違えると、人はとんでもない地獄界の霊波を感受しかねないのです。

❖主神の定義

天帝とは、大宇宙の根源神である主神《すしん》を指します。では、主神とは、一体、どのような存在でしょうか。

王仁三郎の示す主神の定義は二つあります。第一の定義は、「天地万有の創造主」ということです。王仁三郎の作文した祝詞《のりと》「感謝祈願詞《みやびのことば》」は次の言葉で始まります。

至大天球《たかあまはら》の主宰《つかさ》に在坐《ましまし》て。一霊四魂《ひと》、八力《ふた》、三元《み》、世《よ》、出《いつ》、燃《むゆ》、地成《なな》、弥《や》、凝《ここの》、足《たり》、諸《もも》、血《ち》、夜出《よろず》の大元霊《もとつみたま》、天之御中主大神《あめのみなかぬしのおおかみ》、霊素祖神高皇産霊大神《たかみむすびのおおかみ》。体系祖神神皇産霊大神《かんみむすびのおおかみ》の大稜威《おおみいづ》を以《もつ》て、無限絶対無始無終《かきわにときわ》に天地万有《よろずのもの》を創造《つくり》賜《たま》ひ。神人《おおみたから》をして斯《かか》る至真至美至善之神国《うるわしきみくに》に安住《すまわ》せ玉《たま》はむが為《ため》に、太陽《ひ》太陰《つき》大地《くぬち》を造り、各自々々《おのもおのも》至粋至醇《よき》之魂力体《みたま》を賦与玉《さずけたま》ひ。亦八百 万《またやおよろずの》天使《かみ》を生成給《うみなしたま》ひて万物《すべて》を愛護給《まもりたま》ふ。其広大無辺大恩恵《そのひろきあつきおおみめぐみ》を尊《とうと》み敬《いやま》ひ恐《かしこ》み恐《かしこ》みも白《まを》す。

このように、主神は、天地間のありとあらゆるものをお造りになった存在ですね。ですから主神は誰が造ったものでもない、もちろん、人の観念が作り出したものでもない、最初から実在する神さまなのです。

そこで、主神をいったい誰が造ったのかという、素朴な疑問が生じます。もし主神を作った他力があるとすれば、定義によって、その他力こそ主神です。さらにその他力を造った別の大他力があるとすれば、その大他力こそ主神です。すなわち我々の祈りの対象とする神は、造られたものではなく、太初《たいしょ》からあるものですね。

「八百万の神」というように、神の名は無数にあるわけですが、王仁三郎の定義から見れば、主神とそうでない神との区別は明らかです。龍神信仰とか、稲荷《いなり》信仰とかいっても、龍や狐や狸の霊は、主神によって造られたものです。同じ造られたものならば、主神の一霊四魂《いちれいしこん》を分け与えられている人こそ肉体をもった現界の神であり、龍や狐狸などより、霊性の上からは遥かに高いはずです。ですから間違った霊を祈りの対象にすると、一時的に与えられた現世利益と引き換えに、魂を低級霊に占拠されてしまうことにもなりかねません。

かつての大日本帝国は、天皇を現人神《あらひとがみ》として皇祖《こうそ》天照大神《あまてらすおおかみ》を除くあらゆる神の上に君臨させ、「お前の神がえらいか、天皇がえらいか」で信徒をむごい拷問にかけたのでした。天皇の絶対的権威のもとに聖戦へと国民をかりたてたのですが、敗戦間もない一九四五（昭和二十）年十二月、王仁三郎は鳥取県の吉岡《よしおか》温泉に滞在中、朝日新聞記者のインタヴューを受けました。すごい大雪で車が通れず、冬休みに入った私は、吉岡駅から歩いたのをおぼえています。その時の談話が十二月三十日付けの『大阪朝日新聞』に掲載されましたが、たいへん大事な問題を投げかけています。

「……これからは神道の考え方が変わってくるだろう。国教としての神道がやかましく言われているが、これは今までの解釈が間違っていたもので、民衆主義でも神に変わりがあるわけはない。ただほんとうの存在を忘れ、自分の都合の良い神社を偶像化して、これを国民に無理に崇拝させたことが、日本を誤らせた。ことに日本の官国幣社《かんこくへいしゃ》の祭神が神さまでなく、ただの人間を祀《まつ》っていることが間違いの根本だった……」

もう一つの主神の定義は、「無限絶対無始無終《むげんぜったいむしむしゅう》の宇宙の活動力」ということです。

宇宙の本源は活動力にして、即ち神なり。万有は活動力の発源にして、即ち神の断片なり。（『霊界物語』六十七巻六章「浮島の怪猫」）

大きさにおいて限りなく広く、権威において絶対であり、始めなく終りなき宇宙の活動力こそが主神であり、あらゆるものは主神の活動力の発源であり、断片だというのです。

無神論者を自認する人たちがいますが、真の無神論者は少なく、自分で無神論者だと思いこんでいるのが大半です。その幾つかのタイプには、まず宗教に対する反感からの無神論者。宗教の名のもとに大衆から沢山の金が集められ、豪華な殿堂伽藍《でんどうがらん》が築かれていく。政治家たちの甘い票田になる。宗教的戒律ががんじがらめに自他を縛《しば》り、罰を与え、宗教の名によって憎しみをかき立て、血で血を洗う戦いが今日でも続けられている。宗教の弊害を数え立てれば、反宗教になるのも無理はない。「坊主にくけりゃ袈裟《けさ》までにくい」で、「宗教は阿片《アヘン》だ、けしからん。そんな宗教のかつぐ神なんかあるものか」となってしまう。だが宗教がいかに堕落しようと、在る神は在る。

あるいは人格的な存在、描かれた須佐之男命や天照大神、龍神や鬼神のような姿をした偶像しか見ず、そんな神があるはずはないと迷信にしてしまう側面も見逃せません。

仏教徒も、神の存在を認めない。だが彼らは、宇宙の大理法を信じています。その大理法とは、言葉を変えれば宇宙の活動力にほかなりません。

主神が宇宙の活動力だとすると、その活動力は誰も否定できない。だから、無神論者は一人もいなくなります。

もちろん、科学は宇宙の活動力を認めています。けれど王仁三郎のいう宇宙の活動力と科学の研究対象としての活動力の根源的違いはただ一つ、その活動力に意志を認めるかどうかということです。王仁三郎はその活動力にこそ強力な意志の存在を認め、その宇宙意志によってすべてが動かされていると主張します。

❖『霊界物語』での神素盞嗚大神

宇宙の活動力であり、明確な意志を持つ主神は一柱ですが、その概念は大小様々で、国により、宗教により、いろいろな神名がつけられています。たとえばその属性から、主神、独一真神《どくいつしんしん》、造物主《ぞうぶつしゅ》といった具合です。宗教によっても、呼び名が違います。日本の神道では天之御中主大神《あめのみなかぬしのおおかみ》、基督《キリスト》教ではゴッドとか、「天にましますわれらの父よ」などと呼びかけます。ユダヤ教ではエホバ、イスラム教ではアラー、ギリシャ神話ではゼウス、中国では天、天主、天帝、易では太極《たいきょく》といいますね。仏教では神を認めませんけれど、この概念に比較的近いのは阿弥陀如来《あみだにょらい》です。

大本では大国常立大神《おおくにとこたちのおおかみ》と尊称し、出口直《なお》の筆先《ふでさき》では「天の御先祖さま」と親しく呼びかけ、また弥勒《みろく》の大神《おおかみ》ともいいます。問題はどのような呼び方をしようと、解釈こそ違え実は同じ存在であり、だから「わが神尊し」と争うことはナンセンスなんだと気づくことです。

では『霊界物語』では、主神をどう呼んでいるのでしょうか。

この『霊界物語』は、天地剖判《ぼうはん》の初めより天《あま》の岩戸《いわと》開《びら》き後、神素盞嗚命が地球上に跋扈《ばっこ》跳梁《ちょうりょう》せる八岐大蛇《やまたのおろち》を寸断し、ついに叢雲宝剣《むらくものほうけん》をえて天祖に奉り、至誠を天地に表はし五六七《みろく》神政《しんせい》の成就、松の世を建設し、国祖を地上霊界の主宰神たらしめたまひし太古の神代の物語および霊界探険の大要を略述し、苦集滅道《くしゅうめつどう》を説き、道法礼節《どうほうれいせつ》を開示せしものにして、決して現界の事象にたいし、寓意《ぐうい》的に編述せしものにあらず。されど神界幽界の出来事は、古今東西の区別なく、現界に現はれ来ることも、あながち否《いな》み難きは事実にして、単に神幽両界の事のみと解し等閑に附せず、それによりて心魂《しんこん》を清め言行《げんこう》を改め、霊主体従《れいしゅたいじゅう》の本旨を実行されむことを希望す。（『霊界物語』一巻「序」）

『霊界物語』は神素盞嗚命を主人公にした物語なんだと、明確に示されています。では神素盞嗚命とは、どんな神でしょう。

最上天界すなはち高天原には、宇宙の造物主なる大国常立大神が、天地万有一切の総統権を具足して神臨したまふのであります。そして、大国常立大神の一《また》の御名を、天之御中主大神と称へ奉り、無限絶対の神格を持し、霊力体《れいりょくたい》の大原霊《だいげんれい》と現はれたまふのであります。この大神の御神徳の、完全に発揮されたのを天照皇大御神《あまてらすすめおおみかみ》と称へ奉るのであります。

そして霊の元祖たる高皇産霊大神《たかみむすびのおおかみ》は、一名《またのみな》神伊邪那岐大神《かむいざなぎのおおかみ》、またの名は、日の大神と称へ奉り、体の元祖神皇産霊大神《かんみむすびのおおかみ》は、一名神伊邪那美大神《かむいざなみのおおかみ》、またの名は、月の大神と称へ奉るのは、この物語にてしばしば述べられてある通りであります。また高皇産霊大神は霊系《れいけい》にして、厳《いづ》の御霊《みたま》国常立大神と現はれたまひ体系《たいけい》の祖神なる神皇産霊大神は、瑞《みず》の御魂《みたま》豊雲野大神《とよくもぬのおおかみ》、またの名は、豊国主大神《とよくにぬしのおおかみ》と現はれたまふたのであります。この厳の御魂は、ふたたび天照大神と顕現《けんげん》したまひて、天界の主宰神とならせたまひました。ちなみに、天照皇大御神《あまてらすめおおみかみ》様と天照大神《あまてらすおおかみ》様とは、その位置において、神格において、所主の御神業において、大変な差等のあることを考へねばなりませぬ。また瑞の御魂は、神素盞嗚大神と顕はれたまひ、大海原《おおうなばら》の国を統御《とうぎょ》遊ばす、神代からの御神誓《ごしんせい》であることは、神典古事記、日本書紀等に由って明白なる事実であります。

しかるに神界にては、一切を挙げて一神の御管掌《ごかんしょう》に帰したまひ、宇宙の祖神大六合《おおくに》常立大神《とこたちのおおかみ》に絶対的神権を御集めになったのであります。ゆゑに、大六合常立大神は、独一真神《どくいつしんしん》にして宇宙一切を主管したまひ厳の御魂の大神と顕現したまひました。さて、厳の御魂に属する一切の物は、悉皆《しつかい》、瑞の御魂に属せしめ給ふたのでありますから、瑞《みず》の御魂《みたま》は、すなはち厳の御魂同体神といふことになるのであります。ゆゑに、厳の御魂を太元神《おおもとがみ》と称へ奉り、瑞の御魂を救世神または救ひの神と称へ、または主《す》の神《かみ》と単称するのであります。

ゆゑにこの物語において、主の神とあるのは、神素盞嗚大神様のことであります。主の神は、宇宙一切の事物を済度《さいど》すべく、天地間を昇降遊ばして、その御魂《みたま》を分け、あるひは釈迦《しやか》と現はれ、あるひは基督《キリスト》となり、マホメットと化《な》り、その他種々雑多に神身《しんしん》を変じたまひて、天地神人の救済に尽くさせたまふ仁慈無限《じんじむげん》の大神であります。しかして前に述べた通り、宇宙一切の大権は、厳《いづ》の御魂《みたま》の大神《おおかみ》すなはち太元神《おおもとがみ》に属し、この太元神に属せる一切は、瑞の御魂に悉皆《しつかい》属されたる以上は、神を三分して考へることは出来ませぬ。つまり心に三《さん》を念じて、口に一《いつ》をいふことはならないのであります。ゆゑに神素盞嗚大神は、救世神ともいひ、仁愛大神《みろくのおおかみ》とも申し上げ、撞《つき》の大神《おおかみ》とも申し上げるのであります。（『霊界物語』四十七巻「総説」）

主神は神素盞嗚大神であるとこのようにはっきり書かれていますが、それにしてもまるで迷路、実に難解きわまる文章ですね。王仁三郎のいおうとすることを整理すると、次のようになります。

霊力体の大原霊・大国常立大神（天之御中主大神）＋神徳の完全発揮＝天照皇大御神⇩
太元神・厳の御魂の大神と顕現＝救世主神・神素盞嗚大神（瑞の御魂の大神・仁愛大神・撞の大神）

大六合常立大神

霊系の元祖・高皇産霊大神（神伊邪那岐大神、日の大神）⇩（顕現）厳霊・国常立大神⇩（顕現）天界の主宰神・天照大神

体系の元祖・神皇産霊大神（神伊邪那美大神、月の大神）⇩（顕現）瑞霊・豊国主大神⇩（顕現）大海原（大地）の主宰神・神素盞鳴大神

神《かむ》素《す》盞鳴《さのお》大神《おおかみ》は宇宙の大原霊《だいげんれい》である大国常立大神が霊・力・体の三方面から神界・幽界・現界に救いの活動をなさる時の状態であり、換言すれば、最奥天界《さいおうてんかい》における厳霊神《げんれいしん》の御神格と御活動につけられた神名です。宇宙の造り主の神徳を一身にお集めになって、神霊世界および人類世界に神の教えを伝達し、地上に弥勒《みろく》の世《よ》を樹立しようとなさる救世主神であります。そして神素盞鳴大神は神格の一部を分けて天照大神として天界を主宰させ、自らはこの大地を主宰されるというのです。

❖『霊界物語』口述当時の時代背景

そこで誰しもが疑問に思うであろうことは、「よほど熟読せねばこの関係が分かりにくい。なぜこんなに回りくどく書かれているのか」という点です。その理由を知るには、『霊界物語』の書かれた時代背景をよく分らねばなりません。

王仁三郎は天照大神を祖神とする現人神《あらひとがみ》天皇《てんのう》の支配ばかりではなく、教団の中においては、厳霊《げんれい》の直系分霊・稚姫君命《わかひめぎみのみこと》の再生とされる大本開祖出口直《でぐちなお》との二重支配で苦しめられてきました。

大日本帝国の中では、天皇の権威は絶大で、天皇を唯一絶対の神と仰ぐことを強制されていました。しかし王仁三郎の信じる神は、天皇を遥かに超えた宇宙の根源的存在、神素盞鳴大神です。だがその信念を発表すれば、たちまち不敬罪という恐ろしい法律で罰せられます。検閲の網の目を潜って『霊界物語』を出版するには、検閲官の頭が混乱するほど、ややこしくする必要があったのでしょう。

神素盞鳴大神《かむすさのおのおおかみ》といえば、『古事記』にある須佐之男命《すさのおのみこと》をだれしも連想しますし、須佐之男命は皇室の祖神である天照大神《あまてらすおおかみ》に反抗して「天《あま》の岩戸《いわと》」に押し込めた、不敬極まる弟神《おとうとがみ》です。そこで検閲官の喜びそうな天照大神と混同しやすい天照皇大御神《あまてらすすめおおみかみ》という神名を使い、もって回った表現で、その神の顕現こそ神素盞嗚大神だと示します。

だから天照皇御大神とは、天皇家の祖神である『古事記』の天照大神と似て非なる神であることを、「天照皇大御神様と天照大神様とは、その位置において、神格において、所主の御神業において、大変な差等のあることを考へねばなりませぬ」と念を押しているわけですが、よく検閲にひっかからなかったものです。天照大神は、主神《すしん》である天照皇大御神、実は別名神素盞嗚大神より位置、神格、神業において遥かに低いということですからね。

さらに教団内部では、開祖派の役員たちの監視の目があります。彼らの出口直に対する信仰は絶対的で、「大神さま」と呼んでいたくらいです。ですから王仁三郎はようやくその補佐役くらいに軽く考えられていました。出口直の筆先は無条件で信じられていましたが、『霊界物語』の発刊に対しては批判的な人たちが多かった。ですから、「王仁三郎に懸《か》かる神霊は天照皇御大神であり、直は天照大神で、神格、神業の上でも比較にならぬほど差があるんだよ」などと率直にいえば、大変なことになります。しかし真実は残さねばならない。あの回りくどい表現は、王仁三郎の苦肉の策といえます。

最近、引用の文章を読んでいて気がついたんですが、終りの方に「心に三《さん》を念じて、口に一《いつ》をいふことはならないのであります」とありますね。以前から、この表現が気にかかっていたんです。常識的に考えれば、「心に一を念じて、口に三をいうな」という表現が自然ではないかと。ところが「三」に「さん」とルビが振ってあるので惑わされたのですが、「一」は「いつ」とルビが振ってあり、厳《いづ》と瑞《みず》の神格論の前後の文章から考えても、「三」は「みつ」と読むべきじゃないか。「いつ」は「厳」、「みつ」は「瑞」ですね。すなわち、心で「瑞《みず》の御魂（この場合、出口王仁三郎）」を信じながら、口で「厳《いづ》の御魂（この場合、出口直）」を称えてはならないという、戒めだったんですね。

竜宮館《りゆうぐうやかた》（綾部《あやべ》の聖地、または大本《おおもと》を指す）には変性男子《へんじようなんし》（出口直を指す）の神系と、変性女子《へんじようによし》（王仁三郎を指す）の神系との二大系統が、歴然として区別されてゐる。変性男子は神政出現の予言、警告を発し、千辛万苦、神示を伝達し、水をもって身魂《みたま》の洗礼を施し、救世主の再生、再臨を待ってをられた。ヨハネの初めてキリストに対面するまでには、ほとんど七年の間、野に叫びつつあったのである。（『霊界物語』一巻「発端」）

この文章では、出口直がヨハネ、王仁三郎がキリストに比されていますが、これも教団内部でおそらく物議を醸《かも》したものと思われます。ですからわざわざ二四章に「神世開基《ヨハネ》と神息統合《キリスト》」と題し、ヨハネとキリストの関係について、「ヨハネの御魂は仁愛神政《みろくしんせい》の根本神であり、また地上創設の太元神《たいげんしん》であるから、キリストの御魂に勝ること天地の間隔がある」とし、さらに「キリストはかへってヨハネの下駄《げた》を直すにも足らぬものである」と述べています。この一文で、開祖信者は、王仁三郎の御魂より出口直の御魂の方が格段に優れていることの証明だと、満足するわけです。ところがこの章が次の文章で結ばれていることについては、筆のすべりぐらいに考え、意識的に見まいとします。

ヨハネの厳《いづ》の御魂《みたま》は、三界を修理固成《しゅうりこせい》された暁において五六七大神《みろくのおおかみ》と顕現され、キリストは五六七《みろく》神政《しんせい》の神業に奉仕さるるものである。故にキリストは世界の精神上の表面に立ちて活動し、裏面においてヨハネはキリストの聖体を保護しつつ神政を招来したまふのである。（『霊界物語』一巻二四章「神世開基《ヨハネ》と神息統合《キリスト》」）

この章で示されるヨハネの厳の御魂は「仁愛神政の根本神」ですから、前に図示したように、神素盞嗚大神として顕現される神です。つまりは王仁三郎の霊魂が神素盞嗚大神であり、その大神がキリストとしての役割を担う王仁三郎の肉体を保護し、神世を実現するというのです。ですから、よく読み込めば、全く矛盾がないわけです。だから物語の気に入った一節だけを絶対の真理と信じこんでいる頭の硬直化した人たちに対して、王仁三郎は次の歌で結んでいます。

耳で見て目できき鼻でものくうて口で嗅《か》がねば神は判《わか》らず

耳も目も口鼻もきき手足きき頭も鼻もきくぞ八《や》ツ耳《みみ》

まさに八ツ耳の感覚でなければ、物語の真解はとても困難だと思いますね。

❖霊界と現界・相応の理

『霊界物語』における神素盞鳴大神《かむすさのおのおおかみ》は大宇宙の主神ですが、『古事記』や『日本書紀』に示される須佐之男命《すさのおのみこと》との関係はどうでしょう。私のいいたいのは、八百万《やおよろず》の神名がある中で、なぜことさらに主神《すしん》の神名にスサノオという言霊《ことたま》を選んだかということです。そのことをお話するためには、霊界と現界を結ぶ「相応《そうおう》の理《り》」の法則について説明しておかねばなりません。

相応の理とは何かを知るものは、宗教団体を通じて、一人もないといってもいいくらいである。そのことを知らなくては、霊界について明白な知識を持つことはできない。霊界の事物に無知な人間はまた、霊界から自然界にくる内流《ないりゅう》について知ることはできないし、また霊的事物と自然的事物に対する関係すら、知ることができない。また人間の霊魂がその身体に及ぼすところの活動や、死後における人間の情態《じょうたい》に関して、少しも明白な思想を持つことはできない。(『霊界物語』四十七巻二一章「跋文」)

では相応の理とは何でしょう。王仁三郎によれば、霊界と現界との間は、相応の理によってつながる、つまり現界にあったことは霊界にあり、霊界にあったことは現界にそれに相似のものがあるというんですね。

現界すなわち自然界の万物と、霊界の万物との間には、惟神《かむながら》の順序によって、相応なるものがある。また人間の万事と天界の事物との間には動かすべからざる理法があり、またその連結によって相応なるものがある。（『霊界物語』四十八巻一〇章「天国の富」）

霊界は宇宙の実態界《じったいかい》であって、その写しが現界なんですね。現世を「うつし世」というのは、そういうことです。富士山があって、富士山の写真がある。富士山が霊界で、その写真が現界です。霊界と現界は合《あ》わせ鏡《かがみ》で、霊界で起こったことは必ず現界に反映し、現界で起こったことは必ず霊界に反映する。誠の神が人類を作った際にも、霊界で人の雛型《ひながた》を作っておいて、それを現界に反映させていく。そういう意味で、霊界での神素盞嗚大神に相応するのが、記紀《きき》神話に登場する須佐之男命になるのではないでしょうか。だが現界においては肉体という制約があるので、神格や活動が制限されるのも当然です。

須佐之男命は神素盞嗚大神の分霊分身《ぶんれいぶんしん》であるとともに、神素盞嗚大神の神格や活動の投影された存在だと考えられます。

❖ 神話の暗号解読

それでは、『古事記』の記述とそれに対する王仁三郎独自の言霊学《ことたまがく》による解釈にもとづき、須佐之男命に迫ってみた私なりの勉強結果を、今からお話しさせていただきます。「なんだ、神話か」と馬鹿にしないで下さい。神話には、その国や民族の生み出した文化や世界観が素朴に表現されているのです。いや、素朴であればこそ、ストレートといえるでしょう。

世界中の神話がそれぞれ様々な物語で構成されていながら、遠く離れた地域の神話にも驚くほどの類似や一致点がみられることは、神話学でも指摘されているところです。理由の一つは、文化の交流によって相互に影響しあったためといえましょうが、神話の伝播《でんぱ》だけでは説明できない問題もあります。スイスの心理学者ユングは、神話は人類に共通する「普遍的無意識」の働きによって生み出された産物だと考えています。神話を失ったような現代文化の上でも、それは人間の生の根本にかかわる重要な意味をもって働き続けており、人間は神話に従って生きる以外の生き方はできないというんです。

相応の理によって、神霊界の出来事が古代の歴史に映ってくることは、当然といえましょう。また内流を受け、それに感応する人々が世界のあちこちにいたって当然でしょう。言語や風俗の違いから、その表現も多様に分かれた方がむしろ自然じゃないでしょうか。「普遍的無意識」の働きを「神霊界」と置き代えてみれば、人間が神話から逃れられないわけも不思議ではありません。

「暗号解読」というのは、ドイツの哲学者ヤスパースの用語ですが、彼は「哲学と宗教との歴史には、人類のもっとも重要な経験が秘密の暗号文字で折りこまれている」といっています。私は王仁三郎の『霊界物語』に示された「言霊解《ことたまかい》」こそ、この暗号文字を読み解く鍵だと思います。

❖『古事記』に表われた三柱の貴子

王仁三郎は、伊邪那岐大神《いざなぎのおおかみ》の御子生《みこう》みから須佐之男命が高天原《たかあまはら》を追放されるまでの古事記神話について、彼独自の解釈を「御霊魂《みたま》のことわけ」と「古事記略解」で明らかにしています。

「御霊魂のことわけ」は、一九〇四（明治三十七）年、王仁三郎が瑞霊《ずいれい》の神感《しんかん》のままに筆を執った『道《みち》の栞《しおり》』（全四巻）の一部ですが、内容的には独立した著作です。表題が示すように、出口直と王仁三郎に関する御霊の由来を、古事記神話によって基礎づけたもので、お読みいただけば分かるように、須佐之男命への思慕が行間にあふれています。

「古事記略解」は一九二〇（大正九）年十月十五日、東京婦人会発会式での講演録で、『古事記』本文に従って言霊で解釈しています。『神霊界』大正九年十一月号に掲載され、その後、『霊界物語』十二巻第四篇に再録されました。

記紀神話では荒ぶる神としての須佐之男命を、全人類の贖《あがな》い主として高く位置づけているのは両者に通底《つうてい》するものですが、前者は霊感的な著述であり、後者は婦人を対象にした講演ですから、当然、表現に大きな差があります。また両者の述べられた間には十六年の長い年月がある。前者は日清戦争中の日本全体が戦意の高揚していた時代で、また後に述べる「火水《かみ》の戦い」で、直と王仁三郎が激しく対立していました。後者は直の昇天後で、「皇道大本《こうどうおおもと》」が浅野和三郎《あさのわさぶろう》を先頭に立替《たてか》えの切迫を絶叫していた、第一次大本事件寸前の講演です。

実はいずれを基本にしてお話しようかと迷ったのですが、王仁三郎の真意を伝えるために、両者を交互に引用しながら述べて見たいと思います。（本書編纂に当たって、「御霊魂のことわけ」は全文収録、「古事記略解」は必要部分のみ引用しました）

伊弉諾尊《いざなぎのみこと》、嘗《かつ》て筑紫《つくし》の日向《ひむか》の橘《たちばな》の小戸《おど》の阿波岐原《あわぎがはら》に御《み》そぎ祓《はら》い給う時、十四柱の神を生み成されて、あとの十二柱目に生み成された神が天照太御神《あまてらすおおみかみ》様で、其次ぎ十三番目に生み成された神様が月夜見尊《つきよみのみこと》で、其次ぎ則ち十四柱目に生み成された神様は速《はや》素盞嗚尊《すさのおのみこと》で在《あ》る。其の時に伊弉諾尊は、甚《いた》く喜び遊ばして、「我は今日夥多《あまた》の御子を産《うん》だが、今度は別して美《うる》わしい尊い子が、終りに三柱出来たり。此の三柱の神さえ在れば、何事も成就すべし」と御喜びに成りて、御首《みくび》に懸《かけ》たる曲玉《まがたま》を取り外して、夫《そ》れを神の魂として、(天照) 太御神《おおみかみ》に授け給うて、「みましわ高天原《たかあまはら》の日《ひ》の御国《みくに》を治めるが好いぞ」と詔《みことのり》が下《さが》ったので、日の御国を治め成さる事に成ったのである。

又次に生れ成された月夜見尊には、「(夜の) おす国を治めるが好いぞ」との詔が下ったので、月《つき》の御国《みくに》を治め成さる事に成たので在る。其次に産み成された速素盞嗚尊には「海を治めよ」との詔りであった。即ち「此の大地の在《あ》る丈《だ》けを構うべし」との仰《おお》せである。『古事記《ふることぶみ》』に「海原《うなばら》」と在るは、此の大地の事で在る。此の大地は水が七分ありて陸《あげ》が三分より無いから、「海原」と云うのである。昔から日本の国を「四つの海」と称《とな》うるも、此の道理で在る。そうして天照太御神は厳《いづ》の御霊《みたま》にして、速素盞嗚尊は瑞《みず》の御霊《みたま》で在る。これから其因縁の概略《あらまし》を書き記すべし。(「御霊魂のことわけ」)

黄泉《よみ》の国《くに》より帰られた伊邪那岐大神は一二柱の子をお生みになったが、禊によってさらに三子を得られます。「吾は御子生生《みこうみう》みて、生《う》みの終《おわり》に三柱の貴子《きし》得たり」と大変にお喜びになり、天照大神には高天原《たかあまはら》を、月読命には夜《よる》の食国《おすくに》を、須佐之男命には大海原《おおうなばら》の統治を委《ゆだ》ねられます。高天原というのは太陽界《たいようかい》、夜の食国は太陰界《たいいんかい》、大海原は地球の三分の二が水ですから、地球の総称ということになります。王仁三郎は人は宇宙の縮図、小宇宙だといっていますが、人の肉体も三分の二が水ですね。

次に「古事記略解」です。

伊邪那岐命が筑紫《つくし》の日向《ひむか》の橘《たちばな》の小戸《おど》の阿波岐《あわぎ》ケ原《はら》に於て禊身《みそぎ》し玉ふ時に、

『左の御目《みめ》を洗ひ給ひし時に成りませる神の御名は天照大御神《あまてらすおおみかみ》、次に右の御目を洗ひ給ひし時に成りませる神の御名は月読命《つきよみのみこと》』

といふことが書いてございます。目といふものは、われわれ肉体から申しますると、右と左と両方に持ちてをりまして、物を視《み》るといふことの上にもっとも大切なものでありますばかりか、眼は心の窓と申しますぐらゐ重要なものでございます。ところが一歩進んで考へてみますと、すべてこの宇宙間に形を持ってをるものは、森羅万象のこらず目すなはち眼目《がんもく》といふものがなくてはならぬ。実際あらゆるものに眼目があるといふことは、吾人はつねにこれを認め得るのであります。姿こそ人間のやうな姿ではないけれど、他の動物においてもこの眼をもってをります。禽獣虫魚草木《きんじゅうちゅうぎょそうもく》の類《たぐい》にいたるまで、この眼のないものはありませぬ。また一つの文章を読みましても、この中にもかならず眼目といふものがあります。御勅語《ごちょくご》の中にも眼があります。

『皇祖皇宗《こうそこうそう》国ヲ肇《はじ》ムルコト宏遠《こうえん》ニ徳ヲ樹《た》ツルコト深厚《しんこう》ナリ、我ガ臣民《しんみん》克《よ》ク忠ニ克ク孝ニ』

これが教育勅語の眼目であります。戊申詔書《ぼしんしょうしょ》には、

『淬礪《サイレイ》ノ誠ヲ輸《イタ》サハ国運発展ノ本《モト》近ク斯《ココ》ニ在リ』

これが、つまり眼になってをる。その通り、はじめ天地をお造りになるにあたっても、この宇宙を治めるためには、どうしても眼といふものが必要であるといふので、そこで伊邪那岐命は、天地の主《ぬし》をお創《はじ》めになったのであります。すなはち伊邪那岐命は、まづ天の主をこしらへたい、この霊界の主宰者をこしらへたいと思召しになりまして左の眼を洗ひたまうた。この左の目といふのは日であります。太陽神であって上である。右の目といふのが太陰神であって下であります。言霊《ことたま》の天則から申しますと左は男、右は女と、これはすでに神様のみ代からきまった掟《さだめ》である。しかるにこの左の目を洗うてお生れになったのが日の大神、天照大御神であって、右の目を洗うてお生れになったのが月読命。さうすると目からお生れになったのは変性男子《へんじょうなんし》女子《にょし》でありました。左の目をお洗ひになってすぐお生れになったのが変性男子の天照大御神でありました。これでつまり、左を宇宙霊界とし、右を地球として、天上天下の君をお生みになったわけであります。

『次に御鼻《みはな》を洗ひ給ひしときに成りませる神の御名は建速須佐之男命《たけはやすさのおのみこと》』

はなは初めに成るの意義で、すなはち初めである。物質の元《もと》であります。花が咲いて、しかして後から実をむすびます。人間の身体が出来るにつきましても、まづ胎内において人間の形のできる初めは鼻である。それから眼が出来る。絵師が人間の絵を描きましても、その輪郭《りんかく》を描くのに何より先に鼻を描く、鼻は真中である。鼻を先へ描いて、しかるのち目を描き口を描いて、そこで都合《つごう》よく絵が出来るのである。この初めて出来た統治《とうち》の位地にお立ちになるのが須佐之男命であります。俗に、なんでも物の完成したことを眼鼻がついたと申します。神様もこの世界をお造りになって、さうして、そこに初めて眼鼻をおつけになったのであります。(『霊界物語』十二巻二八章「三柱の貴子」)

読みようによっては、三柱《みはしら》の貴子《きし》のうち、統治の地位に立つ一番尊い神が須佐之男命だといっているようです。須佐之男命が鼻を洗って生れたことについて、別の機会でも語っています。

素盞嗚尊は鼻になりませる神様である。鼻は言霊学上、初めて成るの意である。物の端《はし》をハナと云ふ、初発《しょはつ》の事をハナと云ふ、植物に咲く花も木のハナに咲くからハナと云ふのである。

私は鼻がよく利く。臭い香《にお》ひのするものは好かない、宣《の》り直《な》し、見直《みなお》しはあっても嗅《か》ぎ直《なお》しと云ふ事は無い。(『水鏡』「素盞嗚尊と鼻」)

❖須佐之男命の幾つもの顔

このように、須佐之男命《すさのおのみこと》は伊邪那岐大神《いざなぎのおおかみ》の期待のホープですが、後がいけない。大海原《おおうなばら》の統治を任されながら、治めることができず、ただ泣いていた。そして伊邪那岐大神の怒りに触れて、地上から追放される。そこでお別れの挨拶に高天原《たかあまはら》に上り、あげくに乱暴狼藉《ろうぜき》を働いて天照大神《あまてらすおおかみ》の天《あま》の岩戸《いわとご》籠りの原因をつくり出し、高天原からも追放される。このように、記紀神話の伝える岩戸籠りまでの須佐之男命は、手のつけられない取り得なしの神です。戦前、記紀神話全盛時代の須佐之男命といえば、小学生でも知っている悪神《あくがみ》の代表でした。

ところが、高天原を下ってからの須佐之男命は、突如、知的で英雄的な神に変神する。女々《めめ》しくて、無能で、乱暴なばかりであったはずなのに、地上へ下ると、恐ろしい八岐《やまた》の大蛇《おろち》を退治して悪の根を断ち、櫛名田姫《くしなだひめ》を助けます。勇気にあふれ、優れた知謀を持ち、果断な処置を時所位《じしょい》に応じて行なえる。しかも八岐の大蛇の尾から得た剣を、自分を追放した天照大神に献上します。そこには少しの恨みもなく、むしろ姉神《あねがみ》天照大神への崇敬《すうけい》の念すら感じられます。小学校時代の私は、岩戸籠りまでの須佐之男命に嫌悪を覚えながら、大蛇退治の須佐之男命にはとても憧れの思いを持っていました。どうも同名異神の神のように思い込んでいたのかも知れません。

そして出雲《いずも》の地に渡ると、須賀《すが》に宮を建て、妻を得た喜びを、
八雲《やくも》立つ出雲八重《やえ》垣妻籠《がきつまご》みに八重垣作るその八重垣を
という、美しい歌に託します。

やがて年を経ると、また違った須佐之男命の顔が現われてきます。

根《ね》の堅州国《かたすくに》に住んでいた頃、大国主命《おおくにぬしのみこと》が極悪非道の兄神《あにがみ》たちから逃れて、須佐之男命の元に身を寄せます。そこで大国主命は須佐之男命の娘の須勢理姫《すせりひめ》と恋に落ちました。この時の須佐之男命の仕打はどうでしょう。大国主命を蛇の室に入れる。翌日は蜂の室に寝かせる。また野火《のび》を放って焼き殺そうとする。ところが大国主命は須勢理姫や野鼠《のねずみ》の助けを借りて難関を切り抜けます。

須佐之男命は大国主命を呼び入れ、自分の頭のシラミを取らせます。頭にはシラミばかりか、ムカデも棲《す》みついている。八岐の大蛇を退治し、美しい姫を妻にした英雄神須佐之男命も、この話になると、いっぺんにイメージダウンです。ねちねちと意地悪で、残虐で、不潔きわまりない像が浮び上がります。

シラミを取らしているうち、須佐之男命は眠ってしまった。その隙に、大国主命は須勢理姫と共謀して、須佐之男命の髪を垂木《たるき》に結びつけ、大きな岩で戸をふさぎ、政治的、武力的

支配力の象徴である生大刀《いくたち》・生弓矢《いくゆみや》、宗教的・呪術的支配力の象徴である天《あま》の詔琴《ぬごと》を盗み出し、姫を背負って逃亡します。その時、天の詔琴が木に当たって、大きな音を立てます。目覚めた須佐之男命は黄泉比良坂《よもつひらさか》まで追いつめ、逃げる二人の背に叫びます。

「お前の持っている生大刀、生弓矢で母違いの兄弟たちを坂の御尾《みお》（坂の裾《すそ》の長く伸びた所）まで追い伏せ、また川の背に追い払って、大国主神となり、宇都志国玉神《うつしくにたまがみ》となり、吾が娘の須勢理姫を正妻として、宇迦能山《うかのやま》の山本《やまもと》に立派な宮殿を造って住め」

そして、最後の言葉がしびれさせます。

「この奴」

娘婿《むすめむこ》になる大国主命を試す方法はいかにも荒っぽいか、この最後の言葉にこもる愛情はどうですか。可愛い娘と大事な宝を盗んで逃げる男に、「この奴」と呼びかける。「奴」とは卑しい者という意味ですが、ここでは「こいつめが」ぐらいの意味でしょう。言葉こそ乱暴でも、その一言の中に無限のいとおしみが溢れていますね。最愛の娘に恋して自分を欺いた男に対して、娘婿となるにふさわしいかをいろいろな方法で審神《さにわ》し、娘との愛を確かめ、盗んだ宝を快く与え、その未来を祝福する。何と行き届いた舅《しゅうと》かと思います。年頃の娘を持つようになると、須佐之男命の気持ちが痛切に感じられます。

このように、須佐之男命の顔は幾つもあります。二重人格どころか、多重人格にさえ見えます。どれが本当の須佐之男命の素顔か、とまどってしまう。しかし須佐之男命が主神である神素盞嗚大神の投影だとしたら、高天原から追放されるまでの須佐之男命は虚像としか考えられません。戦後、次第に須佐之男命の復権がなされているようですが、少なくとも戦前の須佐之男命は何一つ弁明の方法もなく、天の岩戸を閉めた悪神のレッテルを張られてきました。本当に須佐之男命は悪神でしょうか。

神代《じんだい》の昔、もし今日のような裁判が行なわれたとしたら、須佐之男命はどんな罪で裁かれたでしょうか。

王仁三郎は須佐之男命こそ十字架を負った贖《あがな》い主《ぬし》であり、救い主だとして、当時の国家神道体制下で、真っ向から記紀神話に対抗する独自の神話解釈を行なったのです。それに基づきながら、弁護士になった心意気で、須佐之男命無罪論を展開したいと思います。

❖須佐之男命の第一の罪

第一の罪は、伊邪那岐大神《いざなぎのおおかみ》から任された大海原《おおうなばら》を治めることができなくて、泣いていた罪。現在の刑法では、それに該当する罪は見当たりません。悪いことをしたわけではなく、何もせずに泣いていただけですからね。しかし当時は大罪《たいざい》らしく、大海原から追放されるという、重い罰を受けます。では王仁三郎はそれについて、どんな弁護をしているのでしょう。

抑々速素盞嗚尊《そもそもはやすさのおのみこと》は御父伊弉諾尊《いざなぎのみこと》の詔《みことのり》を堅く守りて此の大地を御かまいなさるに付て、八百万《やおよろず》の神《かみ》が、日の大神様が麗しき天の高天原《たかき》に在《ましま》すのを見て、残らず心を天へ寄せて仕舞ひ、かんじんの此の大地の主《あるじ》たる速素盞嗚尊の言付けは、一つとして用いないのであった。何《ど》の神々も皆取違ひをして仕舞うて、この大地は汚れて居るから、高天原《たかあまはら》の日《ひ》の御国《みくに》に登る事斗《ばか》りを考えて、速素盞嗚尊の言付を一つも用いなさらぬのである。併し其の美《うるわ》しき高天原へ登るには、此の大地にてあらゆる罪汚《つみけがれ》を洗い清めてから、速素盞嗚尊の御取次ぎをして貰《もらわ》ねば、高天原へは登れぬのであれども、八百万の国津神《くにつかみ》皆思い違《ちがい》をして居られたので、素盞嗚尊がこの世の主にして救主《すくいぬし》たる事を知らずして、ないがしろに成されるので、速素盞嗚尊は、独《ひと》り御心《みこころ》を悩《なやま》せられ、何卒《どうぞ》して八百万の国津神を悔い改めさせて、神の御国《みくに》なる高天原へ、救いやらんと思召《おぼしめ》して、蔭《かげ》で血を吐くほととぎず、日夜泣き悲み給《たま》いて、只管《ひたすら》に救の道にのみ、御心を摧《くだ》かれたのである。御顔《みかお》の髭《ひげ》は胸先迄延《むなさきまでのび》るのも忘れて、御心を傷め給い、遂《つい》には涙も泣き枯れ果てて、御声《みこえ》さえも上げ玉はぬ様に枯れ果て給うたのである。八百万の国津神とは、我々が先祖の事である。我々の先祖の為《た》めに、夫程迄《それほどまで》に御心を配り給いしは、誠に恐れ多き事である。故に故に、我々の先祖は、此の救主に敵対うたる罪人であるにも拘《かか》わらず、終《つい》には許々多久《ここたく》の罪を御身独《おんみひとり》に引受けて、御涙《みなみだ》や血潮《ちしお》を以て償《あがな》い下されたのである。実に勿体《もったい》無き次第では在《あ》るまいか。

却説《さて》八百万の国津神たちが、貪《むさぼ》りのみに迷うて、速素盞嗚尊の御教《みおしえ》を、只の一度《ひとたび》も用いられなんだけれども、速素盞嗚尊は、憐《あわれ》みの深き御方《おかた》で在るから、耐え忍びて、どこ迄も世界の為め、神々の為めとて、力限り敵対者斗《てきとうものばかり》の中に立ちて、お守り成《なさ》れて御座ったので、未《ま》だまがつ神共《かみども》が恐れて、その割に悪き事や災《わざわい》をようせなんだけれ共、今や此の国の主たる速素盞嗚尊が泣き倒れ給い、御声さえも枯し玉えるを見て、夥多《あまた》の邪神共が、得たり賢《かしこ》と、さばえの如く群り起りて、此の世に恐《こわ》い者無しで、荒れ回すので、悪魔が栄える斗《ばか》りで在《あ》る。青山も皆枯《みなかれ》木《き》斗《ばか》りに成り、海河《うみかわ》もさっぱり泣き乾《ほし》に成ったので在る。其の筈《はず》でも在ろうか、かんじんの此の世の主《かしら》が倒れて御寝《おやす》みに成たので在るから、恐い者が無いので、強い者勝《がち》になりて、山に住む者も、川に住む者も、里に住む者も、海に住む者も、皆苦みもだえる事斗《ばか》りに成《なり》たので在る。

此の速素盞嗚尊が喜び勇み給う時には、世界中、山も川も陸も海も、生き物皆悦び勇むなり。又悲みもだえ給う時には、世界中の者が苦みもだえる様に成るので在る。(「御霊魂のことわけ」)

『古事記』の記述を根本からひっくり返した、堂々たる須佐之男命無罪論です。須佐之男命が大海原に降臨された時には、「今日のように政治であろうが、宗教であろうが、教育であろうが、何から何まで一切のものが行きつまって」（『霊界物語』十二巻二八章「三柱の貴子」）、この大地は手のつけられぬほどの乱れようでした。ではなぜそれほどまでに乱れたかといえば、国祖神政《こくそしんせい》の破綻《はたん》にあるわけですが、そのへんの事情については『霊界物語』の一巻から四巻までに詳しく述べられています。

須佐之男命が大地すなわち現実界のいっさいを統治する全権を伊邪那岐大神に委ねられているのに、大地に住む神人はすべて高天原の天照大神にばかりあこがれて、須佐之男命の教えを聞かなかったというのです。だが「高天原へ登るには、此の大地にてあらゆる罪汚《つみけがれ》を洗い清めてから、速素盞嗚尊の御取次《おとりつ》ぎをして貰ねば、高天原へは登れぬのであれども」とあるのは、高天原を天国と置き換えて読む必要があります。王仁三郎によれば、天国天人《てんごくてんにん》・天使《てんし》となるためには、いったん現界で修行し、霊魂にたまった罪穢《つみけが》れを洗い清めて、須佐之男命の神格を認めなければならない。

ここで王仁三郎は、二重に当時の体制を告発しているのです。日本では現実界の主である須佐之男命を無視し、天照大神を絶対の神としていること、また大本では救い主である王仁三郎の教えを役員信者たちは誰も聞かず、直《なお》の教えを絶対と錯覚していること。

須佐之男命は、心痛のあまり、髭《ひげ》が八拳《やつか》に長く伸び、胸まで下がるまで泣いておられた。

須佐之男命は大地の主宰神ですから、その一喜一憂はまた世界の一喜一憂です。これ幸いと悪魔が暴れ回るので、世界中の人たちが苦しみもだえる事態になります。これは何も神代の昔に限ったことではなく、現代でも当てはまることです。

是《こ》の速素盞鳴尊《はやすさのおのみこと》は、配下の神々の為めに、千々に心を摧《くだ》き給うて、御力《みちから》尽き果てたれば、既に此の国を見限りて、母の在《まし》ます幽界《よみのくに》へ行かんと思召し、十束《とつか》の剣《つるぎ》以《も》て御腹《みはら》かき切り、国換《くにが》え為《な》さんとし玉う所へ、父なる伊弉諾尊《いざなぎのみこと》現れ給て、「汝は何故に此の世界を守らずして、女々《めめ》敷《しく》も泣き倒れつるか」と御尋ねなされたのであった。そこで速素盞鳴尊は答え給う様《よう》、「私は此の世界の主と迄、父の仰《おお》せを蒙《こうむ》りましたなれども、八《や》百万《およろず》の国津神《くにつかみ》等ほこり高ぶりて、我が云い付にまつろわず、『如何《いかに》もして悔《く》い改めさせん』と思いますけれども、余り曇りきりて居る世の中の事故、誰独《ひとり》として悔い改むる者無き故、是非なく此の世の事を我身一つに引受けて、千々に心を砕き、今迄は漸《ようや》く治めて参りましたが、最早私の力も、耐え忍びも尽き果てました。こんな悪党な政治は、迚《とて》も私の手に合いませぬから、父上にお返し申上げて、私は母の国へ参り度いと思うので在ります。偖《さ》て私が父上に此の国をお返し申したなれば、後は誰が治むるであろうか。私さえも力尽きたる此の国を、増して後の世を継ぐ人の苦労は一入《ひとしお》つらからん。又国民はさぞ苦しまん。亦私が此の世をかまわんとせば、配下の神々が悪神に誑《たぶら》かされ、貪欲に迷いて、我が云い付を少しも用いず、此の広き世界を一《ひ》とりにて如何共《いかんとも》する由なく、最早力尽き果たらば、女々敷き様なれ共、思い切りて今や神去《かんさ》らんと為《な》しつつ在《あ》る所なり」と、涙ながらに事の次第を御物語りに成《なり》たので在る。

此処《ここ》に伊弉諾尊は、強《いた》く怒《いか》らせ給いて、「然《しか》ば汝が心の儘《まま》にせよ。母の在《ま》す根《ね》のかたす国に行け。且《か》つ此の国には住むなかれ」と仰《おお》せられて、神退《かんやら》いに退《やら》い給うたので在る。偖《さて》も速素盞嗚尊の御心の内には、「父伊弉諾尊より八百万の国津神に向いて、速素盞嗚尊の仰せを守るべく御《み》さとし在る可《べ》し」と思召《おぼしめし》給いけるに、返りて父より追い払われんとし給い、又只一人として素盞嗚尊の大御心《おおみこころ》を、くみ取り奉る者は無《ない》ので在った。実に道の分らぬ世の中と成りて居たのである。斯《かか》る世の中を開き給う神の御心と御苦労を押し量《はか》りて、其の御恩《ごおん》を忘る可からざる也。又伊弉諾尊も速素盞嗚尊の御心は能《よ》く御存じであれど、我が子を善《よし》とし給う事ならず、又人の子に悪在《あくあ》りとて、悪《あし》きとして傷を付けられず、との深き思召より、愛《いと》しき我が子の速素盞嗚尊を、悪《あし》きと裁《さば》き遊ばして、根の国へ追いやらんと成給《なしたま》うので在る。偖《さて》も其時の伊弉諾尊の大御心は、剣《つるぎ》を呑《の》むよりもつらくおわしましけんに、八百万の国津神は口一方《ひとかた》も大御心を汲《く》み取る者は無かったのである。又素盞嗚尊は、「父の御裁きにえこひいき在りて、我の善《よ》きを善と成し給わず、返りて汚れたる八百万の国津神の汚れ迄、我が罪汚れと為し給うか」と甚《いた》く父を怨《うら》み給いし也《なり》。此所に速素盞嗚尊は、海原《うなばら》を守る事を廃《よ》し給いて、情《なさけ》深き母の在す根のかたす国へ至らんと固く決心せられたので在る。此の決心せられたに付ては、実に御《み》胸《むね》の内には熱湯をたぎらす斗《ばか》り思《おぼ》し給いしならんに、独《ひと》りとして汲み取り参らする神なかりし也《なり》。（「御霊魂のことわけ」）

須佐之男命の心情をめんめんと述べるところなど、王仁三郎が須佐之男命の心と一体になりきっているようではありませんか。次に『霊界物語』の「古事記略解」を引用します。

すると須佐之男命は「まことに相《あい》すまぬことであります。ともかく、これは私に力が足らぬからであります。私が悪いのであります」とお答えになった。

しかしかうなって来ては、いかなる人が出て来ても、この時節《じせつ》にはかなはない。治まるときには治めなくても治まるが、治まらぬときにこれを治めるといふことはむつかしいものであります。人盛《さか》んなれば天に勝ち、天定《さだ》まって人を制す、悪運の強い時には、いかなる神もこれを何《ど》うもかうもすることが出来ない。

艮《うしとら》の金神様《こんじんさま》もこの時節の勢《いきおい》にはかなはぬと仰《おお》せられて、それで三千年間あの世にかくれて、今日の神政成就の時節を待って現在にあらはれ、天《てん》の大神《おおかみ》さまの御命令を奉じて、三千世界の立替立直《たてかえたてなお》しをなさらうといふのであります。大神様さへもさう仰せになるのでありますから、まして、須佐之男命が、大変に行きつまった地上を治めようとなさっても、どうして治まらうはずがありませう。しからば、何ゆゑ須佐之男命お一人では治まらないのであるかと申せば、それは今日文武百官《ぶんぶひやっかん》がありまして、また政党政派がたがひに相あらそひ、一方がかうすれば一方が苦情を持ち出して思ふやうにならぬごとく、前に申しましたやうに既《すで》にいろいろの神様たちがたくさんあって、その神々様がめいめいに天津神《あまつかみ》の御心を取りちがへて、いはゆる体主霊従《たいしゅれいじゅう》におちいってをられたので、一人の須佐之男命がどれ程まことの途《みち》を開かうとなすったところで、さらに耳に入れるものがない、めいめいに勝手なまねをなさる。ちゃうど強情な盲と聾との寄合《よりあい》のやうであります。そこに千仞《せんじん》の谷《たに》があっても、盲はひっくりかへるまでは知らぬ顔をしてをる。どれほど雷が鳴っても、聾は足下に落ちるまでは平気である。それに強情を張って、誰がなんと注意しても聴《き》かない。神代の人もそのやうに体主霊従で、どうしても命《みこと》の命令を聴かなかった。それで須佐之男命は、これはとりも直さず自分の責任である、自分の不徳のいたすところである、たうてい自分の力ではおよばないのであると、みづからをお責めになって、

『吾《あ》は妣《はは》の国、根《ね》の堅洲国《かたすくに》に罷《まか》らむと欲《おも》ふが故《ゆえ》に哭《な》く』

私はもうお暇をいただいて、母の国に帰らうとおほせられたのであります。根の堅洲国と申すのは、母神の伊邪那美命《いざなみのみこと》がおいでになってゐる所であります。もっとも、こ

れまでのある国学者たちは、根の堅洲国といふのは地下の国であると言ってをりますが、しかし一番にこの伊邪那美命は、月読命とおなじく月界《げっかい》に御出でになったのでありますから、月界を根の堅洲国と言ったのであります。

で、須佐之男命は自分の力が足らないのである、不徳のいたすところであるからして自ら身を引いて、根の堅洲国へ行かうとおっしゃって、一言も部下の神々の不心得や、その悪い行状をおほせられなかった。いかにも男らしい潔白なお方でございます。

ところが伊邪那岐命は非常に御立腹《ごりっぷく》になった。

『然《しか》らばみまし此国《このくに》にはな住《す》みそ』

「その方のやうな、この海原を治める力量のないものならば、二度とこの国に住んではならぬ。勝手に根の堅洲国へ行ったがよからう。一時でもをってはならぬぞ」とお叱りになったけれども、伊邪那岐命は須佐之男命の心中は疾《と》くによく御存じである。自分の子がどうしてこの国を治めることが出来ないか、どうして自分の珍《うず》の児《こ》の言ふことを万《よろず》の神々が聴かぬか、腹の底では充分に御存知でありますが、それをかれこれ仰有《おっしゃ》らない。心のうちには千万無量のお悲しみを持ってをられますけれども、ほかの多くの神々に傷をつけるといふことは考へものである。それで須佐之男命に刑罰をあたへて罪人としたならば、その他の八百万の神、これに随《つ》いてゐるところの神たちは、それを見てみな改心するであらう、その悪かったことを悟るであらうと思召して、大神様は自分の子を罰せられたのでありまして、普通の者の出来にくいことでございます。その広大なるお情《なさけ》ぶかい御心は、まことにもったいない次第ではありませぬか。

この須佐之男命を罪に問うたならば、あれこそ吾々のために罪せられたのである。誠にすまないことであるから、吾々は悔いあらためて本当の政治をしなければならぬ、改心を早くいたして命《みこと》の罪をゆるされむことを八百万の神々が思ふであらうと思召して、伊邪那岐命はこの処置をお取り遊ばしたのであるが、やっぱり体主霊従におちいられた八百万の神たちは、容易にそれがお解《わか》りにならず、あれは当然である、政治の主権をあんな者が握《にぎ》ってをっては国の治まらうはずがない、あれがゐなくなれば、またよい神様が来るに違ひない、いな、吾々の力で充分に世を治めようといふやうな、すこぶる冷淡な間違った考へをもってをったのであります。まことに、こんな世の中を治めようとするには、なみ大抵のことではないのでございます。(『霊界物語』十二巻二八章「三柱の貴子」)

須佐之男命が血を吐く思いで霊主体従《れいしゅたいじゅう》の教えを叫んでも、肉体を持つ地上人類の欲望は激しく、体主霊従になり切っていて、とても通じない。しかも部下の神々は須佐之男命の命を守らず、好き勝手なことをする。どんなに焦っても、国常立尊《くにとこたちのみこと》がそうであったように、一人ではどうにもならなかったというのです。

万策尽きた須佐之男命は、ついに自殺して母の伊邪那美大神のおられる幽界へ行こうと決意します。伊邪那岐大神がそれを責められると、「この大地を治めることは、自分ではとても手に余ります」と辞任を申し出られます。それにしても、後を受け継ぐ主宰神の苦労と人類の苦しみに思い悩む心優《やさ》しい須佐之男命です。

須佐之男命は父神のお咎《とが》めに対して一言の弁明もなさらず、八百万の神々や人類を傷つけまいと、罪を一身にかぶられます。伊邪那岐大神は須佐之男命の苦衷《くちゅう》を充分に知りながら、わが子一人に罪を与えたならば神々も人類も悪かったと気づいてくれるだろう、そのために自分の珍《うず》の御子《みこ》に全責任を追わせようと、涙を飲んで追放されたというんですね。

❖天照大神を逆告訴

須佐之男命《すさのおのみこと》は大海原《おおうなばら》を去るに当たって、姉神《あねがみ》の天照大神《あまてらすおおかみ》に別れを告げようと、高天原《たかあまはら》に上ります。ここでまた、「御霊魂《みたま》のことわけ」と『霊界物語』の「古事記略解」を続けて引用します。

母の国へ行き給うに付て、一度は高天原なる日《ひ》の御国《みくに》に在《ま》す姉君天照太御神《あまてらすおおみかみ》に御面会の上にて、色々と詳しき物語を為《な》し、母の国へかる暇乞《いとまごい》を為さんと思召《おぼしめし》、高天原へ舞い登ります時に、山川皆動き、国土皆ゆり出したので在《あ》った。四海《しかい》の主が、此の国を見捨て高天へお登りに成るので在るから、山も川も世界が動くのは、無理なき事で在る。約《つま》り大騒《おおさわぎ》が起りた事なので在る。今でも天子様《てんしさま》、何所《どこ》乎へ御出《おいで》に成るとか、崩御《ほうぎょ》に成たとか云えば、夫《そ》れこそ山川処《どころ》か、上も下も大騒で在《あ》る。

茲《ここ》に天照太御神は、下津国《しもつくに》の有様を御聞き遊ばして、甚《いた》く驚き成された。高天原迄揺り動き出したので、天照太御神は、「我《わ》がなせの尊《みこ》、今此《か》く武《たけ》き勢《いきおい》を以《も》て、此の高天原へ登り来ます其故《そのゆえ》は、必ず麗《うるわ》しき心で来たのでは無《なか》ろう。我国高天原を取ろうと思い、悪《あし》き巧《たく》み在りて来たので在ろう」と仰せられて、そこで俄《にわ》かに髪を解《ほど》いて、御気色《みけしき》荒く、其の髪を身自《みみずか》らくるくると巻き為されて、左と右《みぎり》の耳《みみ》づらにも御《み》かづらにも、左右の御手《みて》にも、八《や》さかの曲玉《まがたま》のいほつみすまるの玉を巻き持ち給いて、そびらには弓《ゆ》筒《づつ》を負い、戦《いくさ》道具を整えて、弓のはらを脹らせ矢をつがえて、庭先迄出でて、土踏み鳴らし、じだんだ踏《ふん》で御怒り遊ばして、其所等《そこら》のものなど足以てけり散かし、おたけびにたけびて、八百万の天津《あまつ》国戦《くにいくさ》を引き連れて四《し》股踏《ふみ》鳴らし、荒き御気色に成せられ宣《のたまわ》く。「何故《なにゆえ》在りて我がなせの尊は我《あが》国へ来り在せるぞ。必ず此の国を掠《かす》め取《とら》ん目的在《あ》りて、登り来ませるならん」と太き御声を張り揚げて問い給える也。速素盞嗚尊は、言葉静《しずか》に謹みて答え申給《もうしたま》わく、「我は此の国を掠《かす》め取らんなどと、さる見苦しき心は、毛筋《けすじ》程も更に無し。余り下津国が見苦しくて、何事も思いに任《まか》せぬ故に、母の国に至らんと思うが故に、此の事を一度姉上に申上げ参らせん為に参《ま》い登り来つる」とぞ申されたり。茲《ここ》に於て天照太御神は、「果して、なせの尊《みこと》に汚《きた》なき御心なくば、其の清き明《あきら》けき魂を、我前にて如何《いか》にして成《な》り共示《と》す可《べ》し」と仰せられたり。速素盞嗚尊答え玉わく。「己《おの》も己《おの》もの心を明《あか》しする為に、たがいの御《み》たまを以て御子《みこ》産《う》み、正しき心の明《あか》しを為し申さん」と相共《あいとも》に約し玉いて、己も己も天《あま》の安《やす》の川原を中に置きて、諾《うけ》い玉う時に、天照太御神は、先ず武速素盞嗚尊《たけはやすさのおのみこと》の帯《はか》し給える十束《とつか》の御剣《みつるぎ》を請《こ》い受け給いて、三きだにぼきぼき折り給いて、三つながら天《あま》のまな井の清水《しみず》に振り滌《すすぎ》給い、さがみにかみて、いぶきのさぎりに吹き捨《すつ》る中より生れ出在《いでま》せる神の御名《みな》は、

「たぎり姫《ひめ》の尊《みこと》」と申し、又の御名は「沖津島姫《おきつしまひめ》の尊《みこと》」と申す。

次に、

「いちぎしま姫《ひめ》の尊《みこと》」を産み給い、又の御名は「佐依姫《さよりひめ》の尊《みこと》」と申し奉る。

次に、

「たぎつ姫《ひめ》の尊《みこと》」。

合せて三柱の神生れ出で給う。何《いず》れも皆姫神《ひめがみ》ばかりなり。

此の十束の御剣は、武速素盞嗚尊の御霊種《みたまざね》なれば、素盞嗚尊の御霊は、みかけにも寄らずして、やさしき麗《うるわ》しき御心なる事の現われし者なり。速素盞嗚尊は上辺《うわべ》から拝《おが》み奉《たてまつ》る時は、誠に武しく荒荒敷《あらあらしく》見え給え共、其の御心の内こそ大人敷《おとなしく》、やさしく、女の如く在《まし》ませる也。常に苦みに堪え忍び玉える事を窺《うかが》い奉りても、女の御霊に在る事を知り得らるべし。日の本の神の道の言葉で唱うる時は、瑞《みず》の御霊《みたま》と云えども、外国《とつくに》の仏道《ぶつどう》の言葉以て唱うる時は、変性女子《へんせいによし》の霊精《れいせい》と言う者なり。故に成る可《べ》くは、変性女子の御霊などと唱えざるを良《よし》とする也。変性女子と云う事も、変性男子《へんせいなんし》と云う事も、皆仏法家の唱うる言葉なれば、日本御国《やまとみくに》の並《なみ》の信者の唱う可《が》き事に非る也。

夫《そ》れから速素盞嗚尊は、天照太御神の左の耳《みみ》づらに巻かせ玉える八《や》さかの曲玉《まがたま》のいほつみすまるの玉を乞い渡（ママ）して、残らず天《あま》のまな井《い》に振りすすぎ、さがみにかみて吹き捨つる、さ霧《ぎり》に生れ給いし神は、

「まさか、あかつかち、はやひ、あまのおしほみみの尊《みこと》」のひこ神なり。

次に「天《あめ》のほひの尊《みこと》」生れ給い、

次に「天津彦根尊《あまつひこねのみこと》」生《うま》れ給い、次に「い久津彦根尊《くつひこねのみこと》」生《うまれ》給い、次に「くまのくすびの尊《みこと》」生れ給えり。

茲《ここ》に於て天照太御神は、速素盞嗚尊に告げて宣《の》り給うよう、「此の後《のち》にあれませる五

柱の男の御子は、我が巻き持てる曲玉の種《たね》に因《よ》りて、則《すなわ》ち我が御霊《みたま》の生れつき現れて生れたる神なれば、皆《み》な我が御子なり。又先にあれませる三柱の姫御子《ひめみこ》のものざね、みましのものに因りて生れ出《いで》ける故に、彼《かれ》三柱の姫御子はみましの御子也《なり》」と宣《の》り分け給えるなりき。

茲に速素盞嗚尊は、天照太御神に申し給うよう、「我わ武《たけ》くけわしく相《そう》見ゆる故、何《いず》れの神も疑えども、我が心魂《こころたましい》は、飽迄《あくまで》も清く明《あき》らけく、ましろなり。故に我が御霊をこめし十拳《とつか》の剣より、斯《かか》るやさしき麗《うるわ》しきたわやめを得たる也。之《こ》れに依《よ》りて見れば、我心こそ姉君の御心よりも清く、しろし。天照太御神は上辺は此の上なくやさしくうつくしく見えつれ共、御心の底ぞ武《たけ》くけわしく在《まし》ます也。其故は、天照太御神の左の耳づらに巻かせるやさかの曲玉より生れ出で在《ま》せる神は、天《あめ》の押穂耳《おしほみみ》の尊《みこと》也。右《みぎ》りの耳づらに巻せる曲玉をかみしによりて生《な》り在る神は、天《あめ》のほひの尊《みこと》也。又みかづらに巻《まか》かせる曲玉をかみて生れ出で在せる神は、天津彦根《あまつひこね》の尊《みこと》也。又左の御手に巻かせる曲玉をかみて生れ在せる神の御名は、いくつ彦根《ひこね》の神《かみ》也。次に右りの御手に巻かせる曲玉をかみて生れ在せる神は、くまのくすびの神《かみ》也。此の五柱は皆《み》なたけびお成れば、則ち天照太御神の御心の武《たけ》しき事現れつる者なり。故に姉君は御心の内、我より清からず麗しからずて在る也。自《おのずか》ら我れ勝てり。此の上にも尚《な》お我れの心を穢《きたな》しと成し給うや」となじり給える也。素盞嗚尊の御身に成《なら》ば、さもこそ在《あ》る可《べ》き御事共也《おんことどもなり》かし。則《すなわ》ち天照太御神は厳《いづ》の御霊《みたま》にして、仏者《ぶつしゃ》の所謂変性男子《いわゆるへんせいなんし》の御霊《みたま》也。肉体こそ女なれども、其の魂は武《たけ》く男々《おお》敷《しく》在《ま》し在《ま》せる也。女のやさしき肉体を持ち給いて、男の武《たけ》き御霊を持ち給う故に、其の御霊の生れ付き現れて、五柱の男神生《あ》れ出で給える也。（「御霊魂のことわけ」）

　それにしても、慎み深い須佐之男命の態度に比して、天照大神の弟神を迎える居丈高《いたけだか》の態度はどうでしょう。天照大神が「太《ふと》き御声《みこえ》を張り揚げ給いて」問われたというのは、出口直に天照大神が神がかった時の状態を連想させます。ここで注目すべきことは、「日本の神道の言葉でいえば厳《いづ》の御霊《みたま》・瑞《みず》の御霊《みたま》で、外国の仏道《ぶつどう》では変性男子《へんせいなんし》・変性女子《へんせいにょし》。日本人たるもの、仏法家の唱える言葉を使用すべきではない」という意味を述べていることです。変性《へんじょう》男子《なんし》・変性女子《へんじょうにょし》は出口直の筆先《ふでさき》用語であり、筆先には厳の御霊・瑞の御霊はいっさい出てきません。反対に『霊界物語』では厳の御霊・瑞の御霊は神性を表わす用語として使われ、変性男子・変性女子は須佐之男命の神業を妨害する役回りの高姫《たかひめ》・黒姫《くろひめ》の多用する言葉です。

　そこで須佐之男命が、お父さまの伊邪那岐命《いざなぎのみこと》に申し上げられましたのには、「しからば私は根《ね》の堅州国《かたすくに》にまゐります。しかし、それにつきましては、高天原《たかあまはら》にます姉君の天照大御神に一度お暇乞《いとまご》ひをいたして参りたいと存じます。高天原に上ります」と申さ

れて、

『乃《すなわ》ち天《あめ》に参上《まいのぼ》りますときに、山川悉《ことごと》に動《どよ》み、国土皆震《くにつちみなゆ》りき』

天にお上りになるといふこの天《てん》は大本《おおもと》で言へば、高天原で、今日にたとへてみたならば、国の政治の中心で現代日本の高天原は東京であります。神界にも政治の中心が高天原にあったのは当然でございます。そこでいよいよ高天原に上りたまはむとするとき、山も川もことごとく動いた。国土みな震《ふる》ひ出しました。すなはち物質界の上にも精神界の上にも、大地震があったのであります。しかしこれは形容であって、社会万民すべてのものが今さらのやうに驚き、国土の神々が一度に震駭《しんがい》した。今日の言葉で言へば、内乱が起ったといふやうな意味で非常な騒ぎであります。須佐之男命がこれから根の堅洲国においでになるについては、今度お暇乞ひのために高天原にお上りになるといふので、国中非常な大騒ぎで、つひに騒乱が起ったのであります。一方、天照大御神様は、今度須佐之男命が天に上るについて、国中大騒ぎであるといふことを聞し召されて、大いにお驚きになって、

『あが那勢《なせ》の命の上《のぼ》り来ます由《よし》は、必ず善《うるわ》しき心ならじ、我《あ》が国を奪はむと欲《おもほ》すにこそ』

と詔《の》りたまうて、「弟の須佐之男命が海原を治さずして、高天原に上って来るといふこ

とであるが、これはかならず美しい心ではなからう。吾この主宰するところの高天原を占領に来るのであらう」と仰せになって、

『御髪《みかみ》を解《と》き御美豆羅《みみづら》に纏《ま》かして』

男の髪のやうに結ひ直して大丈夫《ますらお》の装束をして、あまたの部下を整列せしめ、戦いの用意をなさったのであります。

元来、変性男子の霊性はお疑がふかいもので、わしの国を奪《と》りに来る、あるひは自分の自由にするつもりであらう、かう御心配になったのであります。丁度これに似たことが、明治二十五年以来のお筆先《ふでさき》に非常にたくさん書いてあります。変性女子（王仁三郎）が高天原へ来てつぶしてしまうと言って、変性女子の行動に対して非常に圧迫をくはへられる。また女子が大本《おおもと》全体を破壊してしまうというやうなことが、お筆先にあらはれてをります。それで教主（王仁三郎）はじめ役員一同、教祖（出口直）の教《おしえ》のとほりにこの皇国《こうこく》のため、霊主体従《れいしゅたいじゅう》の神教《しんきょう》を説いて日夜つとめてゐるのでございますが、しかし大本教祖も変性男子の霊魂であって、やっぱり疑《うたがい》がふかいといふ点もあります。天照大御神様は、疑ひぶかくも弟の美しい心を、これは悪い心をもって来たのではあるまいかとお疑ひになったのであります。教祖もさういう工合に、変性男子の神界《しんかい》の型《かた》が出来てゐるのであります。さうして、

『左右《ひだりみぎり》の御美豆羅《みみづら》にも御鬘《みかづら》にも、左右の御手《みて》にも、各八坂《みなやさか》の勾璁《まがたま》の五百津《いおつ》の御須麻琉《みすまる》の珠《たま》を纏《ま》き持たして、曽毘良《そびら》には千入《ちのり》の靭《ゆぎ》を負ひ』

矢筒《やつつ》や弓をお持ちになりて、

『伊都《いづ》の竹鞆《たかとも》を取り佩《おは》し、弓腹《ゆはら》を振り立てて』

弓を一生懸命に、ギュット満月のごとく引きしぼって、

『堅庭《かたにわ》は向股《むかもも》に踏みなづみ、沫雪《あわゆき》なす蹶散《くえはらら》かして、伊都《いづ》の男健《おたけ》び踏《ふ》み健《たけ》びて、待ち問ひ給はく』

男健《おたけ》びといふのは、角力《すもう》取りが土俵に上って、ドンドンと四股《しこ》をふんで、全身の勇気を出す有様であって、弟が軍勢を引き連れて来たならば、一撃のもとに打ち亡ぼしてしまうてやらうと、高天原の軍勢をお呼び集めになったのであります。

いかにも女神の勇ましさと、えらい勢《いきおい》を形容してあります。弟の須佐之男命が上って来るのは、高天原を攻め落さうと思って来るのではないかと、非常に御心配になって、それに対する用意をしてお待ちになったのであります。今日、世人や新聞雑誌記者や既成宗教家や学者などが、大本《おおもと》が何か妙なことを考へてをるのではあるまいかと、変なところへ気をまはしてゐるのと同じことであります。(『霊界物語』十二巻二九章「子生《みこうみ》の誓」)

王仁三郎は神話にことよせて天照大神の疑い深さを指摘していますが、本当にいいたいのは、大本に対しては国家、王仁三郎に対しては出口直の疑い深さです。

そこで問題は、今まで一方的に天照大神が最高の神であり、須佐之男命は悪神《あくがみ》だとされてきましたが、大本に対する弾圧した国家、王仁三郎に対する圧迫した出口直と同様に、天照大神に罪はなかったかという問題です。

私ならば、天照大神を逆告訴したい気持ちでいっぱいです。

◈天照大神の第一・第二の罪

天照大神《あまてらすおおかみ》の第一の罪は、須佐之男命《すさのおのみこと》が高天原《たかあまはら》を奪《と》りに来るのではないかと、疑いを持ったことです。もちろん、現界では、疑ったからといって、どんな罪にもなりません。だが、時代が神代だから、そして場所が高天原であり、疑ったのが天照大神だからこそ、それは大変な罪だと思うのです。その理由は、後にお話しすることにします。

そして第二の罪は、その疑いを武力で解決しようとしたことです。日本には昔から「言向《ことむ》け和《や》わす」（言葉によって道理を説き、相手をなびかせる）という美しい言葉がありますが、天照大神はそれをせずに武力で解決しようとされたのです。

この体質は、あの高天原のとき以来、尾を引いてきました。その後、全く反省されることなく、現在までもあらゆる紛争の種になっています。関東大震災のとき、日本人は何をしたか。朝鮮人にいわれのない暴動の疑いをかけ、無辜《むこ》の人たち数千人を虐殺している。世界の歴史は、まさに疑いと武力解決の歴史のくり返しではありませんか。

❖変性男子と変性女子・厳の御魂と瑞の御魂

天照大神は、須佐之男命に「お前は海原《うなばら》を治めていればよいのに、今ごろ、何のために高天原へ上ってきたか」と問いつめます。姉神との久方ぶりの感激的再会を夢見ていた須佐之男命は、案に相違した応対に驚いたことでしょう。須佐之男命は今までの事情を話し、高天原を奪おうなどという野心はさらさらないことを訴えます。それでも天照大神は疑いを晴らさず、その証拠を求めます。そこで清浄な流れの天《あめ》の安河《やすかわ》を中にして、おのおの子供を生もうということになりました。

『霊界物語』十二巻二五章「琴平丸《ことひらまる》」では、天の安河は太平洋、天《あめ》の真奈井《まない》は日本海だと示されています。神々の誓約となると、なかなかスケールが雄大ですね。

天照大神は須佐之男命の持っていた十拳《とつか》の剣《つるぎ》を三つに折って天の真名井で洗い清めて噛《か》

みに噛み、吐き出した息吹《いぶ》きの霧から三柱の女神が生まれました。

次に須佐之男命が天照大神の身に着けている八坂《やさか》の勾瓊《まがたま》を受け取り、天の真名井で洗い清めて噛みに噛み、吐き出した息吹きの霧から五柱の男神が生まれました。

天照大神は告げます。

天照大神の五男神

神名	言霊解釈
正勝吾勝勝速日天の忍穂耳命	不撓不屈勝利光栄の神
天の菩卑能命	血染焼尽の神
天津日子根の命	破壊屠戮の神
活津日子根命	打撃攻撃電撃の神
熊野久須毘命	両刃長剣の神

須佐之男命の三女神

多紀理毘売命	尚武勇健の神
市寸嶋姫命	稜威直進、正義純潔の神
多岐都比売の神	突進的勢力迅速の神

「後に生まれた五柱の男子は私の持っていた玉から生まれたから、私の子です。先に生まれた三柱の女子はお前の持っていた剣から生まれたから、お前の子です」

こうして御魂の立て分けが行なわれました。天照大神の御霊から生まれたのは五柱の神ですから、厳《いづ》（五つ）の御霊《みたま》、肉体が女性なのに霊魂が男性なので変性男子《へんじようなんし》といいます。須佐之男命の御霊から生れたのは瑞《みず》（三つ）の御霊《みたま》、肉体が男性なのに霊魂が女性なので、変性女子《へんじようによし》といいます。厳の御霊・瑞の御霊、また変性男子・変性女子は大本《おおもと》独特の用語です。似た言葉で、仏教用語に変成男子《へんせいなんし》（または変生男子《へんせいなんし》）というのがありますが、意味は全く違います。女性には五障《ごしよう》があってそのままでは成仏《じようぶつ》が困難だから、男身《だんしん》になって成仏するという、男女差別的な言葉です。

大本では、国常立尊《くにとこたちのみこと》という男神のかかった出口直を変性男子また厳の御霊といい、豊雲野尊《とよくもぬのみこと》という女神のかかった出口王仁三郎を変性女子、または瑞の御霊といいます。またある一時期、直には男の霊魂の天照大神、王仁三郎には女の霊魂の須佐之男命がかかり、激しい神の戦いを演じますが、この場合も、やはり出口直は変性男子・厳の御霊、王仁三郎は変性女子・瑞の御霊ということになります。

仏教では女人の身をもっては成仏は出来ぬと云ふので、変性男子として魂を男にして極楽に救ってやると云ってゐる。又変性女子と云ふのは男を女の魂にするので、仏教で云えば大層悪いことになる。大本では、変性男子と云ふのは女体男霊《によたいだんれい》のことであり変性女子と云ふのは男体女霊《なんたいじよれい》のことである。かかる人は一般にもある。その中特に代表して開祖を変性男子、厳の御魂と云ひ、王仁《おに》を変性女子、瑞の御魂と云ってある。

王仁は男で性が女であるが、髪の毛が濃く長くて多く、髭《ひげ》が少なく、身体が柔かで乳房が大きいところなど、肉体までが女に似てゐる。変性男子は心の中は優しいが外面は恐いのであり、変性女子はこれに反して、表面は優しいが内心は厳格である。人を懐《なつ》かしめ又大きい仕事をするのには男体女霊でなくては出来ない。変性男子を厳の御魂と云ひ、変性女子を瑞の御魂と云ふが、瑞の御魂といふのは三五の魂といふことである。つまり伊都能売《いづのめ》の魂と云ふのと同じい。能売と云ふのはノは水、メは女の意である。（『玉鏡』「変性男子、変性女子」）

ところで王仁三郎は、五柱の男神と三柱の女神の神名に前図のような言霊学《ことたまがく》的解釈をしています。彼独特の手法で、言霊学を利用して、本音を伝えようというわけです。王仁三郎一流の言霊解釈によれば、須佐之男命の三女神と比較して、天照大神の五男神は残忍そのものの性格を表わしています。

❖橘姫と立花島

天照大神《あまてらすおおかみ》と素盞嗚尊《すさのおのみこと》の誓約について述べましたが、『霊界物語』十二巻二篇の本文では、全く別の展開を示します。「御霊魂《みたま》のことわけ」や「古事記略解」が表の解釈であれば、本文は裏の真相といえるかもしれません。

石凝姥神《いしこりどめのかみ》、時置師神《ときおかしのかみ》、行平別《ゆきひらわけ》、高光彦《たかてるひこ》、玉光彦《たまてるひこ》、国光彦《くにてるひこ》の三五教《あなないきょう》の宣伝使は国武丸《くにたけまる》に乗って呉《くれ》の海《うみ》（世界的には地中海の西半分、日本に対比すると瀬戸内海）を渡り、立花島《たちばなじま》に上陸します。須佐之男命《すさのおのみこと》の三女神の一人橘姫《たちばなひめ》（多岐都比売《たぎつひめ》）の神霊が鎮まる島です。

この島は世界一切のあらゆる草木《そうもく》繁茂し、稲麦豆粟黍《きび》のたぐひ、果物、蔓物《つるもの》すべて自然に出来てゐる蓬萊《ほうらい》の島《しま》なり。地上の山川草木は涸《か》れ干《ほ》ししをれて、生気を失ひたるにもかかわらず、この島のみは水々しき草木の艶《つや》、ことさら美《うる》はしく味よき果物枝も折れむばかりに実りつつありぬ。どこともなく糸竹管弦《しちくかんげん》の響《ひびき》かすかに聞え、百花千花《ももばなちばな》の馥郁《ふくいく》たる香気《こうき》は人の心魂《しんこん》をして清鮮ならしめ、腸《はらわた》をも洗ひ去らるるごとき爽快《そうかい》の念にみたさる。（『霊界物語』十二巻二二章「立花嶋」）

玉光彦、国光彦は宣伝歌を歌って橘姫の徳をたたえますが、行平別は大声で歌いつつ、橘姫に掛け合います。

山川どよみ国土《くぬち》ゆり／青垣山《あおがきやま》は枯れ果てて／何処《どこ》もかしこも火をとぼす／野辺《のべ》の百草《ももぐさ》露もなく／しをれ返りて枯《か》るる世に／神も守って呉の海／唐紅《からくれない》のごとくなる／枯野の原の地《つち》の上／露をおびたる緑葉《みどりば》は／一つもなしと思ふたに／これゃマア何としたことか／この島だけは青々と／五穀はみのり木は栄え／果物熟してうまさうな／自然に唾《つばき》がほとばしる／一視同仁《いっしどうじん》神さまの／心に似合はぬなんとして／この島だけは幸《さち》多き／思ひ

まはせば廻《まわ》すほど／腹がたちばな島の山／言ひたい理屈は山々あれど／心きたなき人間の／身《み》の分際《ぶんざい》を省《かえり》みて／理屈を言ふのはやめにしよう／人さへ住まぬこの島に／米が実ってなんになる／果物熟してなんとする／あまりに神は気がきかぬ／サアこれからはこの方の／生言霊《いくことたま》の力にて／四方《よも》の国々島々に／みどりの木草珍《きぐさうず》の稲《いね》／豊《とよ》の果物一々に／移して世人を救ふべし／橘島《たちばなじま》の姫神《ひめがみ》よ／行平別の言霊を／𪫧怜《うまら》につばらに聞こしめせ／若しもきかれなそれでよい／行平別にも腹がある／聞いた印《しるし》にゃ一時も／早く姿を変へられよ／この島山《しまやま》が枯れ果てて／枯れ野のごとくなったなら／豊葦原《とよあしはら》の国々は／みな生き生きとするであらう／橘姫はただ一人／栄《さか》えの国に安々と／その日を暮し四方《よも》国《くに》の／青人草《あおひとぐさ》の悩みをば／よそに見るのかいち早く／印《しるし》を見せよ片時《かたとき》も／とく速《すみ》やけく吾が前に

この時、高尚優美な橘姫が右手に稲穂《いなほ》、左手に橙《だいだい》の木の実を持って忽然《こつぜん》と現われ、天《あま》の数歌《かずうた》を歌い終り、右手の稲を天空《てんくう》高く投げ上げました。稲穂は風のまにまに四方に散乱し、豊葦原の瑞穂《みずほ》の国《くに》を実現させます。左手に持った木の実を中天《ちゅうてん》に投げ上げると、億兆無数の果物になり、それからは瑞穂の国は食物、果物がよく実り、万民安堵《あんど》の神代の端緒が開かれます。「これ天《あま》の岩戸《いわと》開《びら》きの一部の御神業《ごしんぎょう》なり」と王仁三郎は述べています。

橘姫は国光彦と夫婦になり、この島に永遠に鎮まって国土鎮護の神となったというのです。

誓約の時には、橘姫は須佐之男命の剣から生れた多岐都比売（突進的勢力迅速《じんそく》の神）として現われます。

❖ 深雪姫と一つ島

珍《うず》の宮《みや》に御巫子《みかんのこ》として仕えた深雪姫《みゆきひめ》は尚武勇健の気質に富み、アルプス山の鋼鉄を掘り出して種々の武器を作り、国家鎮護の神業に奉仕しようと、瀬戸内海の一つ島《ひとじま》（世界的にはサルジニア、日本では高砂《たかさご》沖の神島《かみしま》）に天下の英雄豪傑を集めて、悪魔征討《せいとう》の準備をしていました。宮殿の屋根は千木《ちぎ》、勝男木《かつおぎ》を高く、先端を鋭利な両刃の剣で作り、館の周囲は剣の垣を巡らして悪霊の侵入を許さず、用心堅固な金城鉄壁《きんじようてつぺき》の島でした。武勇の神は先を争って一つ島に集まり、天下の邪神を掃討し、あまねく神人を安心させようと、昼夜間断なく武術の稽古《けいこ》に励んでいました。

その音は遠く瀬戸の海を越え、天教山《てんきようざん》にいる天照大神《あまてらすおおかみ》の耳までとどろきました。天照大神は、深雪姫が武器を作り武芸を励むのは、弟須佐之男命が高天原を占領しようというみにくい心があるからだと、まず疑いの心を持ちました。

一つ島に集まった勇士たちの中にも、深雪姫の心を計りかねる人たちがいました。

「三五教《あなないきょう》は、言霊《ことたま》をもって悪を言向《ことむ》け和《やわ》し、道義的に世界を統一するのだから、武器を持って征伐《せいばつ》したり、侵略したり、他国を併呑《へいどん》するような体主霊従的行為《たいしゅれいじゅうてきこうい》をするはずがない。何を苦しんで武備を整え、平地《へいち》に波を起こすようなやり方をするのか。深雪姫に八岐《やまた》の大蛇《おろち》か鬼でも憑依《ひょうい》しているのではないか」というのですね。それに対して、勇士の一人である自称丑寅《うしとら》の金神《こんじん》・手力男命《たぢからおのみこと》は、深雪姫の心を察して弁明しています。

「神様が武《ぶ》を練り、あまたの武器をたくはへ給ふのは変事に際して天下万民を救ふためだよ。大慈大悲の神様がなにしに好んで殺伐《さつばつ》な修業を遊ばすものかい。悪魔は剣の威《い》徳《とく》におそれ、武術の徳によって心をあらため、善道《ぜんどう》に帰順するものだ。いかに善言美詞《ぜんげんびし》の言霊《ことたま》といへども、曇《くも》りきったる悪神《あくがみ》の耳に入るものでない。そこで神様が大慈悲心を発揮して、眼にものを見せて、改心させると言ふお経綸《しぐみ》だ。

素盞嗚尊様はちょっと見たところでは、実に恐ろしい、猛《たけ》しい戦《いくさ》好きの神様のやうだが、決して殺伐なことはお好みにはならぬ。それゆゑにこの世に愛想をつかして、円《えん》満具足温和《まんぐそくおんわ》なる月の大神《おおかみ》の世界へ帰り度いと言って、日夜お歎き遊ばし、慈愛の涙にくれてをられると、そこへ、御父神が天よりお降りになって、お前のやうな気の弱いことではどうしてこの世が治まるか、勇気絶倫の汝をえらんで、悪魔のはびこる海原《うなばら》の国《くに》を修理固成《しゅうりこせい》せよと命令を下してあるに、その女々《めめ》しいやり方はけしからぬ、と言って大変に御立腹あそばしたので、素盞嗚尊様は、姉君《あねぎみ》の天照大神にお暇乞のために、高天原にお上りになったといふことだ。

その御魂を受けついだる珍《うず》の御子《みこ》深雪姫様は、尚《しょう》武《ぶ》勇健《ゆうけん》なる女神にましますゆゑに、まさかの時の用意に武を練ってをらるるのであらうよ。武術は決して折伏《しゃくふく》のためではない、摂受《せつじゅ》のためだ。悪魔をはらひ万民を救ふ真心から出でさせられた御神策《ごしんさく》に違いないワ」（『霊界物語』十二巻二二章「一嶋攻撃」）

手力男命の言葉が深雪姫の本心であっても、天照大神には理解されません。ついに天照大神は大軍を一つ島に派遣し、激しく攻めかけます。深雪姫は宰相の大国別《ひろくにわけ》に無抵抗で応じるように命じます。納得できぬ大国別に、深雪姫は諭《さと》します。

「剣は容易に用ふべからず。剣は凶器なり。凶をもって凶にあたり、暴をもって暴に報《むく》ゆるは普通人のおこなふ手段、いやしくも三五《あななない》教《きょう》を天下に宣伝する天使《てんし》の身として、また宣伝使の職として、善言美詞《ぜんげんびし》の言霊《ことたま》を閑却し、武をもって武にあたるは吾が心の許さざるところ、ただ何事も至仁至愛《しじんしあい》の神にまかせよ。武をたつとび雄健《ゆうけん》を尊重するといふのは、構へなきのかまへ、武器あって武器をもちゐず、武器なくして武器を用ゐ、よく堪忍《たえしの》び、柔和をもって凶暴に勝ち、善をもって悪に対し、神をもって魔に対す、柔よく剛を制するは神軍の兵法、六韜三略《りくとうさんりやく》の神策なり。汝《なんじ》、この主旨を忘却するなかれ。

吾はこれより奥殿《おくでん》に入り、大神の御前《みまえ》に神言《かみごと》を奏上し、寄せ来る敵を言向《ことむ》け和《やわ》さむ。一兵一卒のはしに至るまで、今日にかぎり武器を持たしむべからず」（『霊界物語』十二巻二三章「短兵急」）

これが深雪姫の本心に違いありません。だがこれでは大国別《ひろくにわけ》以下、部下のものたちが納得するはずがない。さりとて、深雪姫の言葉も無視できない。将卒は雄健《おたけ》びして、防戦の命令を待ちます。

逡巡《しゅんじゅん》するうち、天照大神の五男神の一人・天《あめ》の菩卑能命《ほひのみこと》（血染焼尽《ちぞめしょうじん》の神）の率いる数万の大群が全島に火を放ち、殺戮《さつりく》しながら宮殿に押し寄せます。その門前にたって一人待ち受けるのは、手力男命《たぢからおのみこと》でした。笑みかけながら門を左右に開き、馬上の天の菩卑能命にいいます。

「サアサア門はかくのごとく開放いたしました。何とぞ御自由におはひり下さいませ。あまたの軍卒たちにおいても、さぞお疲れでございませう。これだけの島に火を放って焼きなさるのも、並大抵の御苦労ではございますまい。お蔭でこの島を荒す猛獣毒蛇《もうじゅうどくじゃ》もほとんど全滅いたしました。お腹《なか》がすいたでせう、喉《のど》がお乾きでせう。ここにたくさんの握り飯、酒も用意がしてございます。何万人のお方がお上り下さっても恥をかきませぬ。どうぞゆるりとお上り下さいませ。そのやうにこはい顔をして、肩臂《かたひじ》いからし、固くなってをられては御肩がこりませう。吾々は善言美詞の言霊をもって、直日《なおひ》に見直《みなお》し宣《の》り直《なお》す、神須佐之男大神《かむすさのおのおおかみ》の御神慮を奉戴《ほうたい》するもの、決して決して酒にも飯にも毒などは入れてをりませぬ。ごゆるりとお召し上り下さいますやうに」（『霊界物語』十二巻二四章「言霊の徳」）

毒でも入っているのではないかと疑う天《あめ》の菩卑能命《ほひのみこと》の前で、手力男命は酒樽に柄杓《ひしゃく》をつっこみ二、三杯ぐっと飲み、握り飯を五つ六つ頬《ほお》ばって見せます。そこへ近侍の老臣高杉別《たかすぎわけ》が深雪姫《みゆきひめ》の「言霊《ことたま》をもって荒《あら》ぶる神を言向《ことむ》け和《やわ》せ」との意向を伝える。ようやく疑いを解いた天の菩卑能命は甲冑《かっちゅう》を脱ぎ、武器を捨て、休息するよう部下に命じました。将卒たちは嬉々《きき》としてその命に従い、酒に酔い、握り飯に腹を満たし、歓喜を尽くして踊り舞い、修羅《しゅら》はたちまち天国に化しました。そこへ深雪姫が現われ、声も涼しく歌います。

「コーカス山に現《あ》れませる／瑞《みず》の御霊《みたま》の御言《みこと》もて／御山《みやま》を遠くサルヂニア／この神島《かみしま》にあらはれて／世の有様を深雪姫／八十《やそ》の曲津《まがつ》の猛《たけ》びをば／鎮むるために言霊の／珍《うず》の息吹《いぶき》を放てども／曇り切ったる曲津見《まがつみ》の／服《まつ》らふよしもなきままに／神の御霊の現《あ》れませる／十握《とつか》の剣《つるぎ》をかず多く／造りそなへて世を守る／神の心はいたづらに／剣《つるぎ》をもって世を治め／弓矢をもって曲神《まがかみ》を／言向《ことむ》け和《やわ》すためならず／心の霊《たま》を固めむと／玉《たま》の剣《つるぎ》を打たせつつ／神世を開く神業《かむわざ》を／天教山《てんきょうさん》に現れませる／撞《つき》の御柱大神《みはしらおおかみ》は／いよ

いよあやしと思召《おぼしめ》し／深くも厭《いと》はせ嫌《きら》ひまし／菩火命《ほひのみこと》に言任《ことま》けて／ここに攻めよせたまひしは／吾等が心を白波の／瀬戸の海よりいや深く／疑ひたまふしるしなり

七十五声《しちじゆうごせい》の言霊《ことたま》に／世のことごとは何事も／直日《なほひ》に見直《みなお》し聞直《ききなお》し／言向《ことむ》け和《やわ》し宣《の》り直《なお》す／まこと一《ひと》つの一《ひと》つ島《じま》／天《あめ》の真奈井《まない》にふりすすぎ／さ嚼《がみ》に嚼《か》みて吹き棄《す》つる／気吹《いぶき》の狭霧《さぎり》に生れたる／吾は多紀理《たぎり》の毘売神《ひめのかみ》／心たひらに安らかに／神須佐之男大神の／赤き心を真具《まつぶ》さに／天に帰りて大神の／命《みこと》の前にいち早く／宣《の》らせたまへや菩火《ほひ》の神《かみ》／朝日は照るとも曇るとも／月は盈《み》つとも虧《か》くるとも／君に対して村肝《むらきも》の／きたなき心あるべきか／天津御神《あまつみかみ》も見そなはせ／国津御神《くにつみかみ》も知ろしめせ／空にかがやく朝日子《あさひこ》の／日《ひ》の出神《でのかみ》の一《ひと》つ火《び》に／照らして神が真心を／高天原《たかあまはら》にこまやかに／宣《の》らせたまへよ菩火《ほひ》の神《かみ》

善と悪とを立別《たてわ》ける／神が表にあらはれて／疑ひふかき空蟬《うつせみ》の／心の闇《やみ》の岩屋戸《いわやど》を／開かせたまへスクスクに／ただ何事も人の世は／直日《なほひ》に見直し聞直し／宣《の》り直しませ天津神／御空《みそら》もきよく天照《あまて》らす／皇大神《すめおおかみ》の御前《おんまえ》に／いつしみ敬ひかしこみて／猛《たけ》く雄々《おお》しく現はれし／十握《とつか》の剣《つるぎ》は姫神の／神言の剣いと清く／光りかがやく神御霊《かむみたま》／瑞《みず》の御霊《みたま》を大神の／御前《みまえ》に捧《ささ》げたてまつる」

と歌ひをわれば、菩火命《ほひのみこと》は思ひがけなきこの場の光景に力ぬけ、懺悔《ざんげ》の念にたへかねて、さしもに猛《たけ》き勇将も、涙にくるるばかりなりける。(『霊界物語』十二巻二四章「言霊の徳」)

天空をとどろかして舞い降る巨大な火光《かこう》が、彼らの頭上を音響を立てて回転し始めました。神々は一斉に天を仰ぎ、この光景を見つめる。火光は美しい男神に変じ、空中に佇立《ちょりつ》します。伊邪那岐命《いざなぎのみこと》の珍《うず》の御子《みこ》日《ひ》の出神《でのかみ》で、正邪善悪の証明のために、神勅《しんちょく》を奉じて天教山から降られた神です。日の出神は白煙《はくえん》となって中空に消えました。

日の出神の降臨によって須佐之男命の美しい心がいっそうはっきり分かり、菩火命は高天原にこの由を復命《ふくめい》されることになりました。

深雪姫《みゆきひめ》は、須佐之男命の御子《みこ》生《う》みの時に、多紀理毘売命《たぎりひめのみこと》(尚武勇健の神)として現われます。

❖天照大神の第三の罪

琵琶湖を渡る琴平丸《ことひらまる》の船中では、天照大神と須佐之男命の対立の噂《うわさ》で持ち切りです。王仁三郎は一庶民の噂話にことよせて、際《きわ》どい真相を語らせています。

「きまったことだよ。天《あめ》の真奈井《まない》(カスピ海・日本海・琵琶湖は大・中・小の天の真奈井）からこっちの大陸は残らず、素盞嗚尊《すさのおのみこと》の御支配、天教山《てんきょうざん》（富士山）の自転倒島《おのころじま》（日本列島に相応）から常世国《とこよのくに》（北米大陸）、黄泉島《よもつじま》（太古の太平洋の中心部にあったムー大陸で、ハワイ諸島などは沈没のときに残る。沈没の状況は十二巻二七章参照）、高砂洲《たかさごじま》（南米大陸。台湾にも相応）は姉神《あねがみ》様がおすまひになってゐるのだ。それにもかかはらず、姉神様は地教山《ちきょうざん》（ヒマラヤ山。亀岡天恩郷《かめおかてんおんきょう》に相応）も黄金山《おうごんざん》（神教護持の霊地。聖地エルサレムの中心の神山、橄欖山《かんらんざん》ともいう。日本では綾部の本宮山《ほんぐうさん》に相応）もコーカス山（コーカサス）もみんな自分のものにしようと遊ばして、いろいろと画策をめぐらされるのだから、弟神《おとうとがみ》様も姉に敵対もならず、進退これきはまって、この地の上を棄てて月の世界へ行かうと遊ばし、高天原《たかあまはら》に上られて、今や誓約《うけい》とかの最中ださうぢゃ」（『霊界物語』十二巻二五章「琴平丸」）

　ここで大変な真相が暴露されていますね。須佐之男命が大海原《おおうなばら》を治められなかったのは、神々や人類が須佐之男命の霊主体従《れいしゅたいじゅう》の教えを受け入れなかったというだけでなく、実はもっと大きな原因があった。姉神が弟の領土まで欲しがり、いろいろ画策する。須佐之男命としても、相手が姉神では敵対もできず、手をつかねて泣いていたというわけですね。

　一九四二（昭和十七）年、王仁三郎は語っています。

　天照大神と素盞嗚尊の誓約《うけい》はカスピ海を中心に行なはれたのである。カスピ海以東アジアは天照大神の御領分、以西ヨウロッパは素盞嗚尊の御領分であったので、其中《その》心で行なはれたのである。昔の日本(欧亜《おうあ》大陸の境)で行なはれたのである。現今の琵琶湖は型である。

伊邪那美命《いざなみのみこと》の後をうけて地教山即ちヒマラヤで治めていられた素盞嗚尊は、コーカス山へおいでになり、ヨウロッパ方面へおいでになって治めていられたのである。

奥蒙古《おくもうこ》へ行くと、天照大神様其儘《そのまま》の服装を今でもやってゐるのである。(『新月のかげ』「天照大神と素盞嗚尊の誓約」)

神典《しんてん》に云ふ葦原《あしはら》の国《くに》とは、スエズ運河以東の亜細亜《アジア》大陸を云ふのである。ゆゑにその神典の意味から云ひ、また太古の歴史から云へば日本国である。三韓《さんかん》のことを「根《ね》の堅《かた》洲国《すくに》」と云ふ。新羅《しらぎ》、高麗《こうらい》、百済《くだら》、ミマナ等のことであるが、これには今の蒙古あたりは全部包含されて居たのである。

また出雲《いづも》の国《くに》に出雲朝廷と云ふものがあって、凡てを統治されて居ったのである。一体この亜細亜即ち葦原は伊邪那美尊様が領有されて居たのであって、黄泉国《よみのくに》と云ふのは、印度《インド》、支那《しな》、トルキスタン、太平洋中の「ム」国等の全部を総称していた。それが伊邪那美尊様がかくれ給うたのち素盞嗚尊様が継承されたのであったので、その後は亜細亜は素盞嗚尊様の知《しろ》し召《め》し給ふ国となったのである。素盞嗚と云ふ言霊《ことたま》は、世界と云ふ意味にもなる、また武勇の意味もあり、大海原という意義もある如く、その御神名が既に御職掌《ごしょくしょう》を表はしている。それで素盞嗚尊様の御神業《ごしんぎょう》は亜細亜の大陸にある。併しながら日の本の国が立派に確立されなくてはいけない。自分が蒙古に入ったのも、また紅《こう》卍字会《まんじかい》と握手したのも、皆意義のあることで大神業の今後にあることを思ふべきである。

（『玉鏡』「亜細亜大陸と素尊の御職掌」）

世界的にはカスピ海を中にしてのスケールの大きな誓約《うけい》ですが、日本に相応すれば、琵琶湖での誓約ということになります。

一体素盞嗚尊は大国主命《おおくにぬしのみこと》に日本をまかされて、御自身は朝鮮（ソシモリ）の国に天降り給ひ、或はコーカス山に降り給ひて亜細亜を平定され治められて居た。尤も大国主命が治められた国は今の滋賀県より西であって、それより東は天照大神様の治め給ふ地であった。但し北海道は違ふ。大国主命に対して国譲りのことがあったのは、其滋賀以西を譲れとの勅命であったのである。故に素盞嗚尊の神業は大亜細亜に在ることを思はねばならぬ。王仁《わたし》が先年蒙古入りを為したのも、太古の因縁に依るもので、今問題になりつゝある亜細亜問題と云ふものは、自ら天運循環《てんうんじゅんかん》し来る神業の現はれであると云っても良い。（『玉鏡』「素尊の神業」）

天照大神の第三の罪は、伊邪那岐大神から委任された高天原の支配だけでは満足せず、大海原まで統治しようとしたことでしょう。

天照大神にそのような野心があったものですから、須佐之男命がお別れに上ってきた時も、すぐに高天原を奪《と》りにきたと疑ったわけですね。

噂話はさらに続きます。

「姉神様の方には、珠《たま》の御徳《みとく》から現はれた立派な五柱の吾勝命《あかつのみこと》、天菩火命《あめのほひのみこと》、天津彦《あまつひこ》根命《ねのみこと》、活津彦根命《いくつひこねのみこと》、熊野久須毘命《くまのくすびのみこと》といふ、それはそれは表面はうつくしい女のやうな優しい神様で、心は武勇絶倫、勇猛突進、殺戮征伐《さつりくせいばつ》等の荒いことをなさる神様が現はれて、善と悪との立別《たてわ》けを、天《あめ》の真奈井《まない》で御霊審判《みたましらべ》をしてござる最中だといふことぢゃ。姉神様は玉のごとく玲瓏《れいろう》として透《す》きとほり愛の女神のやうだが、その肝腎《かんじん》の御霊からあらはれた神様は変性男子の霊で、随分はげしい我《が》の強い神さまだといふことだ。弟神様の方は、見るも恐ろしい鋭利な十握《とつか》の剣《つるぎ》の霊からお生れになったのだが仁慈無限《じんじむげん》の女神様で、瑞霊《ずいれい》といふことだ。ここで天《あめ》の安河原《やすかわら》を中において、真奈井の水にその玉と剣をふりすすいで、善悪の立別けが出来るといふことだよ。それだから、三五教《あなないきょう》が昔から、『神が表に現はれて善と悪とを立別ける、この世を造りし神直日《かむなおひ》』とかナンとか言ってゐるのだ」（『霊界物語』十二巻二五章「琴平丸」）

御霊の審神《さにわ》の結果、善悪の立別けが行なわれた。須佐之男命が善で、天照大神が悪なんだと、断定しているのです。そして天照大神は疑い深く、我が強く、弟の領土まで侵略したがるほど欲が深く、殺戮征伐を好む忌《い》まわしい神だというわけです。

この箇所が口述されたのは、一九二二（大正十一）年三月十一日のことです。大日本帝国がシベリアに出兵し、軍備を強め、仮想敵国をつくって牙《きば》を研いでいる時代でした。王仁三郎は第一次大本事件で捉えられ、保釈出獄したばかりで、不敬罪に問われている最中。こういうきびしい状況下に置かれながら、天照大神は本当は大変悪い神さまなんだよと述べているんです。これは同時に、天照大神を標榜する大日本帝国が、天照大神と同様の侵略志向を持っているよといわんばかり。

こういうことをぬけぬけと述べたてた王仁三郎のしたたかさというか、度胸の良さにはほとほと感心しますし、こんな不穏な文章がよくも厳しい検閲の網の目をくぐり抜けたものだと思いますね。

秋月姫と竹の島

琵琶湖に浮かぶ竹《たけ》の島《しま》では、秋月姫《あきづきひめ》が島の頂上をつき固め神殿を築いて瑞霊《ずいれい》を祭り、島を治めていました。そこへ天照大神《あまてらすおおかみ》の五男神の一人天津彦根神《あまつひこねのかみ》（破壊屠戮《とりく》の神）が大軍を率いて攻め寄せてきます。彼らは島の住人を当たるをさいわい、切りまくります。秋月姫の重臣高倉別《たかくらわけ》は高楼《たかどの》にのぼって合図の鼓《つづみ》を打ち、館の全員を集めますが、男女あわせてわずかに四十八人。これでは防ぎようもありません。高倉別はみなの者に命じます。

「雲霞《うんか》のごとき大軍本島に攻め寄せた以上、衆寡《しゅうか》敵せず、体をもって体に対し、力をもって力に対する時は勝敗すでに明らかだ。お前たちは口をきよめ手を洗い、呉竹の宮《くれたけのみや》の前で神言《かみごと》を奏上し、宣伝歌を称えて神の守護を受け、寄せ来る敵を言向け和せ《ことむけやわせ》」

高倉別が秋月姫を守るために奥殿に進むと、残った一同は宮の前に端座し、声も朗らかに祝詞《のりと》を奏上します。

秋月姫は高楼《たかどの》に上り、敵に対して天津祝詞《あまつのりと》を奏上した後、続いて天地に向かって祈願《きがん》の言霊《ことたま》を奏上します。

高倉別はもはやこれまでと観念し、「名もなきやつらに殺されるのは末代の恥《はじ》」とばかり、両肌《もろはだ》脱いで短刀を脇腹に突き立てようとする。竜山別《たつやまわけ》がこの場に現われ、短刀を奪って諫《いさ》めます。

「ヤア高倉別殿、貴下はたふとき神につかふる神司《かむづかさ》、この場におよんで神より受けし貴重なる生命《いのち》をみづから捨てむとしたまふは何事ぞ。今のいままで全心全力をつくし、力およばずして後に運命を天にまかさむのみ。これ人を教ふる吾々の採るべき道にあらざるか。しばらく思ひとどまりたまへ。善悪邪正を鏡にかけしごとく明知《めいち》したまふ誠の神は、いかで吾らを捨てたまはむや。自殺は罪悪中の罪悪なり。貴下はなにゆゑにかかる危急の場合にのぞみて神に祈願せざるや」

「ア、貴下は竜山別殿、にはかの敵の襲来に心もくらみ一身の処置にまよひ、神をわすれ道を忘れたるこそ我が不覚、恥《は》づかしさのかぎりなれ。しからば仰《おお》せのごとく、これより高楼《たかどの》に登り、天地の神に祈願をこらさむ」

といういうとして高楼目がけて登り行く。（『霊界物語』十二巻二六章「秋月皎々」）

天津彦根神の率いる神軍《しんぐん》が門内に乱れ入ると、奥殿の高楼《たかどの》からは一絃琴《いちげんきん》の音さわやかに、天津祝詞《あまつのりと》の声が清々しく響いてきます。天津彦根神は祝詞の声に心やわらぎ、茫然として聞き入っていましたが、しばらくして太刀《たち》、弓矢を大地に投げつけ、神言《かみごと》を奏上し始めました。従軍の戦士たちは大将に習って大地に端座し、祝詞を奏上します。神軍に加わっていた時置《ときおか》師神《しのかみ》、行平別神《ゆきひらわけのかみ》は神軍の後方に立ち、宣伝歌を歌いながら、面白おかしく手を振り、足をとどろかして舞います。

秋月姫は高倉別、竜山別を従えて現われ、長袖《ちょうしゅう》しとやかに扇を開き、地を踏み鳴らして舞うと、一同もそれに習い、敵味方の区別を忘れて舞い狂いました。この時、空に群がる黒雲は科戸《しなと》の風《かぜ》に吹き散り、太陽が晃々と輝き、須佐之男命の疑いは全く晴れたのです。天津彦根神は喜び勇み、将卒を引き連れ、天教山に凱旋します。

後に残った時置師神、行平別神は、殺されたり、負傷に悩む島人に一々息吹《いぶき》の狭霧《さぎり》をほどこし、死者を生かし、負傷者を治し、焼けた林は天《あま》の数歌《かずうた》を歌い上げて、元の青々とした林に復しました。

秋月姫は、誓約《うけい》の時には市寸嶋比売《いちきしまひめ》の神《かみ》（稜威《みいづ》直進、正義純潔の神）として現われます。

❖いろは四十八文字の仕組

このように「古事記略解」は天照大神と須佐之男命の誓約《うけい》の問題がテーマで、須佐之男《すさのお》命《みこと》の三女神を主人公に、三つの島の物語が述べられていますが、平和問題についての大事な示唆がなされています。

立花島《たちばなじま》の問題は後でお話しする「神島開《かみしまびら》き」に対応すると思われます。出口直《なお》は神島に行って初めて、王仁三郎の審神《さにわ》ができるのです。だがその問題は後でお話ししますので、ここでは平和問題にしぼって考えてみたいと思います。

深雪姫《みゆきひめ》が天照大神《あまてらすおおかみ》に敵対する気持ちの微塵もないことは明らかですが、一《ひと》つ島《じま》は武器を豊富に持ち、武術に励んだことで天照大神にあらぬ疑いをかけられます。手力男命《たぢからおのみこと》の深雪姫のための弁明の「悪魔は剣の威徳《いとく》におそれ、武術の徳によって、善道に帰順するものだ、いかに善言美詞《ぜんげんびし》の言霊《ことたま》といへども、曇《くも》りきったる悪神《あくがみ》の耳に入るものでない、そこで神様が大慈悲心を発揮して、目にものを見せて、改心させると言ふお経綸《しぐみ》だ」というのは、今日の核抑止論と似ていますね。だが自分がより多く核を持っているから相手の核を押えられるという考え方も可能ですが、逆にそれが相手に恐怖心を与え、先制攻撃をした方が勝ちだという論理にもつながります。事実、天照大神は立花島の武力を恐れ、先制攻撃をしかけました。結果的には疑いが晴れめでたしめでたしで終りますが、罪もない多くの人が殺戮《さつりく》されたという事実を消すことはできません。

日露戦争中に書かれた『道《みち》の栞《しおり》』には、戦争や軍備の徹底した否定が書かれています。

○世界中、兵あるがために、欲《よく》もおこり戦《たたかい》もあるのである。世界の戦は運不運《うんぷ》をきらいたもう天帝《てんてい》の大御心《おおみこころ》にかなわぬことである。雨降って地かたまる。世界おだやかのためには戦もやむをえぬ次第なれど、戦いぐらい世界にむごきものはない。

○神より見れば一人の生命も大地より重しとなしたもう。その重きところの生命をうばう行為は、人を生みたまいし造化の大御心に背きまつる深き罪である。こんどの戦い（日露戦争を指す）をおこした国人は、天帝に対して大罪人たり。世界に対して平和の仇たり。天帝まことの大小をはかりて、このたびの戦いに勝を得させたもうべし。

○神の教《おしえ》さかんになり、人々は礼儀をおもんずるにいたらば、天《あめ》が下《した》に戦いや争《あらそい》のおこるべき道理なし。かくならねば天下は太平にはならぬ。豊葦原《とよあしはら》の瑞穂《みずほ》の国《くに》は、まことの神国《しんこく》にはならぬ。(『道の栞』一巻下)

○軍備なり戦いは、みな地主と資本主とのためにこそあるべけれ。貧しきものには、限りなき苦しみの基となるものなり。

○軍備や戦争のために、あまたの人は徴兵の義務を負わざるべからず。一つよりなき肉体を捨てて血の河、骨の山をつくらねばならざるなり。多くの税金を政府へ払わざるべからず。

○世の中に戦争くらい悪しきものはなく、軍備くらいつまらぬものはなし。いまや世界の国々軍備のために、三百億ドルの国債をおこしておれり。その金の利息の支払いのみにても、日々三百五十万人以上の人の働きをあてはめざるべからず。

○世界幾千万の若き者は、たえず兵役に服し、人殺しの業《わざ》ばかりけいこをなさざるべからず。人殺し大悪《たいあく》のけいこにかかりて、おおくの者は常に艱難《かんなん》苦労をなさざるべからず。四方《よも》の国《くに》、軍備ほどつまらぬものはあらざるべし。

○世界中いずれの国も、みな壮健なる身体の者は選《よ》りぬいて兵士に徴集せざるべからず。田や畑や山河海《やまかわうみ》などに働く者は、白髪まじりの苦労人や、目痍や体の不自由な者や、女

や子供ばかりなり。いまの世ほどつまらぬ世の中は後先《あとさき》なかるべし。（『道の栞』三巻上）

では竹島《たけしま》の場合はどうでしょう。一《ひと》つ島《じま》のように、相手を恐れさせるほどの軍備はありません。しかも御殿を守るのは、わずか老若男女合わせて四十八名に過ぎないのです。それでもやはり攻撃され、甚大な被害を受けますが、ようやく祝詞《のりと》の言霊《ことたま》で戦いはおさまります。一つ島との大きな違いは、神軍の時置師神《ときおかしのかみ》、行平別神《ゆきひらわけのかみ》の鎮魂で、死んだ者も息を吹き返し、負傷者も治り、焼けた林もよみがえります。

竹島の問題は、第二次大本事件の予言ではないかと思うのです。昭和神聖会《しょうわしんせいかい》の活動を当局は過大評価し、不当な弾圧を下します。信者たちは事件の解決を真剣に神に祈りました。そして無罪を勝ち取ります。竹島の攻撃は祝詞、すなわち祈りによって解決したのです。当局は大本を地上から抹殺すると豪語していました。死に絶えたと思っていた大本は、事件解決によって、愛善苑《あいぜんえん》としてよみがえったし、瓦礫《がれき》の山となっていた綾部《あやべ》・亀岡《かめおか》の両聖地も、青々とした緑をたたえた神苑《しんえん》に復活したのです。

それよりも不思議なのは、御殿を守ったのは老若男女合わせて四十八名だった、という数字です。筆先《ふでさき》にはしばしば「いろは四十八文字《しじゅうはちもじ》の経綸《しぐみ》」とか、「いろは四十八の身魂《みたま》」などという言葉が使われます。「いろは歌」は四十七文字ですが、四十八文字は最後に「ん」がつきます。寺門《じもん》の仁王《におう》も「阿吽《あうん》」といって、吽の方は口を閉ざして力んでいます。王仁三郎は「忠臣蔵《ちゅうしんぐら》の四十七士でも、十字架で死んだキリストでも四十七文字の仕組で、ン（運）がなかった。わしは四十八文字の金剛力《こんごうりき》で、死なんのじゃ」といっていましたが、火水《かみ》の戦いで暗殺隊に命を狙われた時も、パインタラでの銃殺刑寸前の時でも、危ういところで助かっています。

竹島の問題でなぜ私が第二次大本事件を連想したかといえば、起訴されたものは六十八名でしたが、十年にわたる裁判闘争のうち、死亡十六名、公判停止一、応召により控訴棄却四で、大審院まで上告したのは、別格の王仁三郎夫妻を除いて四十八名だったからです。「今度こそ、いろは四十八文字の生魂《いくみたま》の仕組、吽の金剛力で大丈夫だ」と大本被告四十八士は最後の勝利を信じていたものでした。第二次大本事件と太平洋戦争の日時の不思議な合致はよく知られるところですが、大戦での講話条約調印国も日本を除いて四十八か国。不思議な暗号です。十二巻の書かれた大正時代に、すでに王仁三郎は第二次大本事件を予測していたのでしょうか。

さて、武器一つない立花島《たちばなじま》は食物が非常に豊富な国ですが、敵軍に襲われていないのです。橘姫《たちばなひめ》が稲穂《いなほ》や橙《だいだい》を中空に投げあげると、多くの稲や果物となって各地に散乱し、豊かな瑞穂《みずほ》の国《くに》を実現します。食物とは、経済のことではないでしょうか。これは日本の将来を暗示しているような感じがしますね。軍備を放棄した日本の使命は、経済的な面で世界に貢献しなければならないと、今後進むべき方向を示しているような気がするのです。

❖須佐之男命の第二の罪

茲《ここ》に於《おい》て速素盞嗚尊《はやすさのおのみこと》は、「我心清かりし。姉君《あねぎみ》に勝《まさ》れり、勝てり。此の上にも尚《なお》我が心穢《きたな》しと強《し》い玉うか」と甚《いた》く怒らせ玉いて、天照大御神《あまてらすおおみかみ》の作り玉える田の畔《あぜ》を取り放ち、溝《みぞ》を埋め、樋《ひ》を抜き放し、しきまき、糞屁、許々多久《こ こ た く》の罪を侵《おか》し玉えり。(「御霊魂のことわけ」)

この部分は『霊界物語』では次のように記されています。

ところが須佐之男命《す さ の おのみこと》は、姉天照大御神はいままでは私の心を疑ふてござったが、これで私の清明潔白なことは証拠立てられた。私の心の綺麗なことは私の魂から生れた手弱女《た おやめ》によって解りませう。あの弱々しい女子では戦をすることは出来ますまい。かう考へたならば、最前あなたは、私が高天原《たかあまはら》を奪りに来たらうとおほせられたが、あれは間違ひでせう、私の言ふことが本当でせう。

『これによりて言《まを》さば自ら我勝ぬと言ひて、勝さびに天照大御神の営田《みつくだ》の畔離《あはな》ち、その溝埋め、亦《また》其の大嘗《おおにへ》聞し看《め》す殿《との》に屎まり散らしき』

この言葉は少ないけれども、この意味は、当時須佐之男命様にもなほたくさんの臣下があった。ここに須佐之男命に反対するものと、味方するものとが出来てきたので迷ひが起ったのであります。須佐之男命がお勝ちになって、増長なさったといふよりも、むしろ、私の綺麗な心はわかったはずである。しかるに、なほ悪いとおほせになるのは心地が悪い、不快であるといふので、つひに自暴自棄におちいったのであります。やけくそを起した結果が、田の畦《あぜ》をこはしたり、溝を埋めたり、御食事をなさるところへ糞をやり散らして、いろいろ乱暴のあらむかぎりを、須佐之男命に味方する系統の者がおこなったのであります。(『霊界物語』十二巻二九章「子生の誓」)

天《あめ》の安河《やすかわ》の誓約《うけい》によって、須佐之男命の寃罪《えんざい》は晴れました。ところがその後の須佐之男命の行動は、いかにも不自然です。「これで私が勝った」といい、天照大神の営田《みつくだ》(耕作している田)の畔を壊したり、溝を埋めたり、天照大神が食事をされる宮殿に糞を撒《ま》き散らしたりの乱暴狼藉を働きます。せっかく心情の潔白が証明されたのに、なぜこんな行動に出たのか、これが分からない。八百万《やおよろず》の神々が須佐之男命の暴虐を訴えると、今度は反対に、天照大神が弟の弁護に回ります。

つまり誓約《うけい》の後の高天原での乱暴、これが須佐之男命の第二の罪であり、戦前の法律ならば治安維持法違反、また不敬罪に該当するかもしれませんね。だがこれについても、王仁三郎は須佐之男命の無罪を主張しています。

引用の「古事記略解」の文章は、手品師の常套《じょうとう》手段の、片手に観客の目を引きつけておいて別の方の手で仕掛けるという、あれですね。初めのうちは乱暴したのは須佐之男命御自身ともとれるような表現をしておき、後段に実は「須佐之男命に味方する系統の者」が乱暴したのだとはっきり述べています。

須佐之男命の美しい心を知っている臣下たちは、天照大神に疑われただけでも、憤懣《ふんまん》やるかたなかったでしょう。その伏線に、天照大神が須佐之男命の統治下にある大海原《おおうなばら》に野心を持ち、いろいろな煽動《せんどう》をして治世《ちせい》を妨害したということを承知しておく必要があります。そこで須佐之男命の潔白が証明された時に、須佐之男命に心服する神々の積もり積もった憤懣が爆発して、高天原での乱暴になったと王仁三郎はいうのです。もちろん、監督不行き届きの須佐之男命の責任はまぬがれませんが、部下の罪は自分の責任だというのでなにひとつ弁解がましいことはいわず、すべての罪を一身に引き受けられます。

❖天照大神の第四の罪

去《さ》れど天照太御神《あまてらすおおみかみ》、御心《みこころ》深くさとき神に在《まし》ます故、速素盞嗚尊《はやすさのおのみこと》の心の底を能く知り給いければ、聊《いささか》も咎めずして宣《の》り玉わく。「糞まき散らすは、あがなせの尊《みこと》の酒に酔いて為《な》す也《なり》。又田の畔《あぜ》を放ち、溝を埋むるも、所を新らしく清めん為めに、あがなせの尊《みこと》斯《か》く為す也。咎《とが》むるに及ばず」と宣《の》り直し給えり。誠に広き大御心と云うべし。去れども速素盞嗚尊の御憤《おんいきどお》り強くして、いたずら止まず、うたてあり。（「御霊魂のことわけ」）

『霊界物語』ではこの箇所は、

天照大御神はこの状態を御覧になり、弟は決してあの多量の糞をまいたりするはずはない、酒に酔って何か吐いたのであらう。畔を離ちたり、溝を埋めるのは、ちゃうど今でいふ耕地整理のやうなもので、いらぬ畔や溝をつぶしてたくさん米が出来るようにするためだらうと、いはゆる直日に見直し詔り直して、一切のことをすべて善意に御解釈されて、いはゆる詔り直したまうたのであります。なんでも善い方に解してゆけば波瀾は少ないものでございます。天照大御神も善意に解してをられましたけれども、御神意を悟らぬ神等の乱暴はいよいよ長じて、やり方があまりにひどくなる。八百万の神様がたがどうしてもお鎮まりがない。世の中が大騒ぎになった。あちらこちらでも暴動が起る。無茶苦茶な有様になった。（『霊界物語』十二巻二九章「子生の誓」）

となっています。

ところが天照大神は、ここでまた大きな罪を犯されます。弟神《おとうとがみ》の潔白が晴れると、天照大神は急に弟神が不憫《ふびん》でいとおしくなったのか、しきりにかばいますね。

人の罪を善意に解し、かばうことは美点ですが、高天原の主宰神である天照大神が弟神をかばったことに、重大な問題があります。一国の権力者が自分の身内を特別にかばいたてして国政が乱れた例は、過去に幾つもあります。八百万《やおよろず》の神々の上に君臨する天照大神が肉親の罪をかばっては、高天原の規則は守られるはずがない。世の中が大騒ぎになるのは当然でしょう。

伊邪那岐大神《いざなぎのおおかみ》にしても、須佐之男命が大海原《おおうなばら》を治めずして泣いていたのは彼一人の責任ではないことを百も承知していながら、八百万の神々や人類を改心させるために、可愛い貴《うず》の御子《みこ》を涙を呑んで追放された。だが天照大神は、一番犯してはならない罪を犯されたのです。

❖ 須佐之男命の第三の罪

天照太御神、いみ機屋《はたや》に在《まし》して、かみのみそを織《お》らしめ玉う時に、其の機屋の棟《むね》を穿《うが》ちて、天《あめ》の斑《ふち》（班）駒《こま》をさか剝《は》ぎに剝ぎて落し入るる時に、天《あめ》のみそ織女《おりめ》、之《これ》を見て驚きて、ひにほとをつきてみ失せたりき。茲《ここ》に於て天照太御神は、余りの事に驚きて、天《あめ》の岩屋戸《いわやど》に戸を閉じて、さ（指）しこもり給えり。之を「天の岩戸隠《がくれ》」と申す也。

（「御霊魂のことわけ」）

そこで須佐之男命は第三の罪を犯されます。

天照大神が忌《い》み清めた機殿《はたどの》で神に献上する御衣《かむみそ》を織っていられた時に、須佐之男命は機殿の棟に穴を開けて、斑馬（色々な毛色の入り混じっている馬）の皮を尾の方から逆に剝いで、落したのです。それを見て織女の一人が驚いて、梭《ひ》に陰部を突いて死んでしまいます。

『日本書紀』では、「是の時に、天照大神、驚動《みおどろ》きたまひて、梭《ひ》を以て身を傷ましむ。此に由りて、発慍《いか》りまして、乃《すなわ》ち天乃岩窟《あまのいわや》に入りまして」とあり、織女ではなく、天照大神御自身が傷つかれたことになっています。いずれにしても、天照大神の誇りと自尊心、これはわれわれの想像を絶する超越的なものでしょうが、それがずたずたに傷ついたことは間違いないでしょう。

今まで堪えていた天照大神は、弟神のあまりの残虐行為に驚き、怒り、天の岩屋戸を建て、戸を固く閉ざして籠ってしまわれた。

これは大事件です。天照大神の神聖な機殿を汚したのだから、旧憲法の時代なら不敬罪ですね。それに織女を殺したのだから殺人罪、少なくとも過失致死罪です。しかも天の岩戸籠りの直接原因を作った。こればかりは、どうにも弁解の余地がありませんね。

『延喜式《えんぎしき》』の「大祓祝詞《おおはらいののりと》」にも、須佐之男命の犯した罪を天津罪《あまつつみ》として、

国中《くになか》に成出《なりいで》む天《あま》の益人等《ますひとら》が、過ち犯しけむ雑々《くさぐさ》の罪事《つみごと》は、天津罪《あまつつみ》とは、畔放《あはな》ち溝埋《みぞう》め樋《ひ》放《はな》ち頻蒔《しきま》き串差《くしさ》し、生剝《いきは》ぎ逆剝《さかは》ぎ屎戸《くそへ》許々太久《ここたく》の罪を、天津罪と詔別《のりわ》けて……

と数え上げています。

だが記紀の伝えるこの挿話は、大変矛盾しています。須佐之男命の霊性は優しい三女神だと述べておきながら、逆剝ぎにした血だらけの生きた馬を突き落すような狂気の残虐行為などできるはずがない。どちらが須佐之男命の実像なのか。

須佐之男命の第一と第二の罪については弁護に乗り出していた王仁三郎が、この件に関してはさらりと事実を述べているだけです。なぜだろうと、私は不思議に思いました。そして「あっ、そうか、王仁三郎には弁護できない理由があったんだ」と、気がついたのです。

この件に関して須佐之男命をかばえば、高天原の秩序を乱したという天照大神の大罪を暴《あば》

き立てることになる。当時、そのようなことができるはずがありません。姉神に自分を罰せよと申し出ても、身内可愛さにいっぱいの天照大神は、いうことを聞かれない。これ以上、姉神に罪を重ねさせないためには、のっぴきならぬ行為であえて怒りを買い、自分を処罰させる。織女の死は不測の事態だったのでしょう。そう考えれば、矛盾した記述も納得ができます。

第三の罪について、王仁三郎は弁護の代わりに、実は重大な指摘をしています。

ここで機《はた》を織るといふことは、世界の経綸《けいりん》といふことであります。経《たて》と緯《よこ》との仕組《しぐみ》をしていただいてをったのであります。すると、この経綸《けいりん》をさまたげた。天《あめ》の斑馬《ふちこま》、暴《あば》れ馬の皮を逆はぎにして、上からどっと放したので、機を織ってゐた稚比売《わかひめ》の命《みこと》は大変におどろいた。驚いた途端に梭《おさ》に秀処《ほと》を刺し亡くなっておしまひになったのであります。

さあ、大変な騒動になった。(『霊界物語』十二巻二九章「子生の誓」)

天照大神が機を織っていたというのは、世界の経綸をしていたことの比喩だと、王仁三郎はいうのです。世界の経綸を須佐之男命が妨害したとなると、事はもっと重大で、単なる度を越した悪戯《いたずら》ではすまなくなります。しかしここでちょっと考えて見て下さい。主神《すしん》である神素盞嗚大神の目から見て、天照大神の経綸そのものに問題があったとしたらどうでしょう。

次の表を御覧下さい。

神素盞鳴大神

	霊界	現界
太陽界	伊邪那岐大神（厳霊）	天照大神（厳霊）
太陰界	伊邪那美大神（瑞霊）	月読命（瑞霊）
地上界	国常立尊（厳霊）	須佐之男命（瑞霊）

王仁三郎によれば、宇宙は霊界と現界に大分され、いずれも太陽界《たいようかい》、太陰界《たいいんかい》、地上界《ちじようかい》に区分され、表のようにそれぞれに主宰神が定められています。神素盞鳴大神が主神として全大宇宙を統括され、みずから分霊《ぶんれい》分身《ぶんしん》に顕現して、各界を統治されました。括弧内に厳霊《げんれい》とか瑞霊《ずいれい》とあるのは、神素盞鳴大神の顕現の状態を示したものです。

そこで、神素盞鳴大神の立場にたった場合、天照大神の経綸が世を乱すものであるとすれば、須佐之男命がその経綸を妨害することは、神素盞鳴大神に対して忠実であったということになります。

❖天照大神と稚姫君命は同体神？

でも何かひっかかる。長い間のそんな感じが、ある時、ふっと表に浮き上がってきたのです。引用の「子生《みこうみ》の誓《ちかい》」によれば、秀処《ほと》を刺して死んだのは、織り手である稚比売《わかひめ》の命《みこと》です。この時、機を仕組んでいた当人です。はて、『古事記』では織女《おりめ》とあるだけなのに、王仁三郎はどこからその名を引っ張り出したのか。似たような名として、『日本書紀』の「一書」に、稚日女尊《わかひるめのみこと》が機を織っていて死んだとあります。

稚比売の命で連想されるのは、出口直の霊魂である「稚姫君命《わかひめぎみのみこと》」。物語では天照大神の妹ということになっていますが、『古事記』の記述を素直に信じれば、天照大神には妹は存在しません。それこそ独断と偏見といわれるかもしれませんが、『霊界物語』発表当時の時局を考えれば、天照大神イコール稚姫君命の形で発表せざるを得なかったと思います。

私が申し上げたいのは、瑞霊である須佐之男命による厳系の否定、ひいては王仁三郎による直の経綸の否定を暗示しているように思えてならないのです。

天照大神にしても、須佐之男命にしても、神素盞嗚大神の一つの顕現であるなら、両者が反対の立場に立つのはおかしいと疑問をお持ちでしょう。しかし吾々の魂にも善と悪とが入り乱れ、互いに拮抗し合っているのです。仮想敵国を作って憎悪をたぎらせ、殺戮征服するのが皇祖《こうそ》天照大神に対する忠君愛国だった時代も、つい昨日のことなのです。それが主神の経綸の上から間違っていたとしたら、それに抵抗するのは正しい神業といえましょう。

そう考えてくると、さらなる疑問がわき起ってきます。『古事記』では「梭に陰上《ひほと》を衝《つ》きて」とあるのに、『霊界物語』では「陰上」に「秀処」の文字を当てています。ルビを振れば同じホトですが、字の感覚からいえば、凹と凸。もっとも隠れた部分ではなく、逆にもっとも現われた核心を衝いた。それも緯糸《よこいと》を通す働きの梭で刺し、仕組み手を倒したのです。

とにかく「陰上」であろうと「秀処」であろうと、「ほと（陰）」は『広辞苑』によると、「①女の陰部。女陰（一説に、男についてもいう）。②山間のくぼんだところ」とあります。梭は緯糸を経糸《たていと》の中にくぐらせる舟形の小さな道具ですが、どう考えてもそんなもので突いたぐらいで死ぬとは、常識的に考えられません。また梭の形は男性自身と似てなくもありません。斑馬《ふちこま》を逆はぎに剝いで落とし入れたというのも、「馬のような」男性自身を思わせたりで。そう考えると、「古事記本文」の「死せき《みう》」という言葉も意味ありげです。男女間の快楽の極まった時、「死ぬ」と表現する女性もあるとか。つい私は、須佐之男命と天照大神、または稚比売命との間に性関係を考えてしまうのです。

❖須佐之男命と稚姫岐美命の関係

いえ、私ばかりじゃない。王仁三郎も伝説にことよせて、それを裏づけています。

神世《かみよ》の昔《むかし》素盞嗚尊《すさのおのみこと》様と稚姫岐美命《わかひめぎみのみこと》様との間にエロ関係があった。大比孁尊《おおひるめのみこと》（天《あま》照大神《てらすおおかみ》の別名）様がこれをさとられて、天津罪を犯したものとして生木《なまき》を割くやうにして、遥々《はるばる》高麗の国へ稚姫岐美命様を追ひやられた。

風の朝《あした》雨の夕《ゆうべ》、天教山《てんきょうざん》を遠く離れた異郷にあって、尊《みこと》恋しさに泣き明す姫命は思ひに耐へかねて、烏の羽裏《はうら》に恋文を認め、この切なる思ひの願はくは途中妨げらるる事なく、尊様の御手に入れかしと祈りを籠めて烏を放った。烏の羽裏に文を書いたのは、黒に墨、誰が見ても一寸分からぬやうにと用意周到なるお考へからであった。

烏は玄海の荒浪をこえ、中国の山又山を遥か下界を眺めつつ息をも休めず、飛びに飛んで伊勢の国まで辿りついたのである。この時烏はもう極度に疲れて仕舞って、あはれ稚姫岐美命の燃ゆる恋情を永久に秘めて、其地で死んで仕舞ったのである。

今のお烏神社《からすじんじゃ》のあるところが其地なのである。だからお烏神社の御神体は、この烏の羽根だといふ説がある。

此方、今日か明日かと尊様の御返事を待ち侘《わ》びた姫命は、何時迄たっても復命しないので、遂に意を決して自転倒島《おのころじま》へと渡り給うたのである。併《しか》しながら何処《どこ》までもこの恋は呪はれて、恰度《ちょうど》高天原に於ての素盞嗚尊様もおもひは同じ恋衣《こいごろも》、朝鮮からの便りが一向ないので痛く心をなやませたまひ、姫命にあって積もる思ひを晴らさむと、遂に自ら朝鮮に下られたのである。嗟《ああ》しかし尊が壇山《だんざん》に到着された時は、姫命の影も姿も見えなかった。行き違ひになったのである。
　かくて稚姫岐美命は遂に紀州の和歌の浦で神去りましたのである。玉津島明神《たまつしまみょうじん》、これが稚姫岐美命様をお祀《まつ》り申上げたものである。（『玉鏡』「素尊と稚姫岐美命」）

お烏神社というのは、三重県香良洲《からす》町にある香良洲神社（祭神・稚日女尊《わかひめのみこと》）のことですね。一九一二（明治四十五）年四月二十四日（旧三月八日）出口直、王仁三郎、澄《すみ》、直日《なおひ》ら一二四人の一行は、綾部を出発して山田市に行き、二十五日、伊勢の内宮《ないくう》と外宮《げくう》に参拝し、二十六日には香良洲神社に参拝しています。一行の目的は、筆先によると、直の身魂である香良洲神社の神霊を迎えることにあったようです。

　三月八日立ちで、お伊勢の大神宮殿に参拝をいたしたのは、まだ昔から無いことでありたぞよ。お香良洲のお宮に、同じ身魂の出口なおと引きそうて、お迎えにまいりたお供は結構でありたぞよ。世の変り目の金輪際《こんりんざい》の折でありた。（明治四十五年旧三月十五日）

　このことが何を意味するのかよく分かりませんが、直は参拝の後、神命のままに一八九二（明治二十五）年以来一日も欠かさず続けていた水行《すいぎょう》を中止します。そして八か月後の、十二月二十五日、世の変り目というべき明治天皇の崩御《ほうぎょ》を迎え、大正と元号が変ります。

贖《あがな》い主《ぬし》としてのスサノオ

❖天の岩戸開き

須佐之男命《すさのおのみこと》が厳系の経綸を妨害したのか、あるいはしぐみ手を犯す行為で歯止めをかけたのか、ともあれ激しいショック状態の天照大神《あまてらすおおかみ》が岩戸に籠《こも》ると、「高天原皆暗《たかあまはらみなくら》く芦原《あしはら》の中《なか》津国《つくに》悉《ことごと》に闇《くら》し」というように、真っ暗闇になって、「ここに万《よろず》の神《かみ》のおとなひは、狭蠅《さばえ》なす皆満《みなわ》き、万の妖《わざわい》悉《ことごと》に発《おこ》りき」となります。

困った八百万《やおよろず》の神々は安《やす》の河原《かわら》に集まり、どうして天照大神を岩戸からお出しするかを協議します。そこで思慮の深い思金神《おもいかねのかみ》に岩屋戸《いわやど》を開く方法を尋ねました。その結果、長鳴《ながなき》鳥《どり》を集めて鳴かせ、伊斯許理度売命《いしこりどめのみこと》に八咫《やた》の鏡《かがみ》を作らせ、玉祖命《たまおやのみこと》に八尺《やさか》の勾玉《まがたま》の御須麻《みすま》流《る》の玉を作らせ、天之児屋根命《あめのこやねのみこと》と布刀玉命《ふとたまのみこと》を招き、鹿の肩の骨を抜いて火で焼き、その割れ目で吉凶を占わせました。そこで祭典をすることになり、枝葉の茂った榊《さかき》を根引きして、上枝《ほつえ》に八尺の勾玉の御須麻流の玉をつけ、中枝《なかつえ》に八咫の鏡をかけ、下枝《しづえ》に垂《しで》をたらします。布刀玉命が献饌物を捧げ、天手力男命《あめのたぢからおのみこと》が戸の脇に隠れて立ちます。

天宇受売命《あめのうずめのみこと》が神楽《かぐら》を踊りますが、神懸《かむがか》りして乳房をあらわに出し、裳《も》の紐《ひも》を陰部まで押し下げて伏せた桶《おけ》を踏み鳴らす派手さに、八百万の神が天地も揺れんばかりに大笑い。岩戸の中の天照大神は不思議に思い、岩戸を細めに開けて、問いかけます。

「自分が籠ってしまったので高天原も芦原の中津国も暗いはずなのに、どうして天宇受売命は歌い舞い、八百万の神々は笑うのか」

天宇受売命は答えます。

「あなたより尊い神が現われられたので、みな喜んで笑い、楽しんでいます」

その間に、天児屋根命と布刀玉命が鏡を差し出した。天照大神は、鏡に映った自分を見ていよいよ不思議に思い、身を乗り出す。その時、天手力男命が天照大神の手を取って引き出し、布刀玉命が注連縄《しめなわ》を張って「ここから中には、もうお入りにならないで下さい」といい、これによって高天原も芦原の中津国も明るくなったというのです。

今の子供たちなら、なんて幼稚なと笑い出すんじゃないでしょうか。長鳴鳥を鳴かせて朝と錯覚させ、天宇受売命のヌードダンスで神々を笑わせ、天照大神に「自分より尊い神って誰だろう」と嫉妬心《しっとしん》を起こさせ、身を乗り出したところを引っぱり出そうという策略。これが高天原随一の知恵者思金神のしぼり出した知恵なんですね。思金神の考えもほんの子供だましなら、だまされて岩戸から出て来る方も来る方だ。高天原はよほど知恵のない連中の集まりじゃありませんか。

そう思いかけ、逆に私は高天原に対して、一種、崇敬の念すら覚えたのです。これまで高天原は人をだます謀略の必要のない清らかな世界だった。だから八百万の神々はどうして良いか分からない。嘘《うそ》で固めた現代に生きている我々には稚拙《ちせつ》としか思えない謀略も、彼らにとってはまたとない名案で、しかもまんまと図に当たったんですから。そんな単純な策謀にころっとだまされた天照大神も、現代人から見ればまだまだ清らかな神さまだったのでしょうね。

そんな清い高天原だからこそ、その主宰神天照大神が須佐之男命の美しい心情を疑い、それを武力で解決しようとしたことは重大な罪であり、その神代の過ちを、我々はいまだに引き継がされているしまつです。

もとより国常立尊《くにとこたちのみこと》は、謀略的天の岩戸開きが気に入りません。筆先《ふでさき》は示します。

三千世界の世の立替《たてかえ》と申すのは、世界の人民の身魂《みたま》の立替のことであるぞよ。世界の身魂がみな総ぐもりになりてしもうて、言い聞かしたくらいには、改心のでける身魂はないようになりておるぞよ。むかしのみろくのよは結構でありたなれど、暮れていきよると、身魂にくもりがでけてきて、天照皇大神宮どののおりにも世の立替えをいたしたが、天照皇大神宮どののおりは、ここまでにもなかりたなれど、こんどの二どめの世の立替えは骨がおれるぞよ。

まえの天照皇大神宮どののおり、岩戸へおはいりになりたのを、だまして岩戸を開いたのでありたが、岩戸開くのがうそを申して、だまして無理に引っぱり出して、この世は勇みたらよいものと、それからは天《あめ》の宇受女命《うずめのみこと》どののうそが手柄となりて、この世がうそでつくねた世であるから、神にまことがないゆえに、人民が悪くなるばかり。

（明治三十八年旧四月二十六日）

立替《たてか》え立直《たてなお》しと天《あま》の岩戸開《いわとびら》きは、共通項でくくられています。神代の時代、せっかく岩戸を開きながら、嘘でだまして、力で無理に引っ張り出した。これが間違いであったというのです。だから岩戸を開いた一時は明るくなっても、神に誠がないから人民はますます堕落し、世の中が真っ暗になってしまった。第二の岩戸開き、すなわち第二の立替え立直しは、同じ過ちを繰り返してはならない。人民ばかりが悪いのではない。神界・幽界・現界を含めた三千世界を立替え立直すには、その根本から改めてゆこう。これが主神神素盞鳴大神《すしんかむすさのおのおおかみ》の御意志なんですね。

切迫している立替え立直しの大峠《おおとうげ》には、神代の過ちの轍《てつ》を踏まないためにも、「愛」と

「誠」で越えねばならない。その岩戸を開く鍵は何か。王仁三郎は、『道《みち》の栞《しおり》』に示しています。

一、天の岩戸のかぎを握れるものは瑞《みず》の御霊《みたま》なり。

一、岩戸のなかには厳《いづ》の霊《みたま》かくれませり。

一、天の岩戸開けなば、二つの御霊そろうてこの世を守りたまわん。さすれば、天下はいつまでも穏やかとなるべし。（『道の栞』三巻下）

天の岩戸を開く鍵は瑞の御霊、神素盞嗚大神そのものにあるのですね。神素盞嗚大神の御神格を人類が真に理解した時こそ第二の岩戸開きが始まり、神々の和合がなり、厳瑞《げんずい》そろってこの世を守られるというのです。

❖千座の置戸

茲《ここ》に八百万《やおよろず》の神謀《かみはか》り玉ひて、再び天照太御神《あまてらすおおみかみ》を岩戸より出《いだ》し奉《まつ》り、速素盞嗚尊《はやすさのおのみこと》に千座《ちくら》の置戸《おきど》の罪を負わせて、足の生爪《なまづめ》を抜き取り、胸毛《むなひげ》を抜きなど、種々の苦《くるし》みを負《おわ》せて流し奉れり。是ぞ速素盞嗚尊が天津罪《あまつつみ》を我身一つに償《つぐな》い玉いて、天津国《あまつくに》の御霊を救われしなり。

実に此の神は瑞《みず》の御霊《みたま》にして、天地八百万の罪在《あ》る御霊《みたま》の救主《すくいぬし》なりし也《なり》。読む者、心すべし。

速素盞嗚尊は、天津罪、国津罪《くにつつみ》を残らず我身に引き受けて、世界の人の罪を償い玉う瑞《みず》の御霊魂《おみたま》なれば、天地の在らん限りの重き罪咎《つみとが》を、我身に引き受けて、涙を流して足の爪迄抜かれ、血潮を流し玉いて、世界の罪人、我々の遠《とお》つ御親《みおや》の罪の代《かわ》り玉ひし御方《おかた》なる事を忘る可《べか》らず。今の世の神道者は、悟り浅くして、直ちに速素盞嗚尊を悪《あし》く身做《みな》すは、誠に恐れ多き事共なり。

斯《かく》の如く天地の罪人の救い主なれば、再び此の天《あめ》が下《した》に降《くだ》り在《ま》して、瑞の御霊なる茂《しげ》頴《かい》（当時の王仁三郎の号の一つ）の身を宮と成して、遍《あまね》く世界を救わんと成し玉える也。

素盞嗚尊の救《すくい》の御霊の再び現れ玉いしは、天帝《てんてい》の深き御心にして、此の世の立換《たてか》えの為《ため》めに、万の事を任《まか》せて、天降《あまくだ》し玉えるなり。人民の重き罪咎《つみとが》も、速素盞嗚尊の御名の徳に依りて、天照太御神より宜敷《よろしき》に宣《の》り直し給うぞ、尊きの至りなり。

限りなき栄えと命《いのち》と喜びを得ん事を願う者は、瑞の御霊を信仰すべし。

限りなき苦しみ、病、患《わずら》い、まが事《ごと》を救われん事を願わば、瑞の御霊を厚く信仰すべし。（「御霊魂のことわけ」）

『霊界物語』の該当箇所は以下のようになっています。

言霊の鏡に天照大御神のお姿がうつって、すべての災禍《さいか》はなくなり、いよいよ本当のみろくの世に岩屋戸《いわやど》が開いたのであります。そこで岩屋戸開きが立派にをはって、天地《てんち》照明《しょうめい》、万神《ばんしん》おのづから楽しむやうになったけれども、今度は岩屋戸を閉めさせた発頭人をどうかしなければならぬ。天は賞罰を明らかにすとはここでございます。が、岩屋戸を閉めたものは三人や五人ではない、ほとんど世界全体の神々が閉めるやうにしたのである。で、岩屋戸が開いたときに、これを罰しないでは神の法にさからふのである。しかし罪するとすれば、世界はつぶれてしまふ。そこで一つの贖罪者《しょくざいしゃ》を立てねばならぬ。すべてのものの発頭人である、贖主《あがないぬし》である。仏教でも基督《キリスト》教でもかういふのでございますが、とにかく、他のすべての罪ある神は自分等の不善なりし行動をかへりみず、もったいなくも大神《おおかみ》の珍《うず》の御子《みこ》なる建速須佐之男命《たけはやすさのおのみこと》お一柱《ひとはしら》に罪を負はして、髭《ひげ》を斬り、手足の爪をも抜き取りて根《ね》の堅洲国《かたすくに》へ追ひ退けたのであります。

要するに、大本《おおもと》の教《おしえ》は変性男子《へんじようなんし》と変性女子《へんじようによし》との徳を説くのであります。変性男子の役目といふものは、すべて世の中が治まったならば余りむつかしい用はない。統治さへ遊ばしたらよいのであります。これに反して変性女子の役は、この世のつづくかぎり罪人のために、どこまでも犠牲になるところの役をせねばならぬのでございます。（『霊界物語』十二巻三〇章「天の岩戸」）

天照大神を岩戸から出すことができましたが、岩戸を閉めた張本人の須佐之男命を罰しなければならない。そこで八百万の神は協議して、須佐之男命に千座《ちくら》の置戸《おきど》を負わせます。千座の置戸の千座は多くの物を置く台のことで、置戸は千座に置く品物のことです。罪をつぐなわせるために、多くの台の上に置くおびただしい品物を科したのでしょう。さらに髭を切り、手足の爪を抜いて、高天原《たかあまはら》を追放するのです。

だが八百万の神々たちは、追放する神を過ったのではないでしょうか。『道の栞』で、王仁三郎は重大な指摘をしています。
○瑞《みず》の霊《みたま》に救われんことを祈るものは、ただちに救わるべし。また、瑞の霊を疑いてそむくものは、自ら亡びを招くものぞ。
○天帝は、瑞の霊に万物の救いをまかせたまえり。高天原にあれまして、天《あま》の安《やす》の河原《かわら》を中におきて誓いたまえる天照大御神は厳《いづ》の御霊《みたま》である。そのとき、共に誓いたまえる速素盞嗚尊は瑞の御霊である。
○瑞の御霊は下津国《しもつくに》の国人《くにびと》の許々多久《こここたく》の罪けがれを、その御涙《みなみだ》にてあがないたまいて、国人の罪の身代りとなりたまえる救い主である。また幽界にては、諸々の精霊の許々多久の罪を、その御血潮をもってあがないたまい、その罪に代りたまいて、諸々の精霊の救い主となりたまえり。すべて、世界の罪人の罪をあがないて、救いの門を開かれしは瑞の霊にして、罪を許したもう神は厳の御魂である。しかし太陽系天体に属する世界のみである。その上には天帝がありて、最後の審判《しんぱん》をなしたもうのである。
○瑞の霊は世界中の罪ある霊魂を清むるの役目である。救いの門を開いて、高天原《たかあまはら》へみちびく霊魂の案内者である。
○誠の高天原の案内者は、ただ一つの御霊である。偽《にせ》案内者に導かるる者は、とても神の都の門をくぐることはできぬ。かえって茨室に迷いて、その身を傷つけ破るばかりである。相共に溝のなかへ転倒するよりほかに道はない。
○真如《しんによ》（王仁三郎を指す）は自ら実行したることを示し、実見《じつけん》したることをもって神の御業を証《あか》しすれども、奸悪《かんあく》なる世のなかの人、これを誠とせず、かえって疑い、反対をなして、神の御心にそむく。あわれむべし。
○しかし、わからぬのも無理はない。人間のかぎりある浅き知恵や考えをもって、かぎりなき高き深き神の心より来たれる真霊魂《しんれいこん》の言葉を聞かんとするからである。真霊魂の使《つかい》は瑞の御霊である。そのじきじきの言葉を取次ぎ伝えるものである。（『道の栞』二巻上）
王仁三郎の主張したいことは、須佐之男命《すさのおのみこと》こそ天帝（神素盞嗚大神《かむすさのおおかみ》）から任された万物の救い主であり、万神万人の罪汚れを贖う贖い主だ、高天原（天国）へ救われようと思えば、その道案内人は天照大神ではなく、須佐之男命御一柱《おんひとはしら》だ。間違った道案内人を信じれば、逆に地獄へ導かれることになる。須佐之男命を受肉した王仁三郎はそれを身をもって実証して来たが、誰もそれを認めないというのですね。そして天照大神の役割は、須佐之男命によって高天原へ導かれた霊魂の罪を許すことですが、その範囲は太陽系天体のみだというのです。しかも天照大神の上には天帝が存在し、最後の審判をされるというのですから、天照大神はわれわれ人類にとっては、ほとんど無縁の存在だということになります。

❖国祖隠退神話

私の頭の中では、天《あま》の岩戸籠《いわとごも》りについて、大本《おおもと》独特の神話である国祖《こくそ》隠退・再現神話とオーバー・ラップしてならないのです。これからの話をより理解して頂くために、大本神話についても簡単にふれておきましょう。

国祖というのは、世間では艮《うしとら》の金神《こんじん》、鬼門《きもん》の金神《こんじん》として恐れられている神です。艮は陰《おん》陽道《みょうどう》の語で東北の方位をいい、東北は「陰《いん》の気のとわまりあつまる所、百鬼《ひゃっき》出入《しゅつにゅう》の門」、つまり鬼門とされています。金神は方位の神で、周期的に遊行しており、金神のいる方角を汚すと、「七殺の祟《たた》り」があるといわれています。まずそれに関連する筆先をいくつか引用しましょう。

艮の金神は、むかしからこの世をこしらえた神であるから、世界すみずみのこと、なにも知りておるぞよ。あまり世がのぼりて、さっぱり世が乱れてしもうて、これだけこの世に運否《うんぷ》がありては、かわいそうで見ておれんぞよ。（年月日不明）

艮の金神は悪神《あくがみ》でありたか、善神でありたかと申すことが、明白《ありやか》にわかりてくるぞよ。いまのうちは、世間から力いっぱい悪く言わしておくぞよ。艮の金神の道は、いまの悪のやり方いたす人民からは悪く申すが、もうしばらくの間であるぞよ。悪くいわれな、この大《たい》もうはとうてい成就いたさんから、悪くいわれるほど、この大本はよくなりてくるぞよ。（明治三十二年旧九月十九日）

煎豆《いりまめ》が生《は》えたら出してあげると申して、三千年あまりて、おしこめられておりたなれど、この神を世に出すことはせんつもりで、たたきつぶして、はらわたは正月の雑煮《ぞうに》にいたし、骨は二十日の骨正月《ほねしょうがつ》に焼いて食われ、からだの筋は盆《ぼん》にそうめんにたとえて、ゆでて食われたぞよ。そうしられてもこたえんこの方《ほう》、化《ば》けて世界を守護いたしておりたぞよ。悪神、祟《たた》り神と世界の人民にいわれて、悪に見せて善ばかりを守護いたしておりたのが、分かりてきて、元《もと》のおん役《やく》、三千世界をかまう世がまいりたのざ。（明治三

十五年旧九月二日）

年越しの夜に煎豆《いりまめ》をいたして、鬼は外、福は内ともうして、鬼神《おにがみ》にいたして、この方を押しこめなされたのだが、時節がまいりて、煎豆に花が咲く世がまいりたぞよ。（明治三十五年旧十月二日）

正月の三か日の雑煮の名をかえさすぞよ。この艮の金神を鬼神にいたして、鬼は家へは入れんと申して、十四日のどんどにも、鬼の目はじきと申して、竹を割りて、家のぐるりに立ててあろうがな。そこまでしられた艮の金神。（明治三十七年一月二日）

みろくの世の持ち方でやらねばいかんと艮の金神が万《よろず》の神《かみ》に申したら、そのようなやり方では他の神がようつとめんと皆がもくろみて大神様へ御願いをなされば、大勢と一人はかえられん、艮の金神押しこめいと大神様の御命令で、この方は艮に押しこめられて蔭《かげ》から守護致しておりたなれど、この方《ほう》が申した世がまいりきて今の体裁。（明治三十八年旧四月二十六日）

出口直《なお》の手を借りて筆先を書かせてきた艮の金神を名乗る神が、元の名を明かすのは大分後になります。

艮の金神が、元の国常立尊《くにとこたちのみこと》であるから、このもとの生神《いきがみ》が世界へあっぱれあらわれるぞよ。（明治四十二年旧正月十日）

日本は艮の神国であるから、天地は今までとは何かのことが大変わりいたすぞよ。天にありては大《おお》国常立尊と申すぞよ。地を守護いたす時は国常立尊であるぞよ。(明治四十三年旧四月十五日)

断片的な筆先の文章だけでは、艮の金神がどのような神かよく分かりません。なぜならば、筆先は艮の金神ばかりでなく、いろいろな神々が出口直という特異で優れた霊媒《れいばい》体質の女性にかかって書かせたものですから、断片的な記述にならざるを得ないのです。それが『霊界物語』との根本的な相違であり、王仁三郎は次のように述べています。

そもそも教祖の手を通して書かれた筆先は、たうてい現代人の知識や学力でこれを解釈することは出来ぬものであります。いかんとなれば、筆先は教祖が霊眼《れいがん》に映じた瞬間の過現未《かげんみ》の現象や、または神々の言霊《ことたま》の断片を惟神的《かむながらてき》に録したものですから、一言一句といへども、その言語の出所と時と所と位置とを霊眼を開いて洞観《どうかん》せなくては、その真相は判るものではありませぬ。

これを今日の演劇にたとへて見れば、艮の金神の筆先の名のもとに、塩谷判官高貞《えんやはんがんたかさだ》の言語もあれば、高野師直《こうのもろなお》、大星由良之介《おおぼしゆらのすけ》、大野九太夫《おおのくだゆう》、千崎弥五郎《せんざきやごろう》、早野勘平《はやのかんぺい》、お軽《かる》、大野定九郎《おおのさだくろう》、加古川本蔵《かこがわほんぞう》、桃井若狭之介《ももいわかさのすけ》などの役者が各自に台詞《せりふ》を使ふのを、由良之介は由良之介一人に対する台詞、九太夫は九太夫のみの台詞を集めたのが教祖の筆先であります。いはゆる芝居の下稽古《したげいこ》の時に、各役者が自分の扮すべき役目の台詞のみを覚ゆるための抜書のやうなものであります。ゆゑに、実際の霊界にある神劇《しんげき》を目撃したものでなければ、筆先を批評することは出来ませぬ。たとへば、大星由良之助の台詞の筆先を見れば、実に感心もなし忠臣義士の模範とすることも出来ますが、これに反して、九太夫の台詞を記した筆先を見る時は、実に嘔吐《おうと》をもよほすのみならず、実に怪《あや》しからぬ筆先に見えるのであります。ゆゑに神様は、三千世界の大芝居であるぞよと、筆先に書いてゐられます。その各自の台詞書を集めて、一つの芝居を仕組むのが緯《よこ》の役《やく》（機《はた》に例えて直《なお》を経糸《たていと》の役割とすれば、王仁三郎が緯糸《よこいと》の役割）であります。ゆゑに霊界物語は筆先の断片的なるに反し、忠臣蔵《ちゅうしんぐら》の全脚本ともいふべきものであります。（『霊界物語』十二巻「序文」）

このように、筆先では分からなかった国祖隠退神話が、『霊界物語』によって初めて明らかにされます。

国常立尊は宇宙を修理《しゅうり》固成《こせい》し、大地の世界を拓かれた祖神《そしん》であり、大本では国祖《こくそ》と称えます。国祖は有限の肉体に無限の霊魂を充たしめ、人とし、陰陽《いんよう》二人を始祖として地上に下します。人類は生れ、増え、やがて地上に充ちますが、人々の吐く息から邪気《じゃき》が生じ、凝り固まって天地を曇らせ、神界も現界も次第に乱れてきます。そこで国祖は「天地の律法」を定めて、綱紀粛正をはかります。

しかし体主霊従《たいしゅれいじゅう》の邪気に汚染された八百万《やおよろず》の神々にとって、天地の律法は窮屈でならず、その遵法を固執《こしつ》する国祖が邪魔になります。そこで八百万の神々は天《てん》の大神《おおかみ》に国祖の非をならし、直訴《じきそ》しました。

彼らの激しい不満は天の大神といえど制し切れず、国祖に「少しく緩和的神政《しんせい》をせよ」と説得し、妻神豊雲野尊《つまがみとよくもぬのみこと》も「時代の趨勢《すうせい》に順応する神政を」と涙とともに諫言《かんげん》します。それでも国祖は、「律法は軽々しく改変すべきではない」といい切り、頑《がん》として聞き入れません。天の大神は国祖の主張の正当性を知りつつも、「万神《ばんしん》に一神《いっしん》は変えられず」と、涙を飲んで隠退を命じます。しかし天の大神は国祖に、ひそかに約束します。

「貴神が隠退すれば、地上神界の乱れはつのり、やがて地上は泥海《どろうみ》となって滅びる事態に至るだろう。だから一陽来福《いちようらいふく》の時を待って、貴神を再び地上神界の主権神に任じ、三千世界を立替え、元の神代に立て直そう。貴神だけには苦労をさせぬ。時いたらば、吾もまた天より下りて、貴神の神業を輔佐《ほさ》しよう」

国祖が再出現して立替え立直しの大事業にとりかかる時は、天の大神もお手伝いしようという神約《しんやく》が交わされたのです。

国祖は神議《かむはか》りに議《はか》られて残酷な処刑を甘んじて受け、千座《ちくら》の置戸《おきど》を負って、艮《うしとら》の地（日本）に押し込められてしまいます。神々は国祖の威霊《いれい》が再び出現するのを恐れて七五三縄《しめなわ》を張りめぐらし、「煎豆に花が咲くまで出てくるな」と呪いの言葉を投げかけました。豊雲野尊は夫神《おっとがみ》に殉じて、みずから坤《ひつじさる》へ隠退します。それ以来、八百万の神々は国常立尊を艮《うしとら》の金神《こんじん》、豊雲野尊を坤《ひつじさる》の金神《こんじん》と呼び、鬼門《きもん》・裏鬼門《うらきもん》の金神《こんじん》、祟《たた》り神《がみ》として世人に宣伝し、調伏《ちょうぶく》の儀式は今日まで続いているのです。

王仁三郎によれば、艮の金神を押し込めた神々は、その屍《しかばね》を切断し、それぞれ五節《ごせつ》に配当して神事、仏事ともに艮の金神調伏の儀式を行なってきた。正月元旦に飾る赤白の鏡餅《かがみもち》は国祖の骨、三月三日の蓬《よもぎ》の草餅《くさもち》は国祖の皮膚、五月五日の菖蒲《しょうぶ》の結粽《ちまき》は国祖の鬢髪、七月七日の小麦の索麺《そうめん》は国祖の筋、九月九日の黄菊《きぎく》の酒水は国祖の血だというのです。また鞠《まり》は国祖の頭であり、弓の的《まと》は国祖の目であり、門松《かどまつ》は国祖の墓標ですね。

節分の儀式もそうです。国祖の目をつぶすために、鬼の目突きと称して柊《ひいらぎ》の針を戸に刺し、国祖の頭に見立てて鰯《いわし》の頭を串刺しにして門戸に刺し、鬼の目つぶしと称して煎豆《いりまめ》をまき、「鬼は外、福は内」と年男《としおとこ》に叫ばせます。このように古代から、日本の人たちは知らぬこととはいえ、上下こぞって国祖を呪詛《じゅそ》し、その身魂の再現を恐れてきたのです。

このように、国祖隠退神話は、神代の昔、須佐之男命が高天原を追放される記紀神話とよく似ています。相応《そうおう》の理《り》によって、地上霊界の主宰神である国常立尊の動向は、地上現界の主宰神である須佐之男命の行為に投影されるのでしょうか。

国祖隠退後、長い年月が立ちました。押し込めた側の支配する天下はいっそう乱れ、吾れよしと強いもの勝ちの地上世界は争いを繰り返すばかり。神々や人類の生み出す強欲と疑念の邪気で、天地の汚濁は生物生存すら危うい事態に陥りました。そこで天運循環《てんうんじゅんかん》して一八九二（明治二十五）年節分の日、天の大神（神素盞嗚大神）の命によって、国祖国常立尊は稚姫君命（出口直《なお》の精霊）にかかり、因縁の身魂出口直の肉体を機関として再び出現し、立替え立直しの神業を遂行することになったのです。

節分の夜を期して隠れたまひし、国祖国治立《くにはるたち》の大神《おおかみ》（国常立尊と同じ）以下の神人《かみがみ》は、ふたたび時節到来し、煎豆の花の咲くてふ節分の夜に、地獄の釜《かま》の蓋《ふた》を開けて、ふたたび茲《ここ》に神国の長閑《のどか》な御世《みよ》を建てさせたまふ。（『霊界物語』六巻二四章「富士鳴門」）

国祖隠退・再現神話の意義は、地上霊界の主宰神である国祖が、なぜ隠退に追いこまれなければならなかったか、なぜ再び現われる必要があったのかということでしょう。

人は誰しも、霊能《れいのう》（霊的性能。倫理的、審美的感情の源泉）と体能《たいのう》（体的性能。すなわち体的欲望）を合わせ持ちます。いずれも主神《すしん》である大元霊《だいげんれい》から分かれ出る相対的二大元質で、一方を切り捨てるわけにはいきません。体能がなくては、人は生きていけない。しかし霊能がなくては、人は人でなくなる。あい対立する霊能も体能もいずれも大事な性能で、両者に甲乙軽重の差はありません。体能に偏《かたよ》り過ぎると体主霊従《たいしゅれいじゅう》になり、霊能に偏りすぎるのも悪だと、王仁三郎は教えているのです。

たとえば右足・左足に軽重の差はありません。しかし歩くという行動を起こす時、どちらかを先に踏み出さなければ歩けないのと同じです。宇宙は霊界が主で現界が従だから、同じ五分五分であっても、霊能を主とし、体能を従とせよというのが霊主体従《れいしゅたいじゅう》の神素盞嗚大神の教えであり、『霊界物語』の大事なテーマです。

国祖の示す霊主体従的「天地の律法」をかたくなに厳守するだけでは、物質文明は発展せず、地上生活の豊かさは望めない。人の成長過程を見てもそうですね。乳児期は母が疲れていようが眠かろうがおかまいなく、わがままいっぱいに乳を求めます。全くの体主霊従ですが、だからこそ成長ができるのです。しかしそのまま肉体だけが成長し続けたのでは、人の姿をした獣《けもの》と変りなくなります。そこで霊主体従的神策をいったん引っ込めて体主霊従的神策を行なうことで、人類社会は目覚ましく発展します。

それと同様に、人類は体主霊従の甘い汁を吸いすぎて、地球という存在基盤の愛を失い、「我よし、強いもの勝ち」の精神構造に封じ込まれ、それから発する妖邪《ようじゃ》の気は満ち満ちて、このままでは人類の存在さえ危ぶまれる状態になってきました。そこでいよいよ国祖の再現。体主霊従的物質文化の基盤の上に、霊主体従的精神文化の花を咲かせようというのが、神素盞鳴大神の神策ではないでしょうか。

国祖もそれを押し込めた八百万の神々も、本来は宇宙意志の現われであり、「天地の律法」の制定以前は、善とか悪とかの対比以前の状態だったでしょう。そのような静的な調和、いいかえれば死に等しい状態から動に転ずるためには、相反《あいはん》する対立を打ち出すのもやむを得ない。神素盞鳴大神は国祖の隠退、いわば天地の律法の空文化《くうぶんか》という産みの苦しみをへて、人類に与えた自由意志のままに、物質文化の修理固成を待たれたと考えることができるでしょう。

国祖の隠退・再現は神話的表現であって、国祖を押し込めたといっても、やんちゃな子供を親が押入れに閉じ込めておしおきするような意味ではないでしょう。もともと肉体をお持ちにならない神々の話ですから、押し込めようがないわけです。人には良心がありますが、良心があってもそれを無視すれば、良心を押し込めたということになる。神々が国祖の存在を無視したことが押し込めたということであり、一八九二年、国祖の「三千世界一度に開く梅の花、艮の金神の世になりたぞよ」との宣言が国祖の再現ということでしょう。

この大本神話は単に大本のみに通用するものと狭く限定せず、体主霊従的文明から霊主体従的文化への、世界人類史上未曾有《みぞう》の価値観の大転換の予言と深く受け止めるべきでしょう。記紀神話に対する「対抗《たいこう》神話」として、優れた神話だと思います。

❖大気違いと大化物

　ところで、記紀神話における天照大神《あまてらすおおかみ》と須佐之男命《すさのおのみこと》の対立と類似の出来事が、なんと数知れぬ年月をへた現代に映って、出口直《なお》と王仁三郎《おにさぶろう》との間に起こるのです。

　帰神《きしん》当初、出口直は夢中で立替え立直しを叫び続けますが、誰一人耳をかすものはありません。翌一八九三年には気違いにされ、四十日間座敷牢《ざしきろう》に入れられる始末です。出牢後、直の周囲に信者らしいものが集まってきますが、それは艮《うしとら》の金神《こんじん》の神格や立替え立直しの意義を理解したわけではなく、直の日清戦争の予言の的中と病気直しの霊力に引きつけられたからに過ぎません。筆先の真意義をよみ解く者すらないのです。

　焦《あせ》りに焦る直に、神は「艮の金神の神格を正しく審神《さにわ》してくれるものは東から現われるぞよ」と示します。一八九八（明治三十一）年十月、東から来る人を待ち続ける直の前に現われたのが、数え二十八歳の上田喜三郎《うえだきさぶろう》すなわち出口王仁三郎だったのです。この時はまだ時期至らず、王仁三郎は一時、園部《そのべ》に留まって宣教していましたが、翌九九年七月、直の招きで二度目の綾部《あやべ》入りを果たし、一九〇〇（明治三十三）年一月には神示によって出口直の末娘澄《すみ》と結婚します。

　謹厳実直な直にとって、自由奔放な王仁三郎の行動は苦々しいことばかりでした。人間心

で考えるなら、最愛の娘の婿《むこ》にはしたくなかったでしょう。だが筆先には、

直の世継ぎは末子のお澄どのであるぞよ。因縁ありて上田喜三郎どのは、大《たい》もうな御用をいたさすぞよ。このおん方を直の力にいたすぞよ。（明治三十二年旧六月六日）

出口《でぐち》の神《かみ》と日《ひ》の出《で》の神《かみ》とが、三千世界の元になるのざぞよ。出口澄と上田どのが代わりをいたすお世継ぎと相定まりたぞよ。（明治三十二年旧九月十六日）

というように、神は王仁三郎と澄を大本《おおもと》の世継ぎにせよと命じます。神の意志が直の意表を突いて下る時、常に直は神に委ねてきたのです。

王仁三郎と澄の結婚間なしに出た筆先には、

綾部の大本には出口直の大気違《おおきちが》いが現われて、化《ば》かして御用がいたさしてあるから、見当はとれんなれど、もう一人《いちにん》の大化物《おおばけもの》をあらわせて、神界の御用をいたさすぞよ。この大化物は東から来ておるぞよ。この大化物が現われてこんと、何もわからんぞよ。（明治三十三年旧正月七日）

どうやら西の大気違いと東の大化物が神《かみ》の綱《つな》で綾部に引き寄せられたようです。

当時の大本は、出口直を絶対と信じる、素朴な熱狂的集団でした。役員信者たちは直を「大神《おおがみ》さま」と尊称し、質素端正この上ない直の一挙手一投足がまさに大和魂《やまとだましい》の規範であり、それに対する王仁三郎の好きすっぽうの目に余る行動は、どうでも改心させねばすまぬ

外国魂《がいこくみたま》の典型でした。しかも王仁三郎にかかっていた小松林命《こまつばやしのみこと》はことごとに直に盾突《たてつ》くやんちゃ神で、筆先では、

小松林命の守護の間は、皆が心配いたすなれど、須佐之男命《すさのおのみこと》の分身魂《わけみたま》で、須佐之男命の役で、二度目の天の岩戸を閉める、敵対うおん役ざぞよ。(明治三十五年旧八月二十一日)

などと示されています。また、こんな筆先もあります。

身魂《みたま》のあらためいたして、因縁ある身魂を引きよして、ご用に使うと申して筆先に出してあるが、因縁ある身魂ばかりをご用さしてあるが、こんどの二どめの世の立替え大もうと申すは、天の岩戸を閉める役と、天の岩戸を開く役とあるのざ。(明治三十五年旧七月十一日)

つまり小松林命は須佐之男命の分霊で、王仁三郎の肉体を使って天の岩戸を閉める悪役だというのです。

それでも王仁三郎が大本に留まることができたのは、

今度の大本の男子、女子の御用は二度目の天の岩戸を女子が閉めるおん役であるからつらい役、小松林《こまつばやし》が須佐之男命のおん役ざ。(明治三十五年旧八月二十七日)

とあるように、二度目の天の岩戸開きをするにけ、型としてまず岩戸を閉めねばならない。

その悪役を演じて見せるつらい役者は、須佐之男命の代役である小松林命のかかった王仁三郎だというわけです。

さらにもう一つ、王仁三郎の大本における存在理由があります。

初発《しょっぱつ》に艮《うしとら》の金神《こんじん》が出口にあらわれて、この世の守護いたすぞよ。次に坤《ひつじさる》の金神《こんじん》が変性女子《へんじょうにょし》とあらわれるぞよ。女子が男子に化《な》りてこの世の守護をしておりたなり、男子が女子になりて化《ば》けておらねばでけんゆえ、化けて守護いたしたぞよ。（明治三十三年旧四月七日）

金神が艮と坤とへ立分けられて押し込まれて、長らくの苦労いたしたぞよ。これから鬼門《きもん》の金神《こんじん》、裏鬼門《うらきもん》の金神《こんじん》と夫婦が表に現われて、出口の神におん礼申すのざぞよ。これから夫婦になりてご用いたさすぞよ。昔にはこの身魂は夫婦でありたぞよ。今は親子となりて、夫婦のご用いたさすぞよ。（明治三十二年旧八月二十一日）

今は悪神の小松林命が守護しているが、王仁三郎の肉体はいずれは艮の金神の妻神である坤の金神が守護されるというのです。そうなると、直と王仁三郎の間には、まことに奇妙な関係が成立します。現界的には義理の親子ですが、神霊《しんれい》同士は夫婦になります。この夫婦の神が仲良く寄り添ってくれれば、大本の中は万々歳だと、直初め役員信者はひたすら乞い願います。ところがそうは問屋《とんや》がおろさない。直と王仁三郎に対立する神霊がかかり、激しい争いを演じ始めたのです。その神々の大戦いは火《ひ》と水《みず》に象徴されることから、「火水《かみ》の戦い」といわれます。

❖元伊勢水の御用と出雲火の御用

火水《かみ》の戦いの前兆は、王仁三郎の郷里穴太《あなお》の上田《うえだ》家の火事ではなかったでしょうか。その火事がいつおこったのか、はっきり特定できません。『霊界物語』三十八巻「呪《のろい》の釘《くぎ》」に、

八十八歳になった喜楽《きらく》（王仁三郎の当時の号）の祖母が亡くなり、百日祭をすました翌日家が焼けてしまったので……

とあります。また王仁三郎の弟の上田幸吉《こうきち》や妹の小西君《こにしきみ》に私が取材した時も、ふたりとも「百日祭の翌日」と証言していました。王仁三郎の祖母上田宇能《うの》の死は、戸籍によると、一九〇一（明治三十四）年一月六日ですから、百日祭は四月十五日、その翌日といえば四月十六日になるはずです。

だが『生《お》いたちの記』には、

……上田家の矮屋《わいおく》は、明治三十三年（三十四年の誤り）の（旧）一月七日に祝融子《しゆくゆうし》の見舞うところと成り、家財家具は言うに及ばず、丸山応挙《まるやまおうきよ》に関する書類も絵画も悉皆烏《う》

有《ゆう》に帰したのである。

とあり、明治三十四年旧二月七日といえば新の三月二十六日に当たります。

この火事で上田家が全焼したので、喜三郎の母世祢《よね》、弟幸吉、妹雪《ゆき》、義弟の西田元吉《にしだもときち》夫妻が穴太から綾部に移り住んできます。綾部に出口一族と上田一族が揃ったわけです。神が地の高天原である綾部を舞台に「火水《かみ》の戦い」の神劇を演じさせるとすれば、主役の出口直、王仁三郎を初め、脇役全員揃ったことになります。

四月二十六日（旧三月八日）、神示のままに出口直、王仁三郎、澄ら一行三十六人によって、「元伊勢《もといせ》水《みず》の御用《ごよう》」が行なわれました。元伊勢は京都府加佐《かさ》郡大江《おおえ》町にあり、天照大神を祭る内宮《ないくう》の皇大神社《こうたいじんじゃ》（大江町字内宮《ないく》）と豊受大神《とようけのおおかみ》を祭る外宮《げくう》の豊受大神社《とようけだいじんじゃ》（大江町字天《あま》田内村東平《だうちむらひがしだいら》）の総称です。内宮の下を流れる五十鈴川《いすずがわ》には大きな一枚岩があり、その岩にあいた二つの岩穴が清水をたたえています。その岩穴を産湯《うぶゆ》の釜《かま》、産盥《うぶだらい》の岩といい、天照大神が岩戸を出た時に禊《みそぎ》した霊地といい伝えられ、その水は昔から汲み取り禁制で、厳重な見張りがついていました。その水を青竹の筒二本にひそかに盗み出して綾部に帰り、神に供えた後、お下がりを皆で少しづつ飲み、一部を三つの井戸に注ぎます。

綾部に帰り着いて一同が感謝の祝詞《のりと》を奏上し終るや、広間のランプが倒れて火が障子に燃え移り、ようやく皆で消し止めます。水を飲もうと王仁三郎が台所に行くと、風呂の炊き口から転げ落ちた火がそばの薪《まき》に勢いよく燃え移っています。大声で人を呼び、これも消し止めました。二度続けての火事騒ぎで不思議なことだと皆で話し合っている最中、広間で異様な叫び声がしたので王仁三郎が駆けつけますと、役員の中村竹造《なかむらたけぞう》が着物から火を噴きだして走りまわっています。ランプに背を打ちつけて着物に石油がこぼれ、燃え移ったのです。王仁三郎はとっさに夜具を持ち出して中村を押し倒し、消し止めました。わずかな時間に三つの火の不思議があったのも、何かの啓示だったのでしょう。

五月二十七日（旧四月十日）、直は役員信者三十五名を連れて舞鶴《まいづる》の沖合にある無人島の沓島《くつしま》に渡り、釣鐘岩《つりがねいわ》の絶頂に立って、激浪逆まく日本海に残った元伊勢の水を投げ入れ、「この水、三年で世界へ回るぞよ。世界が動き出すぞよ」と叫びましたが、まさしく三年後に日露戦争が始まり、四年後の、直が日本海に水を投じたと同じ日の五月二十七日、日本海海戦が始まり、連合艦隊がロシアのバルチック艦隊を破ります。

元伊勢水の御用の意義は、筆先に次のように示されます。

元伊勢の産《うぶ》だらいと、うぶ釜《がま》の水晶のお水は、昔からそばへも行かれん尊い清きうぶ水でありたなれど、こんどの世の立替《たてか》えについて、綾部の大本から因縁のある霊魂に、大もうなご用をさして、世を立直すのに、むかしの元の水晶のかわらん水を汲《と》りにやらしてあるぞよ。

艮《うしとら》の金神《こんじん》の指図でないと、この水は、めったに汲りには行けんのであるぞよ。この神が許しを出したら、どこからも指一本触る者もないぞよ。

こんどの元伊勢のご用は、世界を一つにいたす経綸《しぐみ》のご用であるぞよ。もういちど出《いづ》雲《も》へ行きてくだされたら、出雲のご用を出来《しゅったい》さして、天も地も世界を平均《なら》すぞよ。このご用をすましてくださらんと、こんどの大もうなご用は分かりかけがいたさんぞよ。

わかりかけたらば速いぞよ。

世の立替えは、水の守護と火の守護とでいたすぞよ。世の立替えをいたすと申しておりても、どうしたら世がかわるということは、世に出ておいでる神さまもご存じはないぞよ。かんじんの仕組《しぐみ》は、今の今まで申さぬと、出口に申してあるぞよ。（明治三十四年旧三月七日）

この筆先の予告通り、七月一日（旧五月十六日）、直《なお》、王仁三郎《おにさぶろう》、澄《すみ》ら一行十五名は、徒歩で「出雲火《ひ》の御用《ごよう》」に旅立ちます。出雲大社には神代の昔、天穂日命《あめのほひのみこと》から代々引き継がれた消えずの火があり、この火を頂いてこようというのです。十一日に出雲に到着し、宮亀《みやかめ》という宿屋に宿泊。宿の主人は出雲大社の役職を持っていたので、主人を通して、消えずの火の下付の交渉をします。交渉は難航しましたが、ようやく十三日、かなりの玉串料《たまぐしりょう》を捧げて消えずの火を得ることができました。火縄《ひなわ》三本に点火して帰途につき、綾部に帰り着いたのは、七月二十日のことでした。

消えずの火は清めた種油《たねあぶら》の灯心に移されて神前に献じ火番が決められて、百日の間、絶やさず守り続けられます。そして「天に預けることにせよ」との神示により、十五本の蝋燭《ろうそく》に移し、ともし切って天に返しました。

元伊勢水の御用と出雲火の御用にどのような意義があるのか、人間心では容易に分かりかねます。元伊勢は天津神《あまつかみ》の天照大神《あまてらすおおかみ》の霊魂を初めて祭った地で、出雲は天津神たちに高天《たかあま》原《はら》を追われた須佐之男命《すさのおのみこと》の鎮まる地です。そして浄らかな水と火はもっとも強い霊威、つまり清浄化の力を持っているというのが、日本の伝統的な宗教観念です。昔から変わらない元伊勢の産水と出雲の消えずの火は、観念的にはこの世でもっとも清らかなものです。天津神と国津神《くにつかみ》、征服者と被征服者、世に現われた神と世に落としめられた神、その天系地系の両者の霊魂の象徴ともいうべき水と火を地の高天原である綾部に迎えることによって、まず霊界を動かして行こうというのでしょうか。

❖ 火水の戦い

水と火の霊威によって、確かに霊界が動き出したようです。五感では感知しえない霊界と現界の通路を通って、直と王仁三郎という二つの噴火口が爆発し、マグマを吹き上げます。

出雲火の御用の帰途、早くも現界の直と王仁三郎にその兆候が現われてきます。直には天照大神、王仁三郎には須佐之男命がかかって、激しい言霊戦《ことたません》を演じ出しました。それは綾部《あやべ》に帰っても治まることなく、その戦いは数年続くのです。

しかも一九〇一（明治三十四）年十月十九日（旧九月八日）から一週間、直は王仁三郎の行跡を怒り、天の岩戸籠りに相応する弥仙山《みせんざん》籠りを行ないます。弥仙山（標高六七四メートル）は綾部から東北二十四キロにある女人禁制の霊山です。その中腹の於成《おなり》神社（祭神・彦《ひこ》火火出見命《ほほでみのみこと》）、通称中《なか》の宮《みや》の無人の社殿に誰も寄せつけず、ただ一人籠ってしまうのです。

この弥仙山籠りを、直が第二の岩戸籠りと考えていたことは、次の筆先でも明らかです。

大本の仕組《しぐみ》は機《はた》の仕組であるから、経緯《たてよこ》が揃わんと、錦の機であるから、手間がいるぞよ。経緯の心揃うたなれば、機はよう織れるなれど、昔からまだこの世になきことい
たすのであるから、骨がおれるのざぞよ。

出口、岩戸へはいりた時のしるし、出口の神とあらわれる、明治三十四年の九月八日に立てこもりたのざぞよ。

出口直、明治三十四年九月八日、岩戸入り。

大本の大橋越てまだ先へ行方分からん後戻り、慢心《まんしん》するとそのとおり、行くとこがな

きようになるぞよ。恋しくなりたらば、たずねてござれよ。いうてやる。出口が岩戸の中で書き置くぞよ。（明治三十四年旧九月八日）

出口の旅立ち、いつも月の八日でありたが、二度目の天の岩戸へはいりたのが、明治三十四年の九月の八日に、出口直お供さしたのざでよ。二度目の天の岩戸へはいりたのが、於与岐《およぎ》の弥仙山の中のお宮へ立てこもりたのであるぞよ。人間界ではでけん御用であるから、艮《うしとら》の金神《こんじん》が連れ参りておるから、別条はないぞよ。このご用してもらわんと、まことのことが出てこんから、こんどのご用は、人民の中におりてはでけんご用であるから、連れまいりたぞよ。今が夜と昼との境のとこであるから、役員みなご苦労、岩戸から出るようになりたら、大分ものがわかりかけるなれど、岩戸へ入るおりは、何につけてもみなご苦労であるぞよ。（明治三十四年旧九月十日）

王仁三郎は実際に二度目の天の岩戸を閉めた張本人ということで、役員信者の風あたりはいっそう強くなります。

第一次大本事件の時、長い間、法廷で争われますが、弁護側の要請により、大正十五年三月から七回にわたり、王仁三郎は京都帝国大学の今村新吉《いまむらしんきち》博士に精神鑑定を受けています。この時、博士の憑霊《ひょうれい》現象の質問に対して、王仁三郎は答えています。

……ついに須佐之男命の霊がかかり、そうすると人が豆のように見え、私はこんな腕ですが（と腕を出し）、これがこんなに（と五、六寸の直径の円を示し）大きなものに見えるのです。お直《なお》さんにはお直さんの信じた神（天照大神）がかかってきて、ワーッといいます。そうすると、両方から議論ばかりするのであります。それがすむと、私もお直さんも肉体はなんともないから、すぐにまた笑いながら、仲良くします。また霊がずっとかかってきて、神さまのことをいう。私のは現界的な神さまだというと、お直さんの神さまは、それはいけない、ハイカラだからいけない、神そのものでなければいけないという。私の神さまは、現在の人に分かればいい、いろいろと漢語《かんご》も使わなければいかん。そうすると、そんなことでは世の立替えにはならないと、神さま同士が衝突しました。

王仁三郎の妻の出口澄は、第二次大本事件の時に裁判所に提出した「上申書」の中で、素朴な調子で述べています。

先生は裏の別荘、教祖は表の二階で筆先《ふでさき》を書いておられます。その書いていられる筆先が先生の気にいらぬことばかりでありますので、教祖さんもなるべく筆先を書かぬようにしたいと思われても、神さまが承知しられぬので、筆先が出ると役員さんの宅に隠したり、いろいろとしられました。

肉体になられると、どちらもこれぐらい仲の良い親子はなかったし、「わが親よりおもしろい親であります」と喜んでおりますが、神がかりになるとどちらも大変な勢いでありました。「須佐之男命さまが高天原を奪《と》りにきた」と荒立たれます。「小松林《こまつばやし》の神さんが世を乱す、改心せい」とか、「須佐之男さまも小松林も肉体を置いて帰れ」と大きな声で四股《しこ》を踏まれますので、その恐ろしさ、身震いがいたします。

とにかくも、「変性女子《へんじょうにょし》が改心すれば澄子も改心する。半期遅れて次に役員が良くなる。次は信者が改心する。日本が良くなる。早く改心をいたされよ。早く往生をいたされよ」というようなことばかりでありました。

教祖もなんのことやら初めは分からず、「いつになりたらこの戦いはすみますか」といわれると、「もうしばらくである。どちらもご苦労ながら、もうしばらく辛抱してくだされよ」といわれますそうでございます。

「先生、大変な神さまの勢いでしたなあ」「えらい勢いでしたなあ」「これは型《かた》どすげなで」「へい、そうですか」というような有様、こんな様子が長いあいだ続きました。

翌一九〇三（明治三十六）年五月二十四日には、神示により、弥仙山岩戸開きという行事が行なわれ、次第に火水《かみ》の戦《たたか》いは穏やかになり、日露戦争の終る頃には天照大神や須佐之男命の発動は治まり、筆先にも「王仁三郎の守護神が須佐之男命や小松林命に代わって坤《ひつじさる》の金神《こんじん》になった」という意味のことが表われるようになります。

それにしても、神代《じんだい》の昔の天照大神と須佐之男命の戦いが、二十世紀初頭、地《ち》の高天原《たかあまはら》といわれる綾部《あやべ》を舞台に激しく展開されていたのです。

❖神島開き

一九一六（大正五）年、三度にわたる神島《かみしま》渡島が行なわれ、これを大本では「神島開《かみしまびら》き」といって、大本《おおもと》歴史の中で特別に位置づけています。

神島は播磨《はりま》の高砂《たかさご》沖合い十二キロに浮かぶ小さな無人島で、神示によると、この島に三千年の間、坤《ひつじさる》の金神《こんじん》が汐浴《しおあ》びながら隠退しておられたというのです。

第一回目の渡島は六月二十五日で、一行は王仁三郎ら六十三名、とりわけ目立つのは、王仁三郎の女装でした。当時の写真が残っていますが、大きく髷《まげ》を結い、残った黒髪を背中に流し、裾《すそ》模様の派手な着物を重ね着して帯を前で結び、長刀を握っています。目的は坤の金神の神霊を綾部に迎えること。島での祭典を終り、神祠《しんし》を奉持して二十八日、綾部に帰り着きました。改めて女装した王仁三郎が教祖室の襖《ふすま》を開くと、直は驚いて身じまいを正し、「坤の金神さま」と思わず声を出します。その夜、直に懸《か》かる艮《うしとら》の金神《こんじん》と王仁三郎に懸かる坤の金神の夫婦対面の喜びをこめて、祝いの杯が交わされました。

二回目の渡島は九月八日（旧八月十一日）、王仁三郎ら一行六人は明け方頃、島の頂上に上り、山を下って王仁三郎は海岸の岩の洞穴で神宝を受け、離島します。

三回目は十月四日（旧九月八日）で、一行八十一名でしたが、この時初めて直も神島へ渡りました。その夜、直、王仁三郎ら出口家の者は大阪・松島の信者谷前家に宿泊したのです。その夜、直は神島から奉持した宮の前で筆先を書いていました。その部屋の前を通りかかった澄《すみ》は、母の背に異様なたかぶりを感じたのです。直が宮の前で顔を伏せて、震えている。声をかけると、振り返った直の顔は真っ青です。直は意を決したように、いいました。

「先生がのう、……先生が弥勒《みろく》さまやったでよ。先生は弥勒の大神さまじゃと、神さまがおっしゃる。何度お聞きしても同じことや。私は今の今まで、どえらい思い違いをしていたのやで」

そして今書いたばかりの墨色《ぼくしょく》乾かぬ筆先を澄に見せました。

弥勒さまの霊はみな神島へ落ちておられて、坤の金神どの、須佐之男命と小松林の霊が弥勒の神の御霊《おんれい》で、結構な御用がさしてありたぞよ。弥勒さまが根本の天《てん》の御先祖《ごせんぞ》さまであるぞよ。国常立尊《くにとこたちのみこと》は地の先祖であるぞよ。二度目の世の立替えについては天地の先祖がここまで苦労をいたさんと、ものごと成就いたさんから、永い間みなを苦労させたなれど、ここまでに世界中が混乱《なる》ことが、世の元からよく分かりておりての経綸《しぐみ》でありたぞよ。……何かの時節《じせつ》が参りたから、これから変性女子の身魂《みたま》を表に出して、実地の経綸《しぐみ》を成就いたさして、三千世界の総方さまへ御目《おんめ》にかけるが近寄りたぞよ。出口直八十一歳の時のしるし。（大正五年旧九月九日）

肝《きも》の太い直が、その肝魂《きもだま》がひっくり返るほど仰天したのも、無理はありません。これまで直は、須佐之男命や小松林命を天の岩戸を閉めた張本人と信じ、激しく排斥してきました。王仁三郎に坤の金神の霊が懸《か》かってようやく和合できましたが、直の認識は、坤の金神はあくまで艮の金神の補佐神であり、常に自分が主で、王仁三郎が従。王仁三郎の方を見ずに、国祖《こくそ》隠退の時の神約である天の大神さまのお手伝いをひたすら待ち続けてきたのです。いわば体主霊従的《たいしゅれいじゅうてき》な行動を続けてきた。

だが直は自分の手で書いた筆先で、否応《いやおう》なく真相を突きつけられたのです。坤の金神ばかりか、須佐之男命も小松林命も弥勒さまの霊で、弥勒さまこそ根本の天の御先祖さまだったというのです。天《てん》の大神《おおかみ》さまは王仁三郎の肉体に懸かり、明治三十二年からお手伝い下さっていたのに、それに気づかずうかうかと十八年が過ぎていたことの悔恨《かいこん》にも打ちのめされたことでしょう。

これは直ばかりでなく、役員信者にも厳しく認識の転換を迫るものでした。王仁三郎に懸かる神霊は、実は艮の金神に再出現を命じた天の大神、すなわち神素盞鳴大神《かむすさのおおおかみ》であり、大化《おおばけ》物《もの》として変化《へぐ》れに変化《へぐ》れ、直と対立するように見せかけながら、大本神業を展開してきたということです。

❖見真実と未見真実

王仁三郎は『霊界物語』の中で述べています。

神界の示教《じきょう》は、到底現代人のごとく、数理的頭脳の活力をもって窺知《きち》することは出来ないものである。神は言霊《ことたま》すなはち道《ことば》である。言葉を主として解すべきものである。神諭《しんゆ》の三月三日、五月五日の数字についても、現代人の物質かぶれをした人士は、非常な論議の花を咲かしてをられるそうです。出口教祖の直筆《じきひつ》の文句には「明治三十年で世の立替《たてかえ》云々」と明治三十三年ごろになっても、依然として記されてあるのを見ても、神界の示教の現代的解釈に合致せないことは明瞭であります。

また教祖の直筆はいはゆるお筆先《ふでさき》であり、そのお筆先を神示にしたがって、取捨按配して発表したのが大本神諭である。これを経《たて》の筆先と称して、変性女子《へんじようによし》の緯《よこ》の筆先と区別し、経は信ずるが、緯は信じないと言ってゐる人々が、処々に散見されるやうですが、経緯不二の真相を知らむと思へば、教祖の直筆をお読みになったら判然するでせう。

お筆先そのままの発表は、随分断片的に語句が並べられ、かつ一見して矛盾撞着《どうちゃく》せし文句があるやうに浅い信者はとるやうなことが沢山ある。また教祖が明治二十五年より、大正五年旧九月八日まで筆先を書かれたのは、全部御修行時代の産物であり、矛盾のあることは、教祖自筆の同年九月九日の御筆先を見れば判然します。

変性女子のやり方について、今日まで誤解してゐたといふ意味を書いてをられる。その未成品の御筆先しかも変性女子みづから取捨按配した神諭を見て、かれこれ批評するのは、批評する人が根本の経緯《いきさつ》を知らないからの誤りであります。私はもはや止むに止まれない場合に立ちいたったので、露骨に事実を告白しておきます。

要するに教祖は、明治二十五年より大正五年まで前後二十五年間、未見真実《みけんしんじつ》の境遇にありて神務に奉仕し、神政成就《しんせいじょうじゅ》の基本的神業の先駆を勤められたのである。女子は入《にゅう》道《どう》は明治三十一年であるが、未見真実の神業は、同三十三年まで全二ケ年間で、その後は見真実《けんしんじつ》の神業である。霊的にいふならば教祖よりも十八年さきがけて、見真実の境域に進んでゐたのは、お筆先の直筆を熟読さるれば判りませう。……(『霊界物語』七巻「総説」)

直が見真実に入ったのは大正五年旧九月九日からで、それ以前、二十五年間書き続けた筆先も神業もすべて未見真実時代の産物であると断定したのです。当時の状況でこれだけのことを書き、役員信者の迷信仰の覚醒を促すのは、まさしくやむにやまれぬ事態だったのでしょう。当然、役員信者からの猛反発があったと思われます。王仁三郎は十一巻冒頭で釈明とも強弁ともとれる文章を、「言霊反《ことたまかえし》」の小見出しで掲載しています。彼らの批判に対して、言霊で返そうというわけですね。

（七巻の総説を読んで）大変に不平をならべられ、かつ、変性女子は教祖よりも自己の方が先輩だ、観察力がエライ、顕真実《けんしんじつ》の境《さかい》に早く達してゐるといって、教祖の教《おしえ》を根底よりくつがへし、自己本位をたて貫《ぬ》かうとする野心の発露だと、ずゐ分やかましき議論があるさうですが、顕幽《けんゆう》一体、経緯《けいい》不二の真相か判らないと、そんなつまらぬことを言はねばならなくなるのです。

よく考へて御覧なさい。教祖様は経糸《たていと》の御役《おやく》、女子は緯糸《よこいと》の御用《ごよう》と示されてあります。経言《けいげん》は一々万々確固不易の神示であり、緯糸は操縦与奪、其権有我《そのけんゆうが》の神業に奉仕せなくてはなりませぬ。教祖が経糸の御用でありながら、時期の至らざるためやむを得ず、やはり操縦与奪、其権有我的の神業に奉仕されなくてはならない地位に立ち、ぜひなく未顕真実的筆先を表はして役員信者を戒められた意味であって、教祖御自身において神意を悟りたまはなかったといふのではない。第七巻の総説を熟読されよ。

『十八年間未顕真実の境遇にあって神業に奉仕し』

とある文句を、境遇の二字によく眼《まなこ》をつけて考へれば判然するでせう。

また女子は三十三年から顕真実の神業に奉仕し、霊的に云ふならば、十八年さきがけて顕真実の境域《きょういき》に進んでゐるといふことを誤解し、大変に気にしてゐる方々が所々にあるやうですが、これも男子女子経糸緯糸《なんしにょしたていとよこいと》の相互的関係が明らかになってゐないからの誤解である。変性女子としては教祖の経糸に従って、神界経綸《けいりん》の神機《しんき》を織上げねばならぬ御用である。併《しか》しながら明治三十一年初めて帰神《きしん》となり、一々万々確固不易的の神業に参加しつつ、同三十三年に至るまでわが神定の本務にあらざる経糸的神務に奉仕して、女子の真実なる神業を顕はし得ざる境遇にありしことを、二年間未顕真実の神業であったといったのであります。

いよいよ明治三十三年一月より出口家の養子となり、教祖の経糸に対し、私は緯糸の神業に奉仕したといふのである。しかるに、神界のことは極めて複雑にして、男子女子相並びたりとて教祖としてただちに経糸のみの御用を遊ばすわけにはゆかない。経緯《たてよこ》両面にわたりて筆先の御用を遊ばしたのは、時の勢やむを得なかったのであります。女子は元より緯糸《よこいと》の御用のみなれば、緯役としての顕真実の御用は自然に勤まったのである。

しかるに大正五年九月にいたって、教祖も従前の経緯両面の神業を奉仕遊ばす必要なきまでに神業発展せられたるをもって、いよいよ男子経糸《なんしたていと》の役としての真実を顕はしたまふことを得られたのであります。それよりは、経糸は経糸、緯糸は緯糸と判然区劃がつくやうになって来たのであります。これでもいまだ疑念の晴れない方々は、第七巻の総説を幾回も反読して下さい。

また神諭《しんゆ》の文中に、

『緯《よこ》はサトクが落ちたり、糸が断れたりいろいろといたすぞよ』

と示されあるを誤解してゐる人が多いらしい。サトクが落ちるといふのは、決して失敗の意味ではない。千変万化に身魂を使用して神業に奉仕せなくてはならぬから、俗人の耳目《じもく》には毫《ごう》も見当のとれ難い、神的大活動、大苦心の意を示されたものである。また途中に糸が断れたりといふ意味は、たうてい三千世界一貫の大神業なれば単調的にはゆくものでない。また錦の機《はた》は幾度も色糸を取替へねば立派な模様は織上がらぬものである。色糸を取替へるのは、すなはち糸が断れ《き》るのである。サトクも一本や二本や三本では錦の機は織れぬ。甲《こう》のサトクを落して乙《おつ》のサトクを拾ひ上げ、また乙のサトクを落して丙《へい》のサトク、丙を落して丁戊己《ていぼき》と代るがはるサトクと糸を取替へるといふ深き神意の表示である。

要するに、変性男子《へんじようなんし》は経《たて》の御役《おやく》なれども、あまり世界が曇ってゐたために、大正五年までは男子としての顕真実の神業に奉仕したまふ時期が来なかったといふことである。

女子は女子として、明治三十三年より奉仕することを得る地位におかれて、それ相応の神業に従事してゐたといふだけである。

しかしながら、大正五年九月以後の教祖の単純なる経糸《たていと》の御用につれて、女子もまた緯糸《よこいと》として層一そう女子の神業が判然として来たのは、いはゆる経緯不二の神理である。未顕真実《みけんしんじつ》顕真実《けんしんじつ》云々の問題もこれで大略判るでありませう。……（『霊界物語』十一巻「言霊反」）

ずいぶん苦心の作文です。王仁三郎の場合は「操縦与奪、其権有我の神業に奉仕」であり、直の場合は「操縦与奪、其権有我的の神業に奉仕されなくてはならない地位」と、巧妙に使い分け、その立場を明らかにしています。

お気づきだと思いますが、七巻「総説」では「見真実・未見真実」、十一巻「言霊反《ことたまかえし》」では「顕真実・未顕真実」。「見」と「顕」と、大事な用語の文字が違いますね。『大漢和辞典』によると、この場合、「見」は「心に解して悟る」の意でしょう。「顕」は「光り輝く」、「あらわれる」、「あらわす」、「注視する」の意があります。両者の意味は微妙に違います。

本音は、王仁三郎は明治三十三年からすでにその真実を悟っていた（見真実）が、直は長い間、それを悟らずに（未見真実）うかうかと年月が過ぎた。また王仁三郎は早く悟れと明治三十三年から真実を顕していたが（顕真実）、直はそれに気づかず王仁三郎の神業を妨害し（未顕真実）、大正五年旧九月になってその真実を心に解して悟り（見真実）、王仁三郎に全権委譲することによって、光り輝くように真実を顕わした（顕真実）のだと。

そこで肝心なのは、大本《おおもと》の信仰における真実とは何か。これは今までお話してきたことでお分かりのように、王仁三郎の神格が天《てん》の弥勒《みろく》さまの御霊《みたま》、すなわち神素盞嗚大神《かむすさのおのおおかみ》だということで、それをはっきり認識できた時が大本信仰的にいえばパッシブ（受動的）な見真実であり、それ以前を未見真実。またそれを心底より信じた時、その真実を顕わしていくことが、アクティブ（能動的）な顕真実であり、それができない以前は未顕真実の信仰ということになります。

後に少し触れることになるかと思いますが、第三次大本事件も、突きつめて見れば、見真実と未見真実、顕真実と未顕真実のせめぎ合いといえるでしょう。

❖ 神素盞嗚大神を受肉した王仁三郎

王仁三郎に懸《か》かる霊が弥勒の大神、すなわち誠の神である神素盞嗚大神といえば、失笑する方も多いでしょう。「だから王仁三郎は大ほら吹きの大山師《おおやまし》だ。仏教でいう弥勒菩薩の名を勝手に借りてきたのだろう」と。出口直の神格は全面的に信じられても、王仁三郎の場合は眉唾《まゆつば》だと思う人が、現実に大本教団の役員信者の中に沢山いたのです。いや、今でもちっとも変わっていないのです。

もし王仁三郎が自分で表わした筆先《ふでさき》の中でそれを宣言したとすれば、確かに信じ難いことです。だがこれは直《なお》が自分の意志と関わりなく、神より自動書記的に書かされたものであり、この筆先が出た時、なろうことなら破り捨てたい衝動に駆られたに違いありません。だが直はそうしなかった、できなかったのです。筆先を絶対と信じる直なればこそ、八十一歳の高齢に達してようやく我《が》を折った、わが手で書いた筆先で改神《かいしん》（真実の改心。間違った信仰対象を正しい神に改めること）させられたのです。直の昇天二年前のことでした。

直の見真実の筆先の裏に、直と王仁三郎の十八年間の葛藤の歴史の重みがあります。王仁三郎と直の対立のなかった時期は、王仁三郎が綾部入りした一八九九（明治三十二）年七月から出雲火《いづもひ》の御用《ごよう》までの一年と、神島開《かみしまびら》きの一九一六（大正五年）年十月から直昇天の一九一八（大正七）年十一月までの二年余、王仁三郎と直の並立時代十九年のうち、わずか三年一か月に過ぎないことになります。

そして直と王仁三郎の相互審神者《さにわ》の結果、悪神と誤解していた小松林命《こまつばやしのみこと》や須佐之男命《すさのおのみこと》も、坤《ひつじさる》の金神《こんじん》も、直に懸かる艮《うしとら》の金神《こんじん》を越えた神素盞嗚大神《かむすさのおおかみ》の変化であったと、実証されたのです。大本弁証法がここに見られます。

では王仁三郎自身はどう考えていたのでしょう。先に述べた第一次大本事件の時の精神鑑定の中での、今村博士とのやり取りがあります。

今村　お前の霊を書け
王仁　私の霊は、貴方等嗤《わら》はれるから叶はん
今村　仕方ないじゃないか
王仁　書きますわ（と言いて
　救世主の再臨　弥勒菩薩《みろくぼさつ》
　キリストの方で云へば　メシアの神
　神道の方で云へば　神素盞鳴命《かむすさのおのみこと》
　未申《ひつじさる》の金神《こんじん》と書く）
今村　夫れが何
王仁　弥勒菩薩再来です
今村　誰が
王仁　私が、キリスト教で言へば「メシア」かで、神道で言へば神素盞鳴命です
今村　いつから定めたのか
王仁　私は定めやしません、神さんが言ふのであります

今村　どうして言ふのか
王仁　どうしてって、私の口を借りて言ふのであります、私は信じて居ります
今村　何時からさう言ふ事になって居るのか
王仁　明治三十一年からです
今村　何月幾日
王仁　高〇山（高熊山《たかくまやま》）に行った時からです、(旧) 二月十五日からです

このように、王仁三郎は神素盞嗚大神を受肉したと、はっきり主張しています。さて、そこで問題です。もし王仁三郎が宗教的権威づけを狙って根も葉もない主張をしたとするならば、他にいくらでも有難そうな神名があったはずです。それをことさら皇室の祖神天照大《そしんあまてらすおお》神《かみ》を岩戸に封じ込めた須佐之男命を連想させる「スサノオ」を名乗ることは、当時の国情から一番不利益なばかりか、危険極まりない。死を覚悟の上での途方もない主張なのです。実際に王仁三郎は不敬罪で二度までも獄中に投じられ、死刑の噂が全国に広がりました。それにも屈せず神素盞嗚大神を標榜《ひようぼう》したのは、神からの強制があったと思わざるを得ないんですね。

『霊界物語』三十七巻、三十八巻は王仁三郎の高熊山前後と綾部入りを果たした数年の記録ですが、それを読まれた方ならば、一つの疑問を持たれると思うのです。王仁三郎ほどの

能力を持った男なら、役員信者の迫害だけならともかく、義母と仰ぐ直《なお》にまで敵視されながら、なぜ綾部に留まっていたのかということです。時には命まで狙われるのですからね。彼なら、別の地でいくらでも大教団を創立することは可能であったでしょう。だが彼は、事情があって一時は綾部を離れることがあっても、必ず舞い戻ってきます。綾部に王仁三郎を引き止めるどんな魅力があったのでしょう。

それこそ、神代の昔、天《てん》の大神《おおかみ》が国祖《こくそ》の神業をお手伝いするという、神約を果たすためであったと思います。そして王仁三郎は、直が見真実《けんしんじつ》に至るまで、さまざまな方法を用いながら、根気よく待っていたのです。

❖大気津姫の段

では高天原《たかあまはら》を追放された須佐之男命はどうなったのでしょう。『古事記』の順序に従えば、次の記述になります。

又、食物《おしもの》を大気津比売《おおげつひめ》の神に乞《こ》ひたまひき。爾《こゝ》に大気津比売、鼻口及《また》尻より、種々《くさぐさ》の味物《ためつもの》を取出で、種々《くさぐさ》作り具へて進る。時に速須佐之男命《はやすさのおのみこと》、其の態《しわざ》を立伺ひて、穢汚《きたなき》もの奉進《たてまつ》るとおもほして、乃《すなわ》ち、其の大気津比売神を殺したまひき。故殺《かれころ》さえ給へる神の身に生れる物は、頭に蚕《かいこ》生り、二つの目に稲種《いなだね》生り、二つの耳に粟《あわ》生り、鼻に小豆《あずき》生り、陰《ほと》に麦生り、尻に大豆《だいず》生りき。故是《かれここ》に、神産巣日御祖命《かみむすひのみおやのみこと》、茲《これ》を取らしめて、種《たね》と成し賜ひき。

須佐之男命が食物を求めると、大気津比売が鼻、口、尻からおいしい食物を取り出して調理し、差し上げました。それを見た須佐之男命は汚れたものを献上したと思い、殺してしまいます。すると大気津比売の頭に蚕、二つの目に稲種、二つの耳に粟、鼻に小豆、陰部に麦、尻に大豆ができたので、神産巣日神《かみむすびのかみ》がそれを取って五穀の種にされたというのです。

これと同類の話が『日本書紀』にも出ていますが、殺したのは月夜見尊《つきよみのみこと》で、殺されたのは保食神《うけもちのかみ》（五穀を司《つかさど》る神）。そして天照大神が保食神の身のいろいろな場所から発生した五穀や蚕などを天上に運び、農業と養蚕を創始したことになっています。

ここでも須佐之男命は乱暴な悪神のイメージですね。だが王仁三郎は『霊界物語』十一巻の「言霊解・大気津姫の段」で、その密意を解き明かしています。

それによれば、「大気津比売」の言霊は、物質文明が極端に発達して天下こぞって美衣美食し、大厦高楼《たいかこうろう》に安臥してあらゆる贅沢を尽くし、体主霊従《たいしゅれいじゅう》の頂上に達したことをいいます。

「乞《こ》ひたまひき」とは、須佐之男命が八百万《やおよろず》の神《かみ》に対し、正衣正食《せいいせいしょく》し、清居《せいきょ》すべき道をお諭《さと》しになったということです。

大気津比売が鼻、口、尻からいろいろの味物《ためつもの》を出して献上したのは、物質文明の発達進歩の結果、国風に合致しない衣食住の進歩という悪風潮を指します。その結果、生存競争の悪風は天下に吹き荒み、貧富の差が増大し、戦争の惨状を招来し、多くの人たちが苦しみ悩む現状を指して、「穢汚《きたなき》もの奉進《たてまつ》る」。

王仁三郎は、「人のもっとも大きな苦しみは貧窮、すなわち衣食住の大欠乏だ」と断じていますが、生活問題も労働問題も思想問題もすべて生活難の響きに起因するもので、その起こるべき根本原因である衣食住の問題をなおざりにし、どんなに政治家や宗教家や教育者が理想を力説しても、容易に効果はないでしょう。

とりわけ食の問題は重要です。現代のように、四つ足動物を屠殺《とさつ》して舌つづみを打つような慣習はまことに嘆かわしいことで、人の心身に及ぼす影響は恐るべきものがあり、その結果、人は生物一般に対する愛情を失い、利己主義になり、獣欲はますます旺盛になり、不倫不道徳の人間になる。王仁三郎は、「神素盞嗚尊はやむを得ずして、天下のために大気津姫神を殺したまひ、食制の改良をもって第一義となしたまうた」と述べています。

「殺さえ給へる」というのは、天地の法則に違反する衣食住の方法を根本的に撤廃されたという意です。そして大気津比売の身からいろいろのものが生れたのは、各自の国土に応じた食制を神界より定められたという意味だそうです。

「茲《これ》を取らしめて」とあるのは、物質界体系の祖神である神産巣日神《かみむすびのかみ》が神素盞鳴大神《かむすさのおのおおかみ》の食物に関する提案を採用されたとの意で、「種《たね》と成し賜ひき」は、この食制を基として天地改良の神策を樹立されたということです。

王仁三郎の言霊解によると、『古事記』本文の意味がまったく姿を変えてわれわれの前に表われますが、王仁三郎もまた、秘密の暗号文字を解く鍵を手にしていたということでしょうか。

❖ 須佐之男命と地教山

『霊界物語』の主役は神素盞鳴大神ですが、救世主神《きゅうせいすしん》としての本格的登場は、ようやく十五巻一〇章「神楽舞《かぐらまい》」からで、一二章「一人旅」では、高天原を追われた須佐之男命が母神《ははがみ》伊邪那美尊《いざなみのみこと》に会おうと一人地教山《ちきょうざん》（ヒマラヤ山。亀岡《かめおか》・天恩郷《てんおんきょう》に相応）に登って行きます。

須佐之男命が地教山の中腹の岩に腰掛け、高天原《たかあまはら》の岩戸隠れの顚末を追懐して無念の涙にくれていると、雲つくばかりの大男、バラモン教の大棟梁《だいとうりょう》鬼雲彦《おにくもひこ》の腹心の部下と名乗る鬼《おに》掴《つかみ》が四、五十人の配下をつれて現われ、行く手をさえぎりました。須佐之男命が胸ぐら取る鬼掴を片足で蹴るや、彼の体は四、五間ばかり空中滑走しながら林の中に落ち、頭骸骨を打ってウンウンうなる。それに目もくれず急坂を登ると、部下たちはこの勢いに辟易し、辺りの森林に逃げ隠れてしまいました。

今度は大蛇が路上に横たわり、通路を妨げます。当惑して思案にくれていると、山上から美しい音楽の音とともに伊邪那美尊が沢山の神人を率いて現われ、宣言したというのです。

ヤヨ、愛《あい》らしき素盞嗚尊よ、わらはは汝《なんじ》が母伊邪那美命《いざなみのみこと》なるぞ。汝が心の清きことは高天原に日月《じつげつ》のごとく照り輝けり。さりながら大八洲国《おおやしまくに》になり出づる、あまたの神人の罪汚れを救ふは汝の天賦の職責なれば、千座《ちくら》の置戸《おきど》を負ひて洽《あまね》く世界を遍歴し、あらゆる艱難辛苦《かんなんしんく》を嘗《な》め、天地に蟠《わだか》まる鬼、大蛇《おろち》、悪狐《あくこ》、醜女《しこめ》、曲津見《まがつみ》の心を清め、善を助け悪を和《なご》め、八岐《やまた》の大蛇《おろち》を十握《とつか》の剣《つるぎ》をもつて切りはふり、彼が所持せる叢雲《むらくも》の剣《つるぎ》を得て天教山《てんきょうさん》に坐します天照大神に奉るまでは、ただ今かぎり妾《わらわ》は汝が母に非ず、汝また妾が子に非ず、片時も早く当山を去れよ。再び汝に会ふことあらむ、曲津《まがつ》の猛《たけ》び狂ふ葦原《あしはら》の国《くに》、ずゐ分心を配らせられよ。（『霊界物語』十五巻一二章「一人旅」）

そう宣《の》らすとともに伊邪那美命や神人らの姿も消え、大蛇の影も見えなくなります。やむを得ず須佐之男命は急坂《きゅうはん》を引き返す途中、鬼掴に出会います。鬼掴は大地にひれ伏し、帰順の意を表わしました。

「私は実を申せば鬼雲彦の家来とは偽り、高天原のある尊き神様より内命を受け、貴《き》神《しん》の当山に登らせたまふを道にて遮断《しやだん》せよとの厳命をいただきしもの、あゝ併《しか》しながら、この度の天の岩戸の変は貴神の罪に非ず、罪はかへって天津神の方にあり、いづれの神も御心中御察し申し上げゐる方々のみ。吾はこれより心を改め、貴神の境遇に満腔《まんこう》の同情を表し奉り、労苦を共にせむと欲す。何とぞなにとぞ世界万民のために吾が願ひを許させ給へ」

と誠心《せいしん》表に現はれ、涙を流して嘆願したりける。尊《みこと》は、

「その方の頭の傷はいかがなせしや」

と尋ねたまふに、鬼掴は畏《かしこ》みながら、

「ハイ、お蔭様《かげさま》にて思はず知らず、神素盞嗚の大神様と御名を称へまつりしその刹那《せつな》より、さしも激烈なる痛みも忘れたるごとくに止まり、割れたる頭も元のごとくに全快いたしたり。瑞《みず》の霊《みたま》の御神徳には恐れ入り奉る」

と両手を合はして涙をホロホロ流しゐる。素盞嗚尊は大いに喜びたまひ、

「吾《われ》、高天原を追はれしより、時雨の中の一人旅、実に淋しい思ひをいたしたるが、世の中は妙なものかな、一人の同情者を得たり。いざこれより汝と吾とは生《うみ》の兄弟とな

りて、大八洲の国に蟠《わだか》まる悪魔を滅ぼし、万民を救ひ天下に吾らが至誠を現はさむ。

鬼掴来たれ」

と先に立ち、芝笛《しばぶえ》を吹きながら、足を速めていづことともなく天《あま》の数歌《かずうた》を歌ひつつ、西南指して進みたまふ。（『霊界物語』十五巻二一章「一人旅」）

須佐之男命の進路を妨害し、伊邪那美尊に会わせまいと鬼掴に内命を下したのは、「高天原のある尊き神様」、いうまでもなく天照大神ですね。ここまで追いつめねばならぬ姉神の胸の中を、須佐之男命はどんな淋しい思いで聞いたでしょう。また鬼掴が岩戸の変は須佐之男命の罪ではなく、「罪はかへって天津神の方にあり」と告白しているところも、見落とせません。

鬼掴が傷の痛みに思わず「神素盞嗚大神」と称えると、割れた頭が全治しますね。王仁三郎は『道《みち》の栞《しおり》』に述べています。

○誠の世の救い主は、瑞《みず》の霊《みたま》素盞嗚尊なり。
○瑞の霊の救い主、ふたたび世に降りて、救いの道を開き給えり。
○天津罪《あまつつみ》、国津罪《くにつつみ》、許々多久《ここたく》の罪《つみ》の贖《あがな》い主は、素盞嗚尊の瑞の霊なり。
○ゆえに人々の一代かかりても贖《あがな》い尽くし得ざるところの余れる罪は、この神の御名によりて贖われ許さるべし。なんじら、素盞嗚尊をおいてほかに罪障《ざいしょう》消滅《しょうめつ》を祈るとも、

ちょっとの効もあらざるなり。（『道の栞』二巻中）

❖熊山・素盞鳴尊の御陵

参考までに申しますと、王仁三郎は素盞鳴尊の御陵《ごりょう》は熊山《くまやま》にあると示し、一九三〇（昭和五）年五月、熊山に登山し、参拝しています。

岡山県和気《わけ》郡熊山の山頂にある戒壇《かいだん》は、神素盞鳴大神《かむすさのおのおおかみ》さまの御陵である。古昔、出雲《いづも》の国《くに》と称せられたる地点は、近江の琵琶湖以西の総称であって、神素盞鳴大神さまのうしはぎ給うた土地である。湖の以東は天照大神さまの御領分であった。このゆえに誓約《うけい》はその中央にある天の真奈井即ち琵琶湖で行なはれたのである。

出雲の国というのは、いづくもの国の意にて、決して現今の島根県に限られたわけではないのである。素盞鳴大神さまは八頭《やがしら》八尾《やつお》の大蛇《おろち》を御退治なされてのち、櫛稲田姫《くしいなだひめ》と寿賀《すが》の宮《みや》に住まれた。尊《みこと》百年の後出雲の国のうち、最上清浄の地をえらび、御尊骸を納め奉った。これ備前《びぜん》の国《くに》和気の熊山である。大蛇を断られた十握《とつか》の剣《つるぎ》も同所に納まって居るのである。彼の日本書紀にある「素盞鳴尊の蛇を断りたまへる剣は今吉備の神部《かんとものお》の許にあり、云々」とあるが熊山のことである。この戒壇と称うる石壇は、考古学者も何とも鑑定がつかぬと言うて居るさうであるが、其筈《そのはず》である。

因《ちなみ》に熊山の麓なる伊部《いべ》町は伊部焼の産地であるが、大蛇《おろち》退治に使用されたる酒甕《さけがめ》は即ち此地で焼かれたものである。伊部は忌部《いむべ》の義であり、又斎部《いむべ》の意である。（『月鏡』「素尊陵」）

熊山に於て再び数個の戒壇を発見したと言ふのが、さうであらう、さうでなければならぬ筈である。全体素盞嗚尊様の御陵は、三つの御霊《みたま》に因んで三個なければならぬので、前発見のものを中心として恐らく三角形をなして居るであらうと思ふ。他の二つには御《お》髪《くし》、御爪《おつめ》などが納められて居るのである。

独《ひと》り素盞嗚尊様に限らず、高貴なる地位にある人々は、毛髪等の一部を葬って、其処《そこ》に墓を築き、ありし世を偲ぶの便宜《よすが》としたもので、人物が偉ければ偉い程其墓は沢山あるものである。遺髪、爪などを得ることが出来ない場合は、其人の所持品例へば朝夕使った湯呑とか硯《すずり》とか、さう言ふものまで墓として祀《まつ》り崇敬の誠を致したものである。尚さうしたものも得られない場合は、其人の居った屋敷の土を取って来て、嘗ては故人が足跡を印した懐しい思ひ出として、之《これ》を納め其上に墓を立てて祭ったのである。現代でも富豪などでは自分の菩提寺に墓を持ち、又高野山に骨肉の一部を納めたる墓を持ってゐると同様である。天照大神様の御陵などと称するものが方々から現はれて来るのはかういう理由である。

櫛稲田姫御陵も其処《そこ》にあるのであるが、詳しい事は行って見ねば判らぬ。(『月鏡』「再び素尊御陵について」)

❖大蛇退治の段

高天原を追われた須佐之男命《すさのおのみこと》が出雲《いづも》の肥《ひ》の河上《かわかみ》の鳥髪《とりかみ》の地に下り、八岐《やまた》の大蛇《おろち》を退治することになりますが、王仁三郎は『霊界物語』十五巻の古事記言霊解「大蛇退治の段」で、その密意を詳細に解き明かしています。実はこの章は『古事記』の言霊的解釈ぐらいに考えられてさほど重要視されていなかったのですが、最近、教学的に重要な意味を持つことが注目され出しました。それぞれに熟読していただくとして、その大意をお話しします。

顕幽《けんゆう》両界の救世主である須佐之男命が日本国の中心、地《ち》の高天原《たかあまはら》に降り立つと、老夫と老女が一人の童女を中に置いて泣いています。老夫と老女は、艮《うしとら》の金神《こんじん》の変性男子《へんじようなんし》の御魂《みたま》と開祖出口直《なお》の女子《にょし》の御魂です。童女はオトメ、男と女の意味で、世界中の老若男女をさします。霊界では国常立尊、現界では出口直の老夫と老女が、世界の人民の御魂が邪神のために日に月に汚され、滅ぼされようとするのを見るに忍びず、手を尽くし(手名椎《てなづち》)足を運んで（足名椎《あしなづち》）救助しようと艱難辛苦をなめ、天地の中に立って号泣していました。それはまた、直と王仁三郎との関係にも相応します。

汝等《いましたち》は誰ぞと問ひ賜へば、その老夫《おきな》、僕《あれ》は国津神、大山津見神《おおやまづみのかみ》の子なり、僕《あ》が名は足《あし》名椎《なづち》、妻《め》が名は手名椎《てなづち》、女《むすめ》が名は櫛名田姫《くしなだひめ》と謂《まを》すと答《まを》す。

この本文の意を、王仁三郎は次のように述べています。

明治三十一年の秋瑞《みず》の御魂《みたま》の神代に須佐之男神神がかりしたまひて、綾部の地の高天原に降りまし、老夫《おきな》と老女《おとめ》の合体神なる出口教祖に対面して、汝らは誰ぞと問ひたまひし時に、厳《いづ》の御魂《みたま》の神代なる教祖の口を藉りて、僕は国津神の中心神にして大山住《おおやまずみ》の神《かみ》なり。神の中の神にして天津神の足名椎となり、手名椎となりて、天の下のオトメを平かに安らかに守り助けむとして、七年《ななとせ》の昔より肥の河上に御禊《みそぎ》の神事を仕へ奉れり。またこの肉体の女の名は櫛名田姫《すみこひめ》と申し、本守護神は禁闕金《きんかつかね》の大神《おおかみ》なりと謂《まを》したまひしは、以上の御本文の実現なり。（『霊界物語』十五巻一一章「大蛇退治の段」）

国祖隠退神話では、天《てん》の大神《おおかみ》が国常立尊《くにとこたちのみこと》の神業のお手伝いをするということでしたが、王仁三郎の言霊解《ことたまかい》ではその立場を逆転させ、国常立尊が天の大神の足となり、手となり、お仕えするために、七年前、すなわち一八九二（明治二十五）年から待っていたというのです。

そこで、須佐之男命が泣いている理由を問うと、「私には八人の娘がありましたが、高志《こし》の八岐遠呂智《やまたのおろち》が毎年来て食べてしまい、今、またその時が来たので泣いています」と答えました。つまり吾が守護する地球上には沢山の御子である人種民族が住んでいるが、年とともに高志の八岐遠呂智という悪神の口や舌の剣にかかって、人民の霊性が鬼大蛇の精神に悪化され、今や人民の八分までは悪神の容器《いれもの》にされてしまい、最後に残る神国の人民の身魂まで食い破り、滅ぼそうとする時期が迫って来たので、泣き悲しんでいるというのです。

須佐之男命が「八岐遠呂智の悪思想の影響はどのような状態か」と問います。

そこで変性男子《へんじようなんし》の身魂たる老夫と老女は、かれ悪神の事実上に顕現したる大眼目は、赤加賀知《あかかがち》なして身一つに、頭《かしら》八つ尾《お》八つありと言って、悪神の本体は一つであるが、その真意を汲んで世界覆滅《ふくめつ》の陰謀に参加してをるものは、八人の頭株《あたまかぶ》であって、この八つの頭株は、全地球の何処《どこ》にも大々的に計画を進めてをるのである。政治に、経済に、教育に、宗教に、実業に、思想上に、その他の社会的事業に対して隠密のあひだに、一切の破壊を企ててゐるのである。

ついては尾の位置にある悪神の無数の配下らが、各方面に盲動して知らず識《し》らずに、一人の頭目に、八つの頭の世界的大陰謀に参加し、つひには既往五年にわたった世界の大戦争（第一次世界大戦）などを惹起《じやつき》せしめ、清露《しんろ》その他の主権者を亡ぼし、労働者を煽動して、あらゆる世界の各方面に、大惑乱を起こしつつあるのである。赤加賀知とは砲煙弾雨、血河屍山《けつかしざん》の惨状や、赤化運動の実現である。実に現代は八岐の大蛇が、いよいよ赤加賀知の大眼玉をムキ出したところであり　すでに世界中の七オトメを喫い殺し、今や最後の肥の河なる、日本までも現界幽界一時に喫はむとしつつあるところである。

　要するに八つ頭とは、英とか米とか、露とか、仏とか、独とか、伊とかの強国に潜伏せる、現代的大勢力の有る巨魁《きよかい》の意味であり、八つ尾とは、頭に盲従せる数多の部下の意である。頭も尾も寸断せなくては成らぬ時期となりつつあるなり。……（『霊界物語』十五巻一一章「大蛇退治の段」）

　そして須佐之男命は「この娘櫛名田姫《くしなだひめ》を私に奉らないか」と求めると、老夫は「まだあなたのお名前を存じません」と反問する。そこで須佐之男命が「私は天照大神《あまてらすおおかみ》の弟神《おとうとがみ》であり、今、天から下って来た」と身分を明かしたので、老夫と老女は「それならば、さし上げましょう」と承知します。それについての、王仁三郎の言霊解です。

　右御本文《ごほんもん》の老夫に、とあるは艮《うしとら》の金神《こんじん》国常立《くにとこたち》尊《のみこと》の神霊に対しての御言である。また足名椎《あしなづち》手名椎神《てなづちのかみ》と並び称せるは、肉体は出口直子《なおこ》であって手名椎の神であり、霊魂は国常立尊の足名椎の意である。

　ここに天より降りたまへる須佐之男命は、老夫なる国常立尊に対したまひて、これは汝の守護し愛育するところの、至粋至醇《しすいしじゆん》の神の御子《みこ》たる優しき人民であるなれば、吾にこの女のごとき可憐なる万民の救済を一任せずやと、御尋ねになったことである。そこで国常立尊は実に恐縮のいたりではありますが、貴方《あなた》は如何《いか》なる地位と、御職掌《ごしよくしよう》の在す神でゐらせらるるや。御地位と御職名を覚《し》らない以上は御一任することは出来ませぬと白《まを》したまひければ、大神は至極もっともなる御尋ねである、さらば吾が名を申し上げむ、吾は天津高御座《あまつたかみくら》に鎮まり坐《い》ます掛巻《かけまく》も畏《かしこ》き天照大御神の同母弟であって、大海《おおうな》原《ばら》を知食《しろしめ》すべき職掌である。されば今世界の目下の惨状を黙視するに忍びず、万類救護のために、地上に降りきたのである。ゆゑに国津神たる汝の治むる万類万民を救はむがために、吾に其の職掌を一任されよ、然らば汝とともに八岐の大蛇の害を除いて天下を安国《やすくに》と平《たいら》けく進め開かむと仰せになったのである。ここに変性男子の身魂は、大変に畏《かしこ》み歓《よろこ》びたまうて、さやうに至尊の神様に坐しますならば吾が女なる可憐なる人民を貴神《あなた》に御預け申すと、仰せられたのである。

　これは去る明治三十一年の秋に、変性男子と変性女子との身魂が二柱《ふたはしら》揃うて帰神《かむがか》りがあった時の御言《みこと》であって、実に重大なる意義が含まれてあるのである。しかしながら是は神と神との問答でありまして、人間の肉体上に関する問題ではないから、読者に誤解のないやうに御注意願っておく次第である。（『霊界物語』十五巻一一章「大蛇退治の段」）

「人間の肉体上の問題ではない」と逃げ道を作りながら、「重大な意義が含まれてある」として、大本《おおもと》教義にかかわる重大な問題を示唆しているのです。国祖のかかる出口直が神業の主体であり、須佐之男命のかかる王仁三郎は補佐的役割に過ぎないと軽く考えていた大本の役員信者の既成観念を、「大蛇退治の段」でまったく転倒させたのです。天祖《てんそ》神素盞鳴大神のかかる王仁三郎こそ神業の主体であり、その手（手名椎）となり、足（足名椎）となってお仕えするのが国祖《こくそ》・厳《いづ》の身魂《みたま》の出口直の役割だというのです。

「大蛇退治の段」の王仁三郎の言霊解は、単なる『古事記』の解釈ではなく、国祖隠退・再現の対抗神話を解きほぐし、神素盞鳴大神こそ救世主神だと顕示し発展させた、展開神話というべきものではないでしょうか。

型と経綸《けいりん》

❖三千世界の大救世主

そこでいよいよ大蛇《おろち》退治。あまり長くなるので省略しますが、須佐之男命《すさのおのみこと》が十拳剣《とつかのつるぎ》で八岐の大蛇を切り裂き中の尾を切った時、刃が欠けました。不思議に思って割いて見ると、都牟刈之太刀《つむがりのたち》（草薙剣《くさなぎのつるぎ》）が現われたので、それを天照大神《あまてらすおおかみ》に献上します。

王仁三郎は「オロチとはオロチョン族（シベリアの外バイカル、アムール州および中国内蒙古自治区などに住むツングース系の民族）のことで、出雲《いづも》に割拠していたのを平定して、その頭が持っていた叢雲の剣（日本列島）を須佐之男命が得られたのである」（『新月のかげ』）と述べています。また「大蛇退治の段」では、その結論として、「その都牟刈之太刀こそ自分なのだ」と主張しているのです。日本の精神こそ自分なのだと、主張しているようにも思えます。

中《なか》の尾《お》といふことは、葦原《あしはら》の中津国《なかつくに》の下層社会の臣民のことである。その臣民を裁断して、身魂を精細に解剖点検したまふ時に、実に立派な金剛力《こんごうりき》の神人を認められた状態を称して、御刀《みはかし》の刃毀《はか》けきといふのである。ア、実に予想外の立派な救世主の身魂が、大蛇《おろち》の中の尾なる社会の下層に隠れをるわい。これは一つの掘り出しものだと謂《い》って、感激されたことを、怪《あや》しと思ほしてといふのである。御刀《みはかし》の前《さき》もてといふことは、天祖の御遺訓の光に照らしてみてといふことである。

『刺割《さしさ》きて見そなはししかば都牟刈之太刀あり』といふことは、今までの点検調査の方針を一変し、側面より仔細に御審査になると、四魂五情《しこんごじょう》の活用全き大真人《だいしんじん》が、中の尾なる下層社会の一隅に、潜みつつあったのを初めて発見されたといふことである。都牟刈之太刀とは、言霊学《ことたまがく》上より解すれば三千世界の大救世主にして、伊都能売《いづのめ》の身魂といふことである。

故《かれ》、この太刀なる大救世主の霊魂を取りたて、異数《いすう》の真人なりと驚嘆され、直ちに天照大御神様、およびその表現神に大切なる御神器として、奉献されたのである。すべての青人草《あおひとぐさ》を神風の吹きて靡《なび》かすごとく、徳をもって万民を悦服せしむる一大真人、日本国の柱石にして世界治平の基《もとい》たるべき、神器的真人を称して、草薙剣といふのである。八岐大蛇《やまたのおろち》の暴《あ》れ狂ひて、万民の身魂を絶滅せしめつつある今日、一日も早く草薙神剣の活用ある、真徳の大真人の出現せむことを、希望する次第である。

また草薙神剣とは、我が日本全国の別名である。この神国を背負って立つところの真人は、すなはち草薙神剣の霊魂《みたま》の活用者である。（『霊界物語』十五巻一一章「大蛇退治の段」）

❖ノアとナオの方舟・言霊学の黙示

宇宙は言霊《ことたま》によって創造されたと王仁三郎《おにさぶろう》はいい、「宇宙の実在は神であり、この世のあらゆる現象は神の意志の発作、神の意志の表現だ。神の意志とはコトバであり、すなわち神は言霊である」と教えています。だから神名に、大国主命《おおくにぬしのみこと》とか須佐之男命《すさのおのみこと》の「ミコト」の文字が使われるのは、「御言《みこと》」・「神言《みこと》」の義です。

コトバを伝達するのは声ですが、声は「心の柄《え》」であり、嬉しさ、悲しさなどの思いは、まず声に表われます。進め、退け、起きろ、寝ろなど、人間の一挙一動は、みな言霊の力によって左右されるのです。

王仁三郎は当時の教団の機関誌『神霊界《しんれいかい》』の一九一七（大正六）年十二月号、翌十八年一月号、二月号に、「大本神歌《おおもとしんか》」、「いろは歌」という一連の作を発表しました。「いろは歌」は出だしの言葉が「いろは」順で始まる一種の韻文を集めたものです。神がかりで一気に筆を走らせ、後に『瑞能神歌《みずのしんか》』と題して小冊子にまとめられましたが、信者への影響は強烈で、暗唱する人たちも多かった。沢山の飾り言葉や婉曲な言いまわしの中に密意を秘めながら、真綿にくるんだ針のようにチカチカッと世界や日本の未来の動向を示唆しています。

一九一七年十一月三日、王仁三郎の書いた「いろは歌」の「の」の項は、非常に難解なものです。

のあの言霊あと返り、なおの言霊のと返る、のあとなおとの方舟《はこぶね》の、真中に住みきるすの御霊《みたま》、すめら御国のすがた也。のの言霊を調《しら》ぶれば、地《つち》に泥水充《み》ち溢《あふ》れ、渦巻廻る御霊なり。あの言霊を調ぶれば、天津御空《あまつみそら》に昇り行き、成り合まさぬ御霊なり。のあの御霊は泥水の、世界を侵《おか》し山を越え、賤しき身魂の雲の辺に、上りて天《あめ》を汚すなり。さは去《さ》り乍《なが》ら世の人よ、昔の事と思ふなよ、のあの御霊の災《わざわい》は、今眼《ま》の当り現れにけり。なの言霊を調ぶれば、火水《かみ》の結びの御魂にて、天津御空に二柱《ふたはしら》、鎮まり坐《いま》す姿也《なり》。おの言霊を調ぶれば、汚れし地を清めつつ。六合《くに》を治むる御霊なり。地より生《あ》れし埴安《はにやす》の、神の御霊もお声なり。

五大洲《いつつのくに》の中心《まんなか》に、皇《すめ》ら御国《みくに》の天皇《すめらぎ》の、四方《よも》の国々統《す》べ給ふ。此の言霊を省《かえり》みて、皇ら御国の天職《かんわざ》を、覚りてなおの方舟《はこぶね》の、さとしの舟に乗り移り、瑞《みず》の御魂《みたま》に神習《かむなら》ひ、泥に漂ふ世の人を、なお霊《ひ》に見なおし詔《の》りなおす。神の大道に導きて、世人《よびと》救ひてヒマラヤの、山より高く名を上げて、二度目の神代《みよ》の種《たね》と成り、万代までも世の人の、救ひの神と鳴り渡る、言霊の道導《とう》とけれ。（『神霊界』大正六年十二月号）

「のあの言霊あと返り、なおの言霊のと返る」は言霊学の言霊返《ことたまがえ》しの法則によるもので、『霊界物語』に表われる「魂返《たまがえ》し」は言霊返しの略語です。言霊学といっても、私には正確な知識はありませんが、一九四二年十月十二日、木庭次守《こばつぎもり》が言霊について王仁三郎から聞いたことを『新月のかげ』に収録しているので、参考までに抜粋しておきましょう。

○アジアと世界

本アジアが現在のアジア
東アジア……アメリカ
西アジア……ヨーロッパ
南アジア……豪州
西南アジア……アフリカ

で、太古は世界をアジアと言ったのである。アジアは葦原《あしはら》より変ったのである。アジアもアメリカもアフリカもエウロッパもオーストラリアもアに返る（言霊返し）のである。大八洲《おおやしま》とは世界の事である。日本人が判らぬので判る様に日本の島々に名をつけて神様が教へられたのである。

（参照）『霊界物語』第三十九巻総説「葦原は亜細亜《アジア》の意味であり、葦原はアッシリアとなりアジアとなったのである。太古の亜細亜は現今の小亜細亜であったが、時世の変遷と共に、広大な亜細亜となったのである」

○七十五声音とア声

七十五声は全部ア声の変形である。

　アーカーワーク

　オーオ（ヲ）

○ア行ワ行ヤ行

ア行ワ行ヤ行のイイヰとエエヱとオヲとは同声音ではない。

　天の声　アオウエイ

　人の声　ヤヨユエイ

　地の声　ワヲウエイ

天の声は画と画との間が離れてゐるが、人の声は引附いてゐる。地の声は天の声と人の声との結合である。

○カタ仮名文字は言霊から生れた

カタカナ（文字）は漢字の片方の変形ではなく、実は言霊から出たのである。正しく体得した人が南を向いて言霊を出すと腹に片カナで左字に響くのである。之からカナが出たのである。言霊の働く形其儘《そのまま》である。

○言霊の発射法

言霊は南を向いて発するものである。天祥《てんしょう》地瑞《ちずい》にあるアは正しく南へ、アは東へ、アは西へ、アは北へ出す言霊である。（体は南に向いた儘）（昭和十七年十月十二日）

（参照）『霊界物語』第七十四巻第二四章「誠《まこと》の化身《けしん》」、第七十五巻第八章「結《むすび》の言霊」

○コトタマガエシ

タマガエシ（魂反し）は言霊反しの略語である。ノアはナと反り、ナオはノに反る。

○『霊界物語』と魂反し

『霊界物語』には魂反しで書いてある。

ウツ……アルゼムチム　ハル……ブラリル　フサ……ペルシヤ　イル……イラム　ユ……ヨモツ島（ユ大陸）　イソ……イミソノ（斎苑館《いそやかた》）

○ンの言霊の次

ンの言霊の次はナ行に変化す。但《ただ》しナンテン（南天）はテンは上だから変わらぬ。

天王寺（テンノウジ）、ダンジョ（ナンニヨ）

○竹はササというが、それはサソスセシと音を出すからである。風が少し吹くとササ。少し強く吹くとソソ、切倒して引張る音はスースー。

○アオウエイとアイウエオ

アオウエイは正当な言霊、アイウエオは二上り、二下り。タントンツンテンチンは本調子。タンチンツンテントンは二上り、三下りである。此言霊の原理が判れば歌でも浄瑠璃でもすぐ判るのである。

鶏《にわとり》、馬、牛其他の動物の声は一切言霊に叶っている。（著者註・鶏はカ行、馬はハ行、牛はマ行、猫はナ行で鳴く）

言霊返しは、五十音図で、「頭の字のある行が下の字のある列と交る字に返る」というのです。「のあの言霊あと返り」の意は、「ノ」行と「ア」列の結びが「ア」になる。反対に「なおの言霊のと返る」は、「ナ」行と「オ」列の結びが「ノ」となる。つまり「ノア」と「ナオ」は表裏一体なんですね。

一五七頁に掲載したA図は五行、五列の二十五文字で、正方形の形をしています。王仁三郎はそれをノアの方舟に見立てています。ノアというのは、『旧約聖書』の「洪水伝説」に出てくる主人公の名ですね。神が人類の堕落に対して大洪水を起こし、ノアは神示の方舟に乗った妻子や禽獣《きんじゆう》とともに難を逃れ、そのために人類は絶滅しなかった。ノアの箱舟は救いの舟を意味します。そのノアの箱舟は、言霊返しの法則でいうと、ナオ（出口直）の方舟ということになります。

「いすくわしノアの方舟また一つ新たに現れしナオの方舟」と王仁三郎は歌っています。「いすくわし」は鯨《くじら》につける枕詞ですから、方舟を大きな鯨に見立てたのでしょう。「ノ」と「ア」を結ぶ線と「ナ」と「オ」を結ぶ線の交錯点は、「ス」になります。その意味が「のあとなおとの方舟の、真中に住みきるすの御霊、すめら御国のすがた也」です。スは言霊学上、⦿と表現します。

宇宙誕生の時、最初に表われたのがスの言霊です。

澄切り澄きらひスースースーと四方八方に限りなく、極みなく伸び拡ごり膨《ふく》れ上り、遂《つい》に⦿は極度に達してウの言霊を発生せり。ウは万有の体を生み出す根源にして、ウの活動極まりて又上へ上へと昇りアの言霊を生めり。又ウは降っては遂にオの言霊を生む。⦿の活動を称して主《す》の大神《おおかみ》と称し、又天之峯火夫《あめのみねひお》の神《かみ》、又の御名を大国常立《おおくにとこたちの》神《かみ》と奉称す。（『霊界物語』七十三巻一章「天之峯火夫の神」）

すなわち言霊の上からいえば、スは主神《すしん》、神素盞鳴大神《かむすさのおのおおかみ》のことです。「真中に住みきる」は「澄みきる」にも掛けてあります。ノアとナオの救いの方舟《はこぶね》の真中に、主神である神素盞鳴大神が厳然と住み切り澄み切っておられる。

（A図）

のあとなおのはこ舟
天 火 結 水 地
ナ タ サ カ ア
ニ チ シ キ イ
ヌ ツ ス ク ウ
ネ テ セ ケ エ
ノ ト ソ コ オ
亜（アジア）
米（アメリカ）
阿（アフリカ）
欧（ヨーロッパ）
豪（オーストラリア）

（B図）

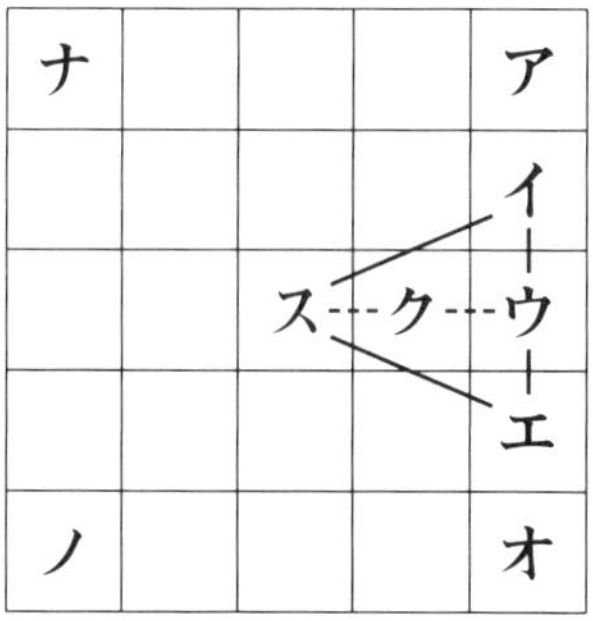

ナ ア
イ
ス ク ウ
エ
ノ オ

（C図）

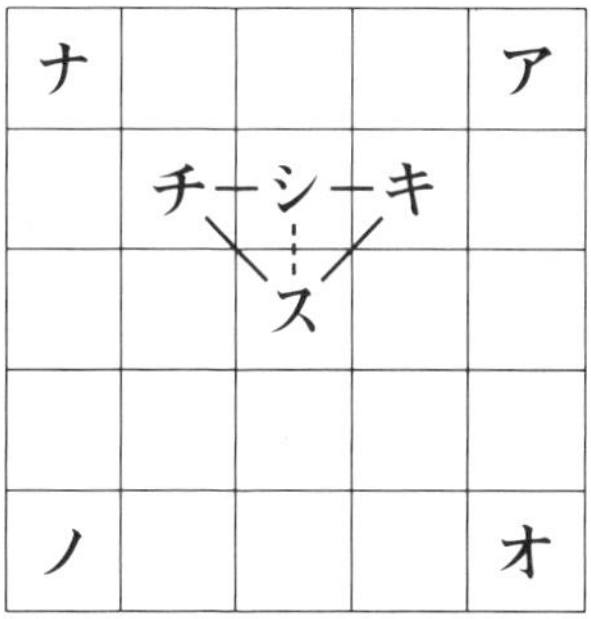

ナ ア
チ シ キ
ス
ノ オ

（D図）

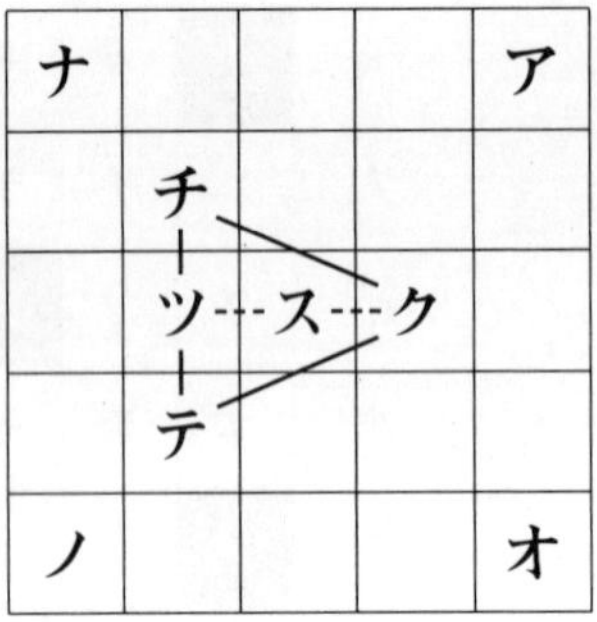

（E図）

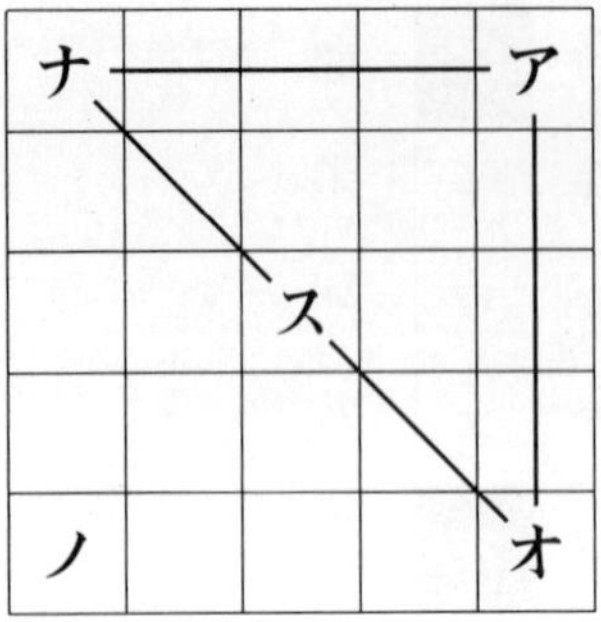

（F図）

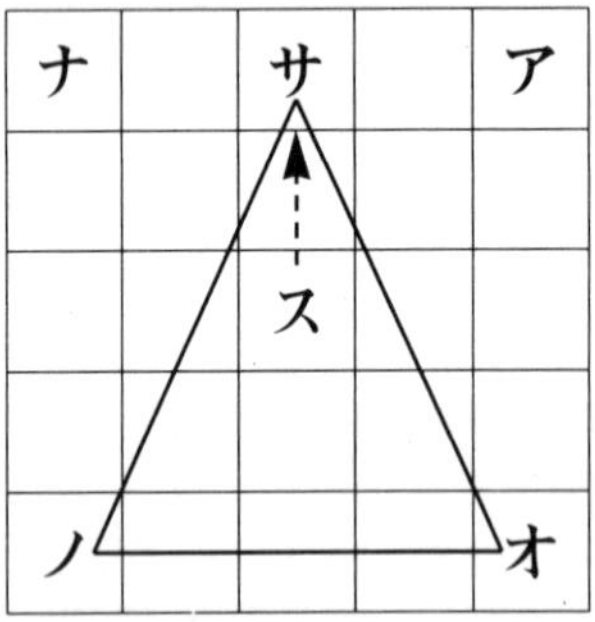

（G図）

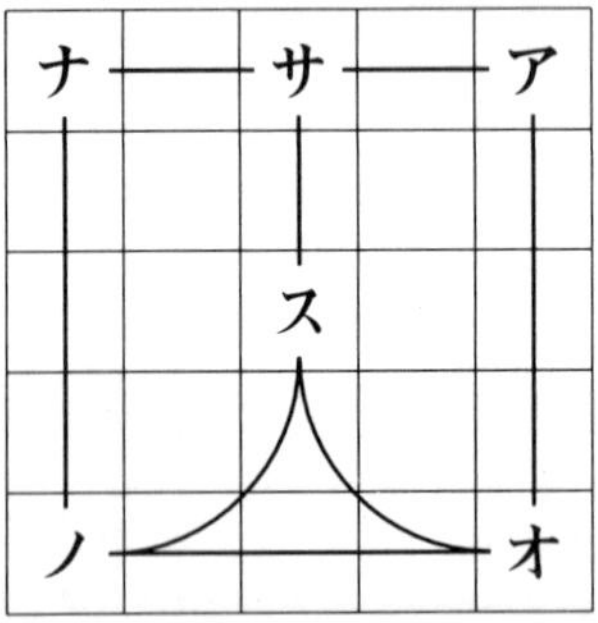

Ａ図のように、各行、各列はアジア、アメリカ、アフリカ、ヨーロッパ、オーストラリアの世界の五大州を表わします。さらにア列は天、イ列は火、ウ列は結、エ列は水、オ列は地を表わします。

スの言霊を正中に収めた救いの方舟は、大本《おおもと》の権威を証明する一例として、この文が発表された大正六年以来、教団内部で語り継がれてきたものでした。

一九七八（昭和五十三）年秋、私は『出口なお・王仁三郎の予言・確言』を書きましたが、この本の中に「ノアとナオの方舟」を収録するかどうか、ずいぶん悩みました。これだけのことなら、単なる偶然と見過ごされるのじゃないか。何より不満なのは、この図には出口直《なお》は存在しながら、救い主と信じる王仁三郎がなぜ不在なのか。

締切が近づいても、収録するかどうかの決断がつかない。ついに鉛筆を投げ捨てて方舟の図をにらむうち、幾つかの音声があぶり出しのように浮き上がり、聞こえてきました。ス神が火（イ）・水（エ）と結ぶ二等辺三角形（Ｂ図、一五七頁）は「イ・エ・ス」。ス神の光がアジアの方へ伸びる、三角形を二等分する線は「ス・ク・ウ」。

そうか、イエス・キリストはちゃんと在る。しかも中心を貫く使命は「救う」。だがその範囲は右に偏《かたよ》りすぎて、方舟はひっくり返りそう。イエスの救いはアメリカ、アフリカ、ヨーロッパまでで、アジア、オーストラリアにまでは及びません。

しかしこの発見は、私の興味を引きました。この図の二十五声を組み合わせるだけなら、幾らでも意味のある言葉を探すことができます。そこで、ス（主神）の言霊から発するか、スを通過するか、スを要に抱え込む二等辺三角形という条件を自らつけて言葉を探すと、意外に意味ある言葉は少ないのです。

例えばス・チ・キの逆三角形（C図、一五七頁）の下辺は「チ・シ・キ」、「チシキ」ですね。この逆三角形を二等分する直線は「シ・ス」、「死す」という不吉な文字が表われます。「神と学との力くらべであるぞよ。神には勝てんぞよ」との筆先がありますが、ス（主神）の上に在る知識、神より発しない知識には救いがなく、滅びるというほかはないのでしょうか。

さて、イ・エ・スの三角形を逆向きに一行左へ移して見ると（D図、一五八頁）ス神を真ん中に抱いて、「テ・ク・チ」、すなわち「出口」という文字が浮かびます。そしてス声の左右を二等分する直線は「ツ・ク・ス」、「尽くす」、その言霊は「出口・尽くす」と響きます。発見は、さらに私を勇気づけました。

ところが突然、大きな直角三角形（E図、一五八頁）が眼に飛び込んできました。その角を結ぶと、「ス」を中心にした底辺を持つ「ア・ナ・オ」、「穴太《あなお》」の直角三角形になります。穴太は王仁三郎の郷里であり、救世の使命を自覚した霊山「高熊山《たかくまやま》」のあるところです。

やはり王仁三郎は、存在証明をしていました。

ほっとしながら、ではこの方舟の中に求められる一番大きな正三角形は何だろうと見ると、いうまでもなくそれは「サ・ノ・オ」ですね（F図、一五八頁）。「ス」を中心点に抱えて見れば、なんと、「ス・サ・ノ・オ」、「素盞嗚」。スの神が天に駆け登ってサと鳴り、さらに地に降ってノからオへ、泥水満ちあふれ渦巻く地を五大州の隅から隅まで一文字に開き清めつつ、六合を治める形です。

厳然とここに、主神《すしん》神素盞嗚大神は在《おわ》す。住み澄むだけではない救世の御活動が、ひしと伝わってきました。

続いて衝撃的な図形（G図、一五八頁）が眼に浮かびました。お星さまです。

空の星を見て居る位《くらい》楽しい事はない。各自の星が皆空にあるのであるが、今の世の中の人々の星は、多く暗星《あんせい》だから、光を放って居ないから見えぬ。大臣達だって三等星か四等星である。一等星の人なんか世に出て居ない。歴史上の人物で豊臣秀吉《とよとみひでよし》即ち大閤《たいこう》さんは一等星の人であった。近頃の人では西郷隆盛《さいごうたかもり》が一等星であった。其後一等星の人物は出て居ない。（『水鏡』「空の星と人間」）

このように王仁三郎は語っています。では御本人の星は何かといえば、三《み》つ星《ぼし》（瑞《みず》の御《み》魂《たま》）を中に抱えたオリオン星座。それを図形化すると、夜空に浮かぶ巨大な「囚」の字になるというのです。それにしてもずいぶん吹っかけたものだと思っていましたが、この図形を見て、その思いを打ち消しました。

方舟の天地四隅ノ・アとナ・オ、そしてス・サ・ノ・オをスを中心に線で結べば、方舟いっぱいに手足をひろげて立つ、須佐之男命《すさのおのみこと》の千座《ちくら》の置戸《おきど》であり、王仁三郎の宿命を負うオリオン星座、囚の図形がくっきりと表われているのです。大声耳裡《たいせいじり》に入らず、鳴り鳴りて鳴り止まざる宇宙の大言霊が、今こそ私の五体の中に熱く鳴り響く思いでした。

ノアとナオの方舟は真中に須佐之男命があってこそ。その方舟は須佐之男命の囚《とら》われのみ姿。高天原《たかあまはら》で千座の置戸を負い給い、万神に手足の爪や髭《ひげ》を抜かれて追いやられたその贖いを示す須佐之男命の方舟で、再び人類は救われるのでしょうか。

❖オリオン星座と王仁三郎

一八九八（明治三十一）年旧五月頃、王仁三郎は断続的に二回目の高熊山《たかくまやま》修行を行ない、霊魂離脱して霊界を探険しますが、オリオン星座が自分の宿命の星と自覚したのは、この時のようです。歌集『霧の海』でその時の模様を述べています。九十首にのぼる歌から、オリオン星座に対する王仁三郎の思い入れがよく分かります。

尾上《おのへ》の月

松《まつ》ヶ枝《え》をさわたる風の音さえて夜はしんしんと更け渡りゆく
大空の楕円《だえん》の月は猪《い》の熊《くま》の高嶺かすみてかくろひにけり
猪の熊の山かげたちまちわが前に倒れかかりて闇はふかめり
闇の幕おそふまもなく小夜《さよ》嵐《あらし》松のこずゑをもみつつうなる
猪の熊の山より颪《おろ》す小夜嵐咆吼《ほうこう》怒号《どごう》のすさまじき夜半
小夜嵐しきりに吹けば山の蚊《か》の一つも居らずなりにけらしも
ちぎれ雲ちぎれぬ雲の大空にさまよひにつつ星まばらなる
小夜嵐あとなくやみて大空にかがやき初めぬオリオンの星
何気なくオリオン星座を仰ぎみれば月のごとくに輝きており
オリオン星次第しだいに光まし七つの月の出たること見ゆ
山かげも何時しか消えて岩《いわ》ヶ根《ね》のあからに見ゆる星月夜かな
オリオンの星の明るさ大いさにわれを忘れて見とれゐたりき
オリオンの星は次第にひろがりて容姿端麗の女神あらはる
いつの間にかわが魂は霊界に入りて見つらむオリオンの星
オリオンの星よりくだる姫神《ひめがみ》のあとより続くあまたの姫神

姫神は次第しだいに雲の橋くだりてわが前近くに立ちます
何神にお在しますかや願はくば御名《みな》宣《の》りませと謹み宣るわれ
姫神は数多《あまた》の侍臣したがえてわれに近づきほほゑみませり

霊界の恋

淡雪《あわゆき》のしろきはだへに薄衣《うすぎぬ》の透《す》く姫神のすがたなやまし
霊界に恋の許しのあるならば御手《みて》になりとも触れたく思ひぬ
姫神のその艶麗《えんれい》さ気高さに言とふさへも胸をののきぬ
霊界と知りつつ若きわが魂は血潮はをどり胸はたかなる
姫神は御名も宣《の》らさでにこやかに笑《え》くぼたたへて笑ませ給へる
侍らへる女神のこらず面白く御肌《みはだ》やはくおん袖《そで》かをる
みよしのの一目千本《ちもと》の山桜花のさかりを見るここちせり
霊界の修行に出でし身ながらも迷ひてしかな花の色香《いろか》に
わが胸の高なり止まず面ほてり恋のほのほに焼かれむとせり
白魚《しらうお》の手をさしのべて姫神は握手のぞます気配みえけり
をののける心おさへて姫神の御手《みて》握らむとすれどかなはず
麗《うる》はしき女神《めがみ》数多《あまた》にとりまかれ青息吐息の苦しさに居りぬ

男子われ心弱くてかなはじと姫神めがけていだきつきたり
抱きつきしそのたまゆらを姫神は笑みつつ肱鉄《ひじてつ》食はし給へり
肱《ひじ》をもてはじきたまひしたまゆらに吾よろめきて地上に倒れぬ
はづかしさくやしさ胸にこみ上げて面を地に伏せ歯がみなしけり
姫神は数多《あまた》の女神に何事か宣《の》らせたまひぬ声おごそかに
姫神の言葉をはるや女神らはわれをいだきて起こしたまへり
倒れたるはづみに岩にきずつきて足もうごかずなりにけらしも
女神らの柔手車《やわでぐるま》にのせられて大空たかくはこばれて行く

神の音楽

紫の雲は四辺《しへん》を包みつつ音楽しきりにひびき来たれり
地上にて聞く名人の音楽に百倍ましてさわやかなりけり
かむながら御霊幸《みたまさち》はいましませとわれ祈りつつ悔《く》いごころ湧く
姫神は礼《いや》なきわれのふるまひをさげすみますかと案じつつゐる
姫神の御顔《みかお》ひそかにながむれば以前にまして笑まひたまへり
姫神の笑ませる面をみつつわれ魂はふたたび迷ひそめたる
天国は愛の御国《みくに》と聞くからは恋すてふこと恥なしと思ひぬ

雄心《おごころ》のやたけごころを振りおこし見送られつつ雲わたりゆく

天津女《あまつめ》に抱かれて生命《いのち》とらるるも吾惜《われお》しからずと思ひけるかな

何時《いつ》の間にかわが足の傷なほりつつ雲路《くもじ》をわけて歩みゐたりき

一方の女神の姿目に入らず煙のごとく消えたまひたる

わがこころ俄《にわ》かにさびしくなりゆきて行方も知らず雲の上行く

ええままよ行く所まで行きみむと雲ふみなづみ高のぼりゆく

忽然《こつぜん》と女神一方《ひとかた》現はれてよく来ませりと慇懃《いんぎん》に宣らす

オリオンの星座のわれは使神《つかいがみ》汝《なんじ》を迎へに来ますと宣らす

有りがたしかたじけなしと会釈《えしやく》して女神のあとに従ひ行けり

行きゆけば不思議なるかな雪の上に碧瓦赤壁《へきがせきへき》の館ならべる

瑞月門

金銀《きんぎん》をもちてかざりし門の前に呆然としてわれはたたずむ

この門は瑞月門《ずいげつもん》よと宣《の》らしつつ女神は扉をあけて入ります

われもまた女神の後にしたがひておそれ抱《いだ》きつ金門《かなど》くぐりぬ

嚠喨《りゆうりよう》と音楽のおと四辺《しへん》よりひびき来たりて春ごこちしぬ

よく見れば以前の女神右左前《みぎひだりまえ》と後《うしろ》にうごなはりましぬ

柏手《かしわで》をうちつつ階段《きざはし》のぼりゆけばギーと音たて神門《しんもん》あけり
開きたる扉の中をうかがへばまばゆきばかり光ながるる
姫神は左右のわが手をとりながら扉の中にみちびきたまへり
目もくらむばかり金色燦然《きんしょくさんぜん》と扉の中はひかりみちたり
しばしの間まなこをとぢて黙《もだ》し居《お》れば耳にすみきる音楽のおと
天も地も宇宙一切金色《こんじき》の世界となりしここちせし吾

オリオン星座

どことなく姫神の声おごそかに此処《ここ》はオリオン星座と宣《の》らせる
オリオンの星座と聞きてまなかひを開けば以前の姫神おはせる
姫神のわれ御前《みまえ》に額《ぬか》づけばきみ安かれとおごそかに宣らす
御声《みこえ》にこころの駒《こま》をたて直し御姿《みすがた》みれば金色《こんじき》のひかり
姫神は紫摩黄金《しまおうごん》の肌《はだえ》にて笑みたまひつつわが面《おも》みませり
汝《なれ》こそは男《おのこ》の中の男《おのこ》よと口を極めてほめたたへましぬ
ほめられて顔《かお》紅《くれない》にそめながら手もちぶさたに黙し居たりき
姫神は金色《こんじき》の手をのべたまひわが肩かるく打たせたまひぬ
願はくは御名《みな》を聞かせ給へかしと再び問へども答へたまはず

われこそはエロの神よと微笑《ほほえ》みて御袖《みそで》に面《おも》をおほひましける
今までの無礼を許したまへよとわびつつ顔を赤らめしわれ
姫神はつと立ち御殿《みとの》の奥深くかがやきながら入らせたまひぬ
姫神の御後《みあと》われは見おくりつ怪訝《かいが》の念にしばしかられし

至聖殿

二はしらの女神は左右《さゆう》の手をとりて吾を導き奥に入ります
音楽の音いやましにさえにつつ衣《きぬ》ずれのおと静かに聞ゆる
姫神はほほゑませつつ御手《みて》づから御宝箱《おんたからばこ》さづけたまひぬ
天地《あめつち》の心をこめし玉手箱汝《なれ》にはなくてならずと宣《の》らせり
諸天人異口同音《しよてんにんいくどうおん》に万歳をのらせるこゑは天地《てんち》どよもす
玉手箱いただきまつるたまゆらを松風の音ちかく聞ゆる
よく見れば高熊山《たかくまやま》の岩ヶ根に夜のくだちを端坐《たんざ》してをり
ほのぼのと東《あずま》の空は白みつつ松風の音しづまりにけり
晃晃《こうこう》と日は山の端《は》を照らしつつ高熊山の岩ヶ根照らせり
何となくこころ清しき朝なりわれ霊界ゆたからもらひて

○

人間は所詮《しょせん》動物性を離れないものだ霊界の修行中にもエロ気分が出る
天馬空《てんばくう》を行く霊界の旅行をいつ迄《まで》も続けたい気分が涌いて来る

また自分の精霊がオリオン星座から降ってきたと示す、こんな歌もあります。

オリオンの星より降《くだ》りしキリストのありかたづねて世の人迷ふも
国のため世の為《た》め地にくだりたる人オリオンの星座背に負ふ
千年の後にオリオン星座より降る神の子待てるおろかさ
オリオンの星座降りてかがやける光りを知らぬ闇世《やみよ》なりけり

また「オリオンの星座背に負ふ」とあるように、王仁三郎の背中にはオリオン星座のシンボル三つ星の移写《いしゃ》ともいうべき印点がありました。

❖オリオン・須佐之男命・王仁三郎

オリオン星座の名は、ギリシャ神話のオリオンに由来します。そのオリオンと記紀《きき》に描かれる須佐之男命《すさのおのみこと》、そして王仁三郎とは、偶然とは思えないほど共通性があるのです。

【出自】　オリオンの父は大海原《おおうなばら》の主宰神ポセイドンであり、ポセイドンの兄はギリシャ神話の最高神ゼウス（ローマ神話のジュピターにあたる）です。須佐之男命の父は伊邪那岐《いざなぎ》尊《みこと》、姉は高天原《たかあまはら》の主宰神天照大神《あまてらすおおかみ》です。そして自らは大海原の主宰神であったのです。瑞《みず》の御霊《みたま》である出口王仁三郎は有栖川宮熾仁《ありすがわのみやたるひと》親王の落胤です。熾仁親王は皇室典範成立の一八八九（明治二十二）年当時、皇位継承順位第一位という重要な立場にいました。このように、三者とも最高権威にごく近いところに生を受け、水に非常に関係が深かったのです。

【英雄性】　オリオンはギリシャ神話の英雄神であり、須佐之男命は日本神話の英雄神です。一九二四（大正十三）年、王仁三郎は入蒙《にゅうもう》の壮挙を果たしますが、死線を越えて日本に送還された時、民衆は大英雄として喝采を送りました。

【エロス性】　オリオンはたぐい稀な巨人の美男子であり、狩りの名人でした。狩りは動物ばかりではありません。女という女、すべて彼の獲物です。女神、半獣身《はんじゅうしん》の女、ニンフ、女巨人、手当たり次第にアタックします。青春時代の王仁三郎とそっくりです。「穴太《あなお》の女という女は、みんなわしがいてこましたる」と豪語し、励んだようです。また王仁三郎に冠せられるのが「巨人」であり、自称「今業平《いまなりひら》」です。須佐之男命は八岐《やまた》の大蛇《おろち》を退治し、櫛《くし》名田姫《なだひめ》を妻に得たロマンは有名ですが、王仁三郎は歌っています。

　素盞嗚《すさのお》の神《かみ》は神代の雅男《みやびお》よ三十一文字《みそひともじ》の恋歌《こいうた》詠ませる
　素盞嗚の神は神代のエロの神シークガールは櫛稲田姫《くしいなだひめ》

【月との関係】　オリオンの恋人は月の女神アルテミスです。アルテミスとの恋が、結果的にはオリオンの命を奪うことになります。須佐之男命の精霊体《せいれいたい》は月界を守護する月読命《つきよみのみこと》であり、須佐之男命と月は一体の関係です。王仁三郎は自らを月になぞらえ、号も「瑞月《ずいげつ》」と称していました。月への憧《あこが》れは誰よりも強いのです。

【太陽との対立】 月の女神アルテミスの双子の兄は太陽神アポロです。この兄妹の父はゼウスですから、オリオンと出自は一緒ですね。アポロは妹がオリオンに夢中になっているのを嫉妬《しっと》し、オリオンの殺害を計ります。まず曾祖母《そうそぼ》の大地の女神ガイアに、「オリオンが容赦なく狩りをするから、ガイアの領土から野獣たちが絶滅しかけている」と訴えます。それを信じたガイアは、巨大なサソリを送ります。オリオンはサソリと勇敢に戦いますが、サソリの体は頑丈な装甲で覆われているので、どんな武器も役に立たない。ついにオリオンは海に飛び込んで逃れます。

最初の計画に失敗したアポロは、アルテミスを海岸に連れて行き、水に浮かんでいるオリオンの頭を指さし、「あれはお前のニンフ（美少女の姿をした森や水の精）を襲った野蛮な賊だ」とだまます。アルテミスは銀の弓に銀の矢をつがえ、オリオンの頭を狙います。矢は狙い違わずオリオンの頭を射抜きます。オリオンはいわば太陽神に殺されたわけです。

須佐之男命は太陽神天照大神によって高天原を追われ、王仁三郎は天照大神を祖神とする現人神《あらひとがみ》天皇に不敬を働いたという理由で、二度までも弾圧されるのです。

【不滅性】真相を知ったアルテミスは、オリオンを海の深みから引き上げて、不滅のものとします。それがオリオン星座ですね。軍国日本によって悪神と封じ込まれていた須佐之男命は王仁三郎にかかって復権を宣し、その教えは人々の心に永遠に残るでしょうし、王仁三郎の果たした人生の軌跡や思想は今後いっそう人類にとって必要なものとなるでしょう。

❖八重垣作るその八重垣を

八岐《やまた》の大蛇《おろち》を退治した須佐之男命は出雲の国に行き、「吾、この地に来て、吾が御心《みこころ》すがすがし」といい、その地に宮を立てます。そこを今も須賀《すが》といいます。

「素盞鳴の神の始めし敷島《しきしま》の歌は善言美詞《ぜんげんびし》のはじめなりけり」と王仁三郎は歌い、例によって彼独特の言霊解釈をしています。

歌祭り

歌祭《うたまつ》りということについて一言申しあげます。日本の和歌の道、すなわち敷島の道のはじまりというのは、素盞鳴尊が出雲《いづも》の簸《ひ》の川の川上で八岐の大蛇を退治されて、ほっと一息おつきなされた。その時に、お祝いとして詠まれた歌が「八雲《やくも》立つ出雲《いづも》八重垣妻《やえがきつま》ごみに八重垣《やえがき》作るその八重垣《やえがき》を」の歌であります。

このお歌の意味は、言霊《ことたま》によって解釈すると、「出雲八重垣」の「出雲」というのは「いづくも」のこと、「どこの国も」ということでありますが、つまり、大蛇は退治したけれども、まだ世界各国には八重垣が築かれ、そして八雲が立ち上っている。「八雲」というのは「いやくも」ということである。それでこの「いやくも」をすっかりはらわねばならぬし、また、この垣もはらわねばならぬ。

今日も「八重垣」はたくさんあります。日本の物を外国に持ってゆこうと思えば、「税関」という八重垣ができている。「つまごみに」というのは――日本の国は「秀妻《ほづま》の国」というのである――日本の国もまたいっしょになって八重垣をつくっているということであって、これは世界万民が一つになって、天、一地、一君（君は主権の意）の政治にならなくては、この八重垣はとりはらわれないのであり、「八雲」をはらい、「八重垣」をとりはらって、初めて一天一地一君の世界になるのであります。これが一つの意味でありますが、もう一つの意味があります。神さまがお鎮まりになっているその神さまを中心として「八重垣」を築く。その「八重垣」は「瑞垣《みずがき》」という意味になり、外から悪魔がはいれない。ここでは神さまを守る「ひもろぎ」となるのであります。八重《やえ》雲《くも》（八雲《やくも》）も、幾重にも紫雲《しうん》がたなびいている意味にもなるし、また、真っ黒な雲が二重にも三重にも包囲しているという意味にもなるのであります。それで、この歌は、

「八重垣作るその八重垣を」で切れていて、あとがまだ残っているのであります。内外をとわず悪い、「その八重垣を」今度はとりはらわねばならぬということを残して、「を」の字でおさまっているのであります。

そこで、仁徳《にんとく》天皇の御宇《みよ》までの古典を調べますと、「歌垣《うたがき》に立つ」ということが、時々みあたるのであります。「何々の皇子歌垣に立たせ給うて詠い給わく……」とある。「歌垣」というのは、歌を書いて、それを垣《がき》にしてあるもので、今日のこれ（歌垣を示され）がそれであります。それで歌祭りというのは、この歌垣を中心として、自分の村々で年にいっぺんずつ行なったのであります。そうして、平素からの村の人間の怨《うら》み、妬《ねた》み、または一家のもめごと、夫婦喧嘩とか、そうした村内における今までのいざこざを、この歌祭りによって、神さまの御心《みこころ》をなごめるとともに、村人の心もちを和め、いっさいの罪悪をはらうてしまう、つまり八重雲をはらうてしまうという平和な祭りであります。

その祭りによってすべてが流れ、河で尻《しり》を洗うたように綺麗になるのであります。また、若き男女にいたしましても、昔は自由結婚でありました。それで、歌祭りの時に、一方の男から思う女に歌いかける。それが嫌だったら女は歌いかえさない、この人と思ったら歌いかえすのであります。この言霊ということは、「真言」とも書くのであって、真言ということは、言うたことはいっさい違えないということであります。つまりいっさい嘘《うそ》は言わないことが真言であり、言霊であります。一言いえば、それは違えさせられない。それで、一度、歌によって歌をかえしたならば、その女は一生涯、その人の妻になったことになったのであります。その場所で一言いうたら、それでいっさいは決まったものであります。また今までのいざこざも、歌祭りに列して歌を献上した以上は、それですっくりと流れたのであります。

しかしながら、この歌祭りも、源《みなもとの》頼朝《よりとも》が鎌倉に幕府を開き武家の世になってからは、絶えてしまって、宮中に歌会が残っていたくらいなものであったのであります。それから、あの定家卿《ていかきよう》が、はじめて小倉山《おぐらやま》の二尊院《にそんいん》という処で歌祭りをされた。その時には、故人の歌も新しい人の歌も集めて、その中から百首選んだのが、百人一首となったのであります。

しかし定家卿のやられたのは、山城《やましろ》の国の小倉山という小暗い山であったが、今日(昭和十年十月三十一日)の歌祭りは、明光殿《めいこうでん》(亀岡《かめおか》の大本《おおもと》神苑内にあったが、第二次弾圧で強制破却された)という、明らかに光っている御殿で、ところも花明山《かめやま》(亀岡の大本神苑・天恩郷《てんおんきよう》の美称。王仁三郎の命名)という明らかな山であります。この花明山の明光殿において歌祭りが行なわれたのでありますから、すべて会員及び皇大神《すめおおかみ》(大《おお》本皇大神《もとすめおおかみ》。宇宙の主神初め八百万《やおよろず》の神《かみ》を含めた総称）を奉斎する諸氏は、今日かぎり、いかなるもつれがあっても、何があっても、この祭りに列した以上は、すっかり河に流さんと、神さまのご神罰《しんばつ》があたることになっているのであります。

私は、古典の中に「歌垣の中に立たせ給う」と沢山あることについて、どこの国学者に聞いても判らなかったのでありますが、その時に、今日はもう故人になられましたけれども、私の二十三歳の時に、歌を初めて教えてくれました岡田惟平《おかだこれひら》翁という国学者があったのであります。その人に、歌垣の作り方から、つぶさに、こういうぐあいにして祭り、また、こういう歴史があるものだと聞かされたのであります。

その後いっぺん、どうかして歌祭りをしたいと思っておりましたが、本日ここにめでたく行なうことができました。この集まった歌の中から、百人一首をこしらえる考えであります。一回ではとても百人一首はできないから、年を重ねて百人一首を作り、後世に残る、小倉山百人一首ではなくて、花明山《かめやま》百人一首をこしらえたいと思っているのであります。

それから今、弓太鼓《ゆみたいこ》（伏せた桶《おけ》に弓をくくりつけた奏器で、歌祭りの時に朗詠の調子を取るのに使う）をとんとんと叩きましたが、これは、素盞嗚尊が須賀宮《すがのみや》にお入りになって、この大海原、すなわち地上世界を全部治めらるるところの責任を伊邪那岐《いざなぎ》尊《のみこと》からお任せになられたについて、非常にご心労あそばしたのであります。朝鮮や出雲の方は平定したが、さらに八十国《やそくに》の雲霧をはらい、八重垣を取り払うにはどうしたらよかろう、たいていのことではないと心配に沈んで、腕をくんでうつむいておられた時に、櫛名田姫《くしなだひめ》が弓を桶にくくりつけて、それをぽんぽんと叩かれた。それが弓太鼓の濫觴《らんしよう》である。その音を聞いて素盞嗚尊は心を和《なご》めて、そうして「八雲立つ……」のお歌ができたのであります。

それが、のちには一絃琴《いちげんきん》になり、八雲琴《やくもごと》になり、今日のたくさんの絃のある琴ができたのであります。さらに右と左に侍女神がおりましたが、これは手撫槌《てなづち》、足撫槌《あしなづち》になぞらえて、両傍に二人おったのであります。しかし本当の手撫槌、足撫槌は、こんな若い人ではない。本当はお爺《じい》さんとお婆《ばあ》さんであるけれども、われわれは更生せねばならぬので、爺さん婆さんではいかんから、若い人に坐ってもろうたのであります。弓をぽんぽん鳴らしたのは、櫛稲田姫の代わりであります。(『明光』昭和十年十二月号)

人類の歴史は、いかに頑丈な垣根を自分のまわりに巡らすか、その垣根を他の領分にまで広げるかに腐心してきた積み重ねともいえるでしょう。

神代の昔、すでに姉と弟(天照大神と須佐之男命)の間に越え難い垣根があったように、文明が開化すればするほど、われわれはたくさんの垣根を作って生きています。国・民族・

階級・宗教、その違いから生ずる心と心の垣根、それら様々な八重垣を取り払い、焼き尽くすのが神素盞嗚大神の行なう火《ひ》（霊《ひ》）の洗礼であり、それが果たされた暁こそ、五六七《みろく》の世《よ》の実現といえるでしょう。

❖いつかはらさむ万代をへて

一八九三（明治二十六年）年、二十三歳の若き王仁三郎は園部《そのべ》（現・京都府船井《ふない》郡園部町）の従兄弟の牧場を手伝い獣医学を勉強しますが、その頃、牧場に隣接した南陽寺《なんようじ》に寄宿していた国学者の岡田惟平翁《おかだこれひらおう》に歌の道を学びました。その時、初めて岡田翁から歌祭りの意義を教えられたのです。そして王仁三郎は、自分の手で歌祭りを再興したいと念じました。

引用の「歌祭り」は、一九三五（昭和十）年十月三十一日、大本《おおもと》秋の大祭《たいさい》の日の王仁三郎の講演録です。この時、第一回目の歌祭りが行なわれ、すでに亡くなっていた岡田惟平翁の子息岡田和厚《わこう》を特別来賓として、招待しています。四十二年ぶりに夢が実現したのです。

続けて二回目の歌祭りは十一月十七日、王仁三郎も臨席して、石川県能美《のみ》郡御幸《みゆき》村の北陸別院で行なわれました。その時、献詠歌で一位になったのは、後に北国《ほっこく》新聞社の社長になる嵯峨保二《さがやすじ》でした。賞品は王仁三郎の短冊で、そこには次の歌が記されていました。

八雲立つ出雲八重垣妻籠《つまご》みに八重垣作るその八重垣をいつかはらさむ万世《よろづよ》をへて

須佐之男命の御神歌に「いつかはらさむ万世をへし」と、意味深長な言葉が書き添えてあったのです。

それから二十日ほどたった十二月八日、つまり第二次大本事件勃発のこの日、須佐之男命の神縁深い出雲の松江の島根別院で午前十時から秋の大祭、午後一時から第三回目の歌祭りが行なわれる予定でした。だが前日から松江に滞在していた王仁三郎は、それに参列することはできなかったのです。午前四時、予期していたように検挙され、八重垣である京都の中《なか》立売署《たちうり》の新築された独房に封じ込められてしまいます。

数運と天運の輪転

筆先《ふでさき》はしばしば「大本《おおもと》は世界のかがみ」と示し、信徒たちはそれを固く信じてきました。筆先でいう「かがみ」には、「武士道のかがみ」とか「大和撫子《やまとなでしこ》のかがみ」など、手本・模範・雛型《ひながた》という能動的な「鑑《かがみ》」と、ものの像を写す受動的な「鏡」との、両方の意味が含まれています。

世界へ善と悪とのかがみを出す大本であるぞよ。いままでは日本だけのことでありたが、

これからは三千世界のかがみになる大本といたすぞよ。(明治三十二年旧九月十九日)

これは、大本の中に雛型を作り、それを日本へ、世界へと波及させる能動的な鑑ですね。この「型」は、予言と強く関わります。予言が言葉で示す前ぶれならば、型は形で示す予告といえましょう。

大本という池に投じられた一石がやがて世界の岸へと波紋を広げるように、一種のサンプルが大本で仕組まれ、やがて日本で、世界で実現するというのです。

この世界が乱れてこういうことになりておるということも、大本にしてみせてあるぞよ。なにも分かりて来るぞよ。(明治三十四年旧十二月十九日)

これは世界のさまざまが大本に写るという、受動的な鏡です。大本の信仰生命が満ちあふれている時は能動的な鑑を出し、反対になると受動的な鏡を出すようです。

それにしても、なんという奇妙な発想でしょう。パラノイア的発想だと笑い飛ばせそうなものですが、大本の歴史の中に如実にそれが証明されてくる。大本内での型の予告ばかりか、中国の道院《どういん》という宗教の扶乩《フーチ》による壇訓《だんくん》の一つが、一九三八(昭和十三)年二月十八日、獄中の王仁三郎(道院名・尋仁《じんじん》)におりました。

数運《すううん》は天運《てんうん》と相合す。尋仁は化世《かせい》の大責《たいせき》を負う者、必ず数運と天運の輪転《りんてん》に循《したが》い、以《もつ》て世間諸劫《しょごう》の障《さわり》を受く也《なり》。(瀋陽《しんよう》道院)

こうした宣告《せんこく》はことが起こってから付け足したものならともかく、天運のめぐりくる以前の予告であり、しかも「この神の申すことは毛筋《けすじ》の横幅《よこはば》ほども間違いないぞよ。これが違うたら、神はこの世におらんぞよ」と、神の権威において断言の上なのです。特に第二次大本事件の日と出来事が、きっちり六年の期間をおいて、第二次世界大戦の一環である太平洋戦争に移ってきます。

これらのことはいろいろな機会に書いているので（『出口なお・王仁三郎の予言確言』ほか）詳細は省き、簡単な図表だけを作っておきました。

第二次大本事件と太平洋戦争

（年号は昭和。右は第二次大本事件、左は六年後に起こった太平洋戦争の出来事）

九年　七月二二日	大本は東京九段の軍人会館で昭和神聖会発会。統管出口王仁三郎、副統管内田良平・出口伊佐男。この会の活動が当局を刺激し、第二次大本事件の端緒を作る。
一五年　七月二二日	第二次近衛内閣組閣。陸相東条英樹。九月に日・独・伊軍事同盟、一〇月に大政翼賛会創立など、太平洋戦争へ傾斜。なお大政翼賛会の発会式も同じ軍人会館で行なわれ、形式、活動状況まで酷似。

一〇年一二月　八日	「未明」、第二次大本事件勃発。決死の「特高隊」は水盃をし、松江の「宍道湖」の近く、島根別院に「滞泊中」の大本の「首領」王仁三郎を「奇襲攻撃」し、検挙。
一六年一二月　八日	「未明」、太平洋戦争勃発。決死の「特攻隊」は水盃をし、ハワイの「真珠湾」に「碇泊中」のアメリカ太平洋艦隊「主力」に「奇襲攻撃」を加える。
一一年　四月一八日	綾部・亀岡両聖地の所有権が綾部・亀岡町に移り、やがて両本部はもとより、全国にわたる大本関連施設はくまなく破壊される。
一七年　四月一八日	米陸軍機一六機が東京・名古屋・神戸などを初空襲、やがて日本全国にわたる主要建物は米機によって破壊焼尽される。
二〇年　九月　八日	大審院において判決があり、第二次大本事件終る。この日、マッカーサー元帥が騎兵八千、その他一万五千の兵を率いて入京、日本全土が建国以来初めて外国の占領下に入る。
二六年　九月　八日	サンフランシスコで講和条約が結ばれ、太平洋戦争の幕を閉じる。

こんなこともありました。第二次大本事件が勝訴になった後、弁護士たちは集まって、国家に対する損害賠償請求の協議をしていました。判決以前に行なわれた綾部《あやべ》・亀岡《かめおか》の両聖地や全国にわたる神殿・施設の破壊、個人の住宅まで全部取り壊し、その破壊費用まで裁判費用を枯渇させるために教団側に支払わせ、国賊《こくぞく》のレッテルを張った王仁三郎、澄《すみ》らの持ち物まで、汚《けが》らわしいと一切焼却。有形のものばかりか、拷問による獄死、自殺、発狂など、その償いを国家に請求するとなれば、国家予算を揺るがす、はかり知れない額になるはずです。

協議中の部屋をひょいとのぞいた王仁三郎は、

「そんなケチなことはするな。敗戦後の政府に賠償を要求しても、それは苦しんでいる国民の税金から取ることになる。今度の事件を、わしは神の摂理《せつり》じゃと思うとる」

王仁三郎の愛と誇りに満ちた一言で大本は一切の賠償要求権を放棄しましたが、これも一つの型だとすれば、敗戦後、連合国もすすんで日本に対する賠償権を放棄したことにつながりましょう。

綾部・亀岡の両聖地を寸断、再起を不能にする権力側の意図は敗戦により逆転し、聖地は大本に無条件で返還されましたが、日本の本土も連合国による分割占領の危機を乗り越え、無併合に終ったのです。「尋仁《じんじん》は化世《かせい》の大責を負う者」、「世間諸劫《しょごう》の障《さわり》を受く」などの壇訓《だんくん》が想い浮かびます。

これらを偶然という方が、むしろ非科学的ではないでしょうか。「数運《すううん》は天運《てんうん》と相合す」とはいえ、確率の上からもほとんど考えられない一致です。神素盞嗚大神《かむすさのおのおおかみ》の御意志が王仁三郎の肉体に宿り、大本をモデル・ケースとして動かした。そう考えても、まだ思案に余ります。戦争の始まるぴったり六年前から、彼の肉体は獄中だったのですから。否、もしかして、この時点までにすべての経綸《けいりん》は終っていたのかもしれません。保釈出所した頃、王仁三郎はこうもいっています。

「今度（第二次大本事件）が天王台《てんのうだい》の審神《さにわ》であった。もう神さまのおしぐみは立派に成就して善悪が立て別けられたのだから、じっとしていたら良い」

昭和六年元日、王仁三郎は「本年は西暦一九三一年で『戦争《いくさ》のはじめ』であり、皇紀《こうき》では二五九一年で『地獄のはじめ』じゃ」と不気味な予言をします。その年の九月八日、第一次大本事件で破壊された本宮山《ほんぐうさん》（桶伏山《おけふせやま》）神殿跡に、王仁三郎は三つの石碑を建立しました。中央の石碑は神声碑《しんせいひ》と呼ばれ、碑面の上段に「うぶこえ」と横書きされ、「三せんせかいいちどにひら九うめのはな、もとのかみよにたてかえたてなをすぞよ。すみせんざんにこしをかけうしとらのこんじんまもるぞよめいじ二十五ねんしょうがつ　いつか　で九《ぐ》ちなお」の筆先。右側の碑は教碑《きょうひ》といわれ、「大本教旨《ようし》」の「神者《かみは》万物普遍の霊にして　人波《は》天地経綸能《の》大司宰也《なり》　神人合一志《し》て茲《ここ》に　無限乃《の》権力を発揮ヽ⃝《す》　王仁《おに》誌」と刻まれ、左側の歌碑には王仁三郎の歌二首。

盛《さかん》なりしみやゐ（宮居）のあとのつる山にやまほと、ぎす昼よるを啼《な》く

よしやみは蒙古のあらのに朽《くち》るともやまと男の子《おのこ》の品《しな》は落さじ

昭和六年七月十二日　出口王仁三郎

前の歌の「つる山」は本宮山の別称ですが、四年後の第二次事件のすさまじい破壊を暗示するような不吉な歌です。後の歌は王仁三郎がパインタラで死に直面した時の辞世の歌で、これもおめでたい歌とはいえません。

教碑は一九二〇（大正九）年六月、仙台の千代《ちよ》分所から献納された六七五〇キロの仙台石ですが、王仁三郎の大書した大本教旨を刻んだまま五六七殿《みろくでん》の東側に伏せておかれ、一九二三（大正十二）年十二月九日に本宮山山頂に引き上げられたのですが、なぜか建立されず、文字面を下に伏せて置かれたのです。神声碑と歌碑は　九三一年八月八日から仙台石に彫り初め、九月一日に完成、本宮山に引き上げられていました。

そして天機熟したと見たのか、九月八日、三基の碑を建立し、王仁三郎は宣言する。

「これから十日後に大きな事件が起き、世界的に発展する」

はたして九月十八日、日本が中国大陸を侵略する最初の契機となった満州事変が勃発、地獄はじめの世界大戦へとのめりこんでゆきます。

それから一か月後の十月十八日（旧九月八日）、『霊界物語』口述十周年を記念し、亀岡の大祥殿《たいしょうでん》において物語拝読会が行なわれた後、参加者に王仁三郎は語っています。

九月八日は大本にとっては不思議な日であります。本宮山は一名桶伏山と云って、大本教旨を書いた大きな天然石があって、彫刻したなりで時期が来る迄《まで》ふせて置いて蒙古入りをした。帰って来ても未だ起す時期が来なかったのでありますが、その石を本年の九月に入って神様から初めて早く建てて呉《く》れと言はれて建てた。うっかりしてゐたが後で気がついて見ると、新の九月八日に建て上げてゐた。それから、十日後の九月十八日には満州問題が起こると予《あらかじ》め言って置いたが、その通りに起りました。又本日が旧の九月八日であって真の十八日に当たってゐるのも不思議であります。（『真如の光』昭和六年十一月五日号「聖師様のお話」）

一九三二年二月四日、大本瑞祥会第五回総会でも、王仁三郎は繰り返し語っている。

それからこの本宮山に、桶伏山にあの碑が立ったならば愈々《いよいよ》神が表に出るといふことは神様が始終仰《おお》せられ私も始終これを申して居ったのでありますが、愈々神声碑がもとの御宮《おみや》さんの跡へ出来上がったのが九月の八日でありました。九月八日の仕組《しぐみ》、先づ第一着に満州事変が起こるとあの碑の前で大勢の人と話して居りましたら、愈々十八日にあの事件が突発したのです。それから又或《ある》事件が九月十七日から十八日にかけて、これは中されん事でありますが、之《これ》が旧の九月八日に当たって居りました。かういふ風に八日といふのは総て意味のある日であります。八といふのは開くといふ字である。八は開き輝く所の日であります。それでどうしても今度は満州事件と云ひ、色々と世の中に起こってくる事はこれはもう神界の経綸が実現の緒についた事であるといふ事をお考へになって差支へないのであります。（『真如の光』昭和七年二月十五日号「聖師様のお話」）

碑を建てることが合図でもあったかのように、王仁三郎は霊界を動かし、その波動を世界へ反映させていった。王仁三郎は歌っています。

いつの日かいかなる人の解《と》くやらむこのあめつちの大いなる謎

❖二四三五日と九年九か月

王仁三郎の宿命の星は三《み》つ星《ぼし》、オリオン星座であり、その形を図形化すると「囚」の字になると申し上げました。そして王仁三郎は、自ら囚《とら》われることによって人類の罪を贖《あがな》う宿命にあると自覚していたのです。事実、王仁三郎は獄中にあって、おのが宿業《しゆくごう》を義理堅く果たしたのです。

一九二一（大正十）年二月十二日、第一次大本事件で検挙され、六月十七日に保釈出獄するまでの一二六日の獄中生活、一九二四（大正十三）年に責付《せきふ》出獄の身で入蒙、パインタラ（現・通遼《つうりよう》）で捉えられて日本に護送され、大阪の刑務所から保釈出獄するまで、これも同じ一二六日でした。そして三度目の入獄が一九三五（昭和十）年十二月八日未明。十二月八日未明というのは、むかし、釈迦《しやか》が菩提樹《ぼだいじゆ》の下で暁天《ぎようてん》の明星《みようじよう》を仰いで大覚成道《たいかくじようどう》したという、仏教誕生の瞬間なんですね。

翌一九三六（昭和十一）年三月十三日金曜日に大本、人類愛善会《じんるいあいぜんかい》、昭和神聖会《しようわしんせいかい》は解散を命じられ、王仁三郎は重い十字架を負わされますが、三月十三日金曜日といえば、むかしゴルゴダでキリストが十字架を負った日といわれています。なぜか王仁三郎には奇妙な数がつきまといます。

王仁三郎が保釈出所したのは、一九四二（昭和十七）年八月七日でした。保釈されるやいなや、「わしが出た今日から日本が負け初めじゃ」と性懲《しようこ》りもなく放言しましたが、ちょうどこの日、米海兵一師団がソロモン群島のツラギとガダルカナル島に上陸し、翌八日には第一次ソロモン海戦と、米軍の本格的反撃が開始されるのです。

王仁三郎が刑務所に入っていたのが一九三五年十二月八日から四二年八月七日までの六年八か月、日数にして二四三五日です。日本が連合軍の占領下にあったのは、連合軍先発隊が厚木飛行場に到着した一九四五年八月二十八日から五二（昭和二十七）年四月二十七日（日米講話条約発効前日）までの六年八か月、二四三五日。ともに閏年《うるうどし》が二回入って、一日として狂いません。

第二次大本事件は一九三五年十二月八日に始まり、四五年九月八日の大審院の判決で終ります。太平洋戦争は四一年の十二月八日に始まり、五一年九月八日のサンフランシスコ講和条約の締結で終ります。閏年の数で日数こそ一日のずれが出ますが、月で数えると共にぴったり九年九か月。

❖大本教団の変質

二四三五日、また九年九か月という数字は四十数年において三たび現われてきますが、このことをお話しする前に、第二次大本事件解決後の大本《おおもと》教団について、ごく簡単にお話しておきます。くわしいことをお知りになりたければ、『第二次大本事件の真相』（十和田《とわだ》龍《りゅう》著・自由国民社刊）をお読み下さい。

一九四五（昭和二十）年十二月八日、事件勃発から十年目のこの日、無残な弾圧破壊のため昔日の面影もない綾部の聖場で、「大本事件解決奉告祭」が行なわれました。この十年禁じられていた天津祝詞《あまつのりと》を、王仁三郎の先達《せんだつ》により奏上されます。続いて事件の犠牲者たちの慰霊祭が行なわれ、王仁三郎の妻澄《すみ》の先達で、祝詞が上げられます。終って出口伊佐男《いさお》（王仁三郎の三女八重野《やえの》の婿《むこ》、著者の父）が王仁三郎の代理で挨拶に立ち、「近く、亀岡を根拠とし、愛善苑《あいぜんえん》という、世界平和を目標とする人類《じんるい》愛善運動が起こされることになったのであります」と、集まった一五〇〇人の信者たちに王仁三郎の意志を伝えます。大本はここに「愛善苑」としての新たな出発を表明したのでした。

旧態のままの大本としてよみがえることは、二度の弾圧の試練を無意義にしてしまう。今こそあるべき大本の姿に純化して、人群万類愛、万教同根《ばんきょうどうこん》の旗印《はたじるし》のもとに「愛善苑」の名で新生しようというのです。愛善苑の「苑」を「園」にしなかったのは、「園」の文字には囲いがあるからで、囲いをとり払った広々とした「苑」の字が選ばれました。それには、須《す》佐之男命《さのおのみこと》の神歌の密意が込められていたことは、いうまでもありません。

物質的にも精神的にも飢えて荒廃しきった敗戦後の日本の人たちに、王仁三郎を初代苑主とする「愛善苑」の活動は明るい灯をともし、委員長出口伊佐男の「新日本建設と愛善苑」の講演は新日本の行く手を示して、全国的に大きな社会反響を呼んだのです。

一九四八（昭和二十三）年一月十九日、王仁三郎は満七十六歳六か月の波乱の生涯を閉じ、妻澄《すみ》が二代苑主《えんしゅ》に就任。澄は迫力ある指導ぶりで、教団の先頭に立ちます。

翌四九年十月二十九日、愛善苑は「大本愛善苑《おおもと》」と改称。澄が「大本」の名を用いることを望んだからだといわれますが、今にして思えば、古い大本の殻《から》をすっかり投げ捨てて新生を、とした王仁三郎の理想から、昔の大本に復古しようとする引き戻しの兆しでした。だが澄の平和にかける情熱は激しく、十二月八日には第二次事件で解散させられた人類愛善会の再発会式を行ない、みずから初代総裁に就任し、世界連邦を初めとする平和運動に率先して参加します。

一九五二（昭和二十七）年に入ると、二代苑主出口澄の肉体に衰えが見え始め、二月三日、大本開教六十年の節分大祭《せつぶんたいさい》が盛大に行なわれましたが、諸行事は長女直日《なおひ》の代行で行なわれ、澄は玉串奉奠《たまぐしほうてん》をしただけでした。これが澄が全国信徒の前に姿を見せた最後になります。

この節分大祭を迎えるに当たって教団の規則が改正され、直日が苑主補《えんしゅほ》に就任しました。一方、宗教法人法の実施にともない、教団の規則を根本的に刷新する準備が続けられ、苑主補出口直日の強い要望により、四月一日には「大本愛善苑」の名称から愛善苑を切って捨てて昔の「大本」に復し、新しい教団規則を実施することになっていました。

その前日の三月三十一日、「愛善苑」の名の消える最後の日、澄は満六十九歳の生涯を終え、翌四月一日、直日が三代教主に就任、夫の日出麿《ひでまる》が教主補《きょうしゅほ》になります。あらかじめ「大本教団」発足と定められていたこの日に大本の代がわりを見たことも、単に偶然とは考えられないのです。そして現実的には、大本教団変質の初めであったといえましょう。

直日は「示されし道はひろらに明らけしなに今更に迷う人らぞ」、「わが命《いのち》天知り給ふ残されし道一筋にふみゆかむのみ」と歌い、二代苑主昇天の衝撃に沈む役員信徒らをふるい立たせるのですが、一方、「教団に不平もつ人ら去りたまへ残れる清きが道を守らむ」と決意を表明、「餓鬼《がき》虫けらまでも救うぞよ」の直《なお》の筆先《ふでさき》や清濁合わせのむ王仁三郎の大乗的《だいじようてき》な教風、三千世界の立替《たてか》えの大理想を横に置き、みずから清しとする者だけの水晶教団を目ざします。

「あきたらぬ思ひ父母に抱きつつ吾の一生も大方過《おおかた》ぎぬ」（『木の花』昭和二十八年二月号）と歌うように、直日は父母である王仁三郎夫妻に対して常に批判的で、祖母の直を慕い続けていました。直日の信ずる道は王仁三郎の示した道ではなく、祖母の残した道だったのです。

しかしその道もやがて踏み外し、自分の趣味の道を先導して歩き始めました。

三代教主時代になっての大きな変化は、芸術の積極的奨励でした。特に茶と仕舞《しま》い、短歌、これができなければまともな信者扱いはされぬ風潮ができ、それまで亀岡《かめおか》、綾部《あやべ》の神苑《しんえん》に聞こえていた霊界物語拝読の声や宣伝歌の声が鼓《つづみ》や謡曲《ようきよく》に変わっていきます。信者たちは大本の原点であった「立替え立直し」から目をそらされ、芸術即《そく》神業、一人一人が伝統芸術に精進するのが「弥勒《みろく》の世《よ》」の型《かた》を作ることだと、信じさせられたのです。直日の周囲にはお気に入りの芸術家タイプや側近が取り巻き、権力を持ち始めます。

こうなることを、王仁三郎は早くから見越していたようです。一九二四（大正十三）年に入蒙した王仁三郎は、信頼する娘婿出口伊佐男に密かに遺書『錦《にしき》の土産《みやげ》』を託しましたが、それには自分の死後のことが預言されています。

伊都能売《いづのめ》の御魂《みたま》霊国《れいごく》の天人《てんにん》なる大八洲彦命《おおやしまひこのみこと》の精霊を充《み》たし、瑞月《ずいげつ》（王仁三郎の号）の体に来たりて口述発表したる霊界物語は世界経綸上の一大神書《しんしょ》なれば、教祖の伝達になれる神諭《しんゆ》と共に最も貴重なれば、本書の拝読は如何《いか》なる妨害現はれ来るとも不屈不撓《ふくつふとう》の精神を以て断行すべし。例《たと》え二代三代の言と雖《いえど》もこの事のみは廃すべからず。邪神界殊《こと》に八十八派の兇党界《きょうとうかい》の妖霊《ようれい》は一応尤《もっと》もらしき言辞《げんじ》を弄《ろう》し、月の西山《にしやま》に入りたる際（王仁三郎の死後）、得《え》たり賢《かしこ》しと聖地へ侵入し来り、先づ第一に二代三代の身魂を誑《きょう》惑《わく》せんと雄猛《おたけ》び襲《おそ》ひ来るべし。然《しか》して自己の霊系《れいけい》の暴露するを恐れて、教祖の血統を盾《たて》に数多《あまた》の信徒を魔道《まどう》へ誘はんとするは、火を睹《み》るより明白な事実なり、注意すべし。

同じ年の十二月に口述した『霊界物語』六十七巻でも、王仁三郎は自分の死後につき、不気味な予言をしています。

波切丸《なみきりまる》の船上、梅公《うめこう》宣伝使は「神仏無量寿経《しんぶつむりょうじゅきょう》」を誦《しょう》しますが、それは次の言葉で結ばれます。

瑞霊《ずいれい》世を去りて後、聖道《せいどう》漸《ようや》く滅《めつ》せば、蒼生《そうせい》諂偽《てんぎ》にして、復《また》衆《しゅう》悪を為《な》し、五痛五焼還《ごつうごしょうかえ》りて前の法のごとく久しきを経て、後転《うた》た激烈なるべし。悉《ことごと》く説くべからず。吾は唯《ただ》衆生《しゅじょう》一切のために略して之《これ》を言うのみ。爾等《なんじら》各《おのおの》善《よ》く之《これ》を思い、転《うた》た相教誨《あいきょうかい》し、聖《せい》神教語《しんきょうご》を遵奉《じゅんぽう》して敢《あえ》て犯すことなかれ。ああ惟神霊幸倍坐世《かむながらたまちはえませ》。

やさしくいえば、「私が死んだ後、正しい教えが次第にかえりみられなくなり、人々は諂《つら》い、偽《いつわ》り、ともども悪を行なうようになるから、多くの不幸や悲しみがよみがえり、時をへて激しくなる。今はすべてを明かせないが、これだけは言い残す。お前たちは肝《きも》に銘じて、共に教え諭《さと》し合い、神の言葉、教えを守って、道を間違えぬようにせよ」というのです。何という悲痛な叫びでしょう。

あまりにも恐ろしいほど、王仁三郎の死後、予言が的中したのです。そして兇党界の妖霊は教団の奥深くに巣くい、変質化を計ります。直日《なおひ》の夫日出麿《ひでまろ》の神格化もその一つでしょう。日出麿は事件前はカリスマ的霊的言動で一部の信者の熱狂的信仰を集めますが、第二次大本事件の拷問で精神分裂をきたし、出所後も平常な状態に復さないまま今日に至っています。狂気の時期が鎮まってからは室内にこもりきって染筆《せんぴつ》に明け暮れ、いっそう神秘のヴェールに包まれて、最近でも『神仙の人・出口日出麿』の本が「作られたベストセラー」になっているのです。

現教団では、その生き神の指示通り、無条件で動くのが主一無適《しゅいつむてき》の純粋な信仰とされます。

宗政の嫌いな直日と正常な判断のできぬ日出麿の言葉が、教団執行部の都合にあわせて生きた教典とされ、出口直・王仁三郎は過去の人、筆先や『霊界物語』は過去の教典としてかえりみられなくなります。さらに二派による権力争いが出口澄昇天後いっそう露骨になり、教団の変質化に拍車をかけるのです。

❖ 第三次大本事件の勃発と愛善苑の再生

一九八〇（昭和五十五）年三月九日、教団の前途を憂うる一部の教団職員や信者たちによって「いづとみづの会」設立総会が開かれ、激しい教団改革運動が展開されました。それはやがて、第三次大本事件と認識されるようになります。

第二次大本事件直後、王仁三郎は不吉な予言をしていました。「大本事件は松竹梅事件《しょうちくばい》じゃ。第三次は竹《たけ》だ、竹だ」というのです。第一次事件では大阪の梅田から、第二次事件では島根の松江から、王仁三郎は検挙されて獄中に閉じこめられます。これは国家権力者による外からの弾圧でしたが、次は「竹だ」、竹は「内はカラ」だから、「内輪《うちわ》から起こる」というのです。神素盞鳴大神《かむすさのおのおおかみ》の経綸《けいりん》を妨害しようという悪霊集団が二度までも外からつぶそうとしたが目的を果たさず、王仁三郎の昇天によって恐れる者のなくなった教団の内部に入り込み、内から腐敗させようというのでしょう。

ところが兵庫県の竹田《たけだ》の別院所属問題が、事件の直接の火種《ひだね》となったのでした。単に「内輪から」というだけではなく、発火する場所まで、王仁三郎は的確に予言していたのです。これらの一連の詳細は、『第二次大本事件の真相』(十和田龍著・自由国民社刊)を参照して下さい。

金も力もない「いづとみづの会」の人たちにとって、頼りになるのは根本教典『霊界物語』だけでした。私たちにしても、今まで尊い教典であるという認識で読みこそすれ、膨大な量に圧倒され、真剣にその世界に没入し読み解こうとする熱意が足らなかった。それが全国に物語の拝読会の輪を広げるにつれ、物語に秘められた真理の素晴らしさに魂を揺さぶられ、信仰は一段と不動のものになってゆきました。

教団執行部との対決は長期にわたり、「いづとみづの会」会員は徹底した差別待遇を受けた上、結果的には職員は追放され、信者は教団離脱勧告を受けて教団の外にはじき出されました。そして執行部はガードを固めるばかりで、なかなか改革の実は上がらない。教団の腐敗化を厳しく突くだけが教団改革だろうかと、疑問も起きてきました。それより、王仁三郎が果たそうとして果たせなかった「愛善苑《あいぜんえん》」を再興し、あるべき大本の姿を実現することが教団改革の道につながるのではないかという考えが、一方では育ってきました。出口王仁三郎の思想を学びたい人たちが増えてきており、その受け皿も緊急に必要でした。

一九八六（昭和六十一）年十一月七日、熊野館《くまのやかた》（王仁三郎の保釈出所後の住居であり、現在著者の住居。いづとみづの会の中心拠点であった）の神前において、「愛善苑発足報告祭」を執行しました。毎月七日が「いづとみづの会」の月次祭《つきなみさい》なので、その日に合わせたのでした。

愛善苑は大本教団の教主絶対のありようを反省し、現人神《あらひとがみ》・教主《きょうしゅ》をおかず、提唱者出口王仁三郎を永遠の苑主《えんしゅ》と仰ぎ、『霊界物語』を根本教典とし、奉斎主神・神素盞嗚大神《かむすさのおおおかみ》（造《ぞう》物主《ぶつしゅ》の一つの神名）をあがめ、その御意志である垣根のない世界の愛善化をめざします。セミが暗い地中を這《は》い上がり、明るい陽光のもとで初めて殻《から》を脱ぐように。

愛善苑発足後一月ほど経過したある日、私はふと不思議な暗合《あんごう》に気がつきました。私たちが「いづとみづの会」として教団執行部と戦っていたあの期間は何だったのか。もしかして？

そうだったのです。八〇年三月九日「いづとみづの会」設立総会の日から数えて八六年十一月七日の「愛善苑発足報告祭」まで、なんと六年八か月、きっちり二四三五日。まさに王仁三郎が獄中に繋《つな》がれていた二四三五日、日本が外国に占領されていた二四三五日と、奇しくも同じ日数ではありませんか。瑞霊系《ずいれいけい》の私たちが囚《とら》われの王仁三郎、囚われの祖国日本

（天照大神から須佐之男命へと）の封印を破るべくもがいていた時なのです。

神は三度目の型《かた》を求めたのでした。教団に叛旗《はんき》を翻《ひるがえ》したかに見える私たちの活動。もしかして神の御意志に背《そむ》いているかも、という一抹の不安は吹き飛ばされ、神素盞嗚大神の御意志をいっそう深く確信できたのです。

さらに暗合は続きます。九〇（平成二）年八月六日朝、私は王仁三郎の生誕を祝う愛善苑主催の瑞生大祭《ずいせいたいさい》前日の記念講話について、構想をまとめていました。王仁三郎が保釈出所した四二（昭和十七）年八月七日から大本事件完全解決をみる四五年九月八日の大審院判決まで、要した時は三年一か月一日。ふと、第三次大本事件の解決は何時《いつ》と心動いて、八六年十一月七日の愛善苑発足（王仁三郎出所に相応）から三年一月一日を経過した日を数えました。その日は簡単に求められます。八九年十二月八日ですね。

それとも知らず、この日は完成間もない愛善苑会館で「一二・八記念祭典」を執行していたのです。第二次大本事件勃発の五十五年目、そして私たちの原点である王仁三郎による愛善苑発足四十五年目を記念する祭典で、しかも滅多にないことに、私が斎主を奉仕していました。この十二月八日という日は、大本信徒にとって第二次大本事件が勃発したというダーク・イメージがつきまといますが、愛善苑会員にとっては、一九四五年十二月八日の王仁三郎による愛善苑発足こそ大事な記念日なのです。

ただ数が合うだけで、勝手に第三次事件は終ったと思い込んでいるのではないかとの、当然の反論はあるでしょう。だがそう判断せざるを得ない状況は、「いづとみづの会」発足当初から愛善苑への道を信仰の友と共に歩んできた私には、はっきりと分かるのです。まず会員の意識の変化です。かつて私たちが真剣に愛した大本教団はすでに根腐《ねぐさ》れ病《びょう》を起こして、名だけは大本を冠する別教団に変わってしまいました。そう認識せざるを得ない教団の現状を見た時、教団の改革に燃やした会員の熱情は愛善苑の発展へと向けられていったのです。少なくとも、私の中では、第三次事件は終ったのです。

八九年は愛善苑にとって、本当に大事な年でした。私たちの活動拠点である愛善苑会館がようやく完成しました。長い間待望されていた『霊界物語』が、外へ向けて八幡書店から刊行されました。そしてこの夏、私はイタリアへ旅立ち、世界宣教へ向かっての初めての足跡を印したのでした。イタリアから帰国してすぐ、時間をかけて討議してきた御神号《ごしんごう》が、総代会全員の合意で「神素盞鳴大神《かむすさのおのおおかみ》」に統一され、八月七日の瑞生大祭より万感こめて奉唱したのです。

私たちの見真実《けんしんじつ》、そして顕真実《けんしんじつ》になるのを待って、神は第三次大本事件にエンド・マークをおつけになった。私たちの心の天《あま》の岩戸《いわと》が開いたのです。二度目の岩戸を押し開いて立ち現われた神は、むろんスサノオ。明治始まって以来、いや、仏教渡来以来、もっとさかのぼれば天孫降臨《てんそんこうりん》以来、いえ、大海原《おおうなばら》を治めきれずに山川を泣き枯らしてしまったあの神代《じんだい》の昔から、人々の魂のそこに封じ込められていたのはスサノオ。

そうなのです。二度目の岩戸開きはアマテラスではなくてスサノオ。今こそほんとうの救世主神《きゅうせいすしん》スサノオを顕現させ、その息吹《いぶき》で世界を覆《おお》った黒雲《くろくも》、八重垣《やえがき》を吹き倒そうとの第一歩を踏み出したのです。

くどいようですが、もう一度整理して見ましょう。月で数えると、第二次大本事件と太平洋戦争の終結までの期間はぴったり九年九か月。第三次大本事件は終結までに九年九か月一日。閏年《うるうどし》の関係で、一日のびます。

それでは日数で数えると、どうでしょう。第二次事件は三五六三日、太平洋戦争は三五六二日。両者の間に一日のズレがありますが、第三次事件は三五六二日、まさに太平洋戦争と合致します。だが太平洋戦争は激しく砲火を交えましたが、第三次事件は言霊戦《ことたません》を貫きます。その意味では、弁護団を前面に押し立てて言霊戦を演じた第二次事件と共通しています。

ただ一日のズレを除いて、重なる三つの型。第二次事件と第三次事件との一日の違いは何でしょう。まだ「いづとみづの会」から「愛善苑」へ、完全に脱皮できない仲間がいるのは事実です。彼らのためにあと一日の時が必要なのかと、ひそかに思うこの頃です。

こうしてみると、「世界のかがみ」という大本の特質は、大本教団の変質化にともない、受動的な鏡は大本教団に残しながら、能動的な鑑《かがみ》は真正の大本と自認する愛善苑に移っていたのです。

王仁三郎が「大本事件は松竹梅事件である」と予言したことはすでにお話ししましたが、一方、「三度目の事件は、栗《くり》のイガが内からはぜるように起こる」ともいいました。当時そのことを聞いた私は、正直、神の経綸《けいりん》を疑ったものです。第一次事件の時は知りませんが、第二次事件の始まりでは五歳であった私の幼少年期、祖父王仁三郎が天皇に取って代わろうとした逆賊《ぎゃくぞく》と喧伝《けんでん》された不敬罪の重圧が、どんなに私の心に深い傷跡を残していたか。その痛みが生々しいうちに、神はもう一度残酷な試練を与えようとなさるのかと。

しかし今にして思えば、二度目の天の岩戸開きのためには、どうしても第三次大本事件が必要であった。腐りかけのイガを内から破って、太った栗の実が地に落ち、スサノオの芽を出すためには。飾り物、いわば封印されていた教典が、ここに至って、今こそ世に表われるのです。しかも外部の人には手に入らなかった『霊界物語』が、この年、八幡書店の英断によって市販される。『霊界物語』で見真実に導かれた新しい読者たちがスサノオ集団に参加して顕真実の活動をする日も夢ではないと期待しています。

❖『霊界物語』が予言した大本教団の変質

大本事件《おおもとじけん》は三度あったことをお話ししましたが、それは少しずつ違いながらも、一連の戦いでした。そしていずれも、完全な解決を得ていない。王仁三郎は第一次事件では不敬罪と新聞紙法違反、第二次事件では不敬罪と治安維持法違反で大日本帝国から弾圧されました。第三次事件では、大本教団が純粋な信徒である「いづとみづの会」の人たちを、「反教主」、「反教団」分子として追放したのです。

現教団執行部を大日本帝国、いづとみづの会を大本信徒に、大本の教則規則を旧憲法に置き換えてみると、反教主は「不敬罪」、反教団は「治安維持法違反」に該当します。そしていづとみづの会代表、坂田三郎《さかたさぶろう》・出口昭弘《あきひろ》・私の三人を原告とする、当時の教団総長・本部長相手の地位確認訴訟では、『いづとみづ』誌掲載の記事が教団の誹謗《ひぼう》中傷に当たるかどうかで争われました。さしずめ「新聞紙法違反」に当たるでしょう。

さらに三つの事件とも、天皇の死と深くかかわります。天皇の死によって、不本意ながら一応の解決を見るのです。

【第一次大本事件】 一九二一（大正十）年十月五日、第一審の王仁三郎に対する判決は有罪。不敬罪、新聞紙法違反の最高刑である懲役五年がいい渡され、ただちに控訴。

二四年七月二十一日の大阪控訴審での判決は第一審通り有罪で懲役五年、弁護側は直ちに上告の手続きをします。二五年七月十日の大審院の判決は「前判決を破棄」で、改めて事実審理からのやり直し。

二六（大正十五）年十二月二十五日大正天皇が崩御したため、二七（昭和二）年二月七日大赦令が発せられ、五月十七日「原判決を破棄し、免訴とす」との判決が出ます。大正天皇の死後半年足らずで、事件は黒白をつけられぬまま終結しますが、それが第二次事件へと尾を引くのです。

【第二次大本事件】 一九四〇（昭和十五）年二月二十九日、第一審の王仁三郎に対する判決は有罪で無期懲役、即日控訴の申し立てをします。

四二年七月三十一日の第二審の王仁三郎に対する判決は、弾圧の主目的である治安維持法違反は無罪、不敬罪のみ有罪で懲役五年。大本側も検事側もその判決を不満として、それぞれ上告の手続きをします。

四五年八月十五日は、私の満十五歳の誕生日でした。祝いに集まってくれた家族や従兄弟たちもまじえて、祖父母を囲んで天皇陛下の玉音《ぎょくおん》放送を聞きました。王仁三郎は「マッカーサ（負かさ）れた」と得意の洒落《しゃれ》をいい高笑いしますが、私は従兄弟たちを誘って泳ぎに行き、近くの寺川《てらかわ》に潜って一人泣きました。国賊《こくぞく》の子の涙なんか、誰にも見られたくなかった。だが今から思えば、この日が現人神《あらひとがみ》天皇の終焉《しゅうえん》だったのですね（現実的に天皇の人間宣言といわれる神格化否定の詔書《しょうしょ》が出るのは翌四六年一月一日）。

大審院の判決は四五年九月八日、「上告はいずれも棄却す」。棄却によって不敬罪は有罪ですが、不敬罪そのものが天皇の権威の失墜した当時、すでに有名無実。大日本帝国のでっちあげた現人神の虚像の没後わずか二十五日目でした。この時も、不敬罪は、黒白をつけぬまま、終っています。不敬罪の名が消えるのは、四七年五月三日の「日本国憲法」発布によってです。

【第三次大本事件】 昭和天皇の死は、一九八九（昭和六十四）年一月七日でした。先ほどお話ししたように、第三次事件がその年の十二月八日に終ったとすれば、天皇の死後十一か月。三度とも、天皇の死後一年未満で事件の一応の解決をみています。そして大本教団の現人神に仕立てられた三代教主出口直日《なおひ》は、九〇年九月二十三日、数え八十八歳で他界します。

筆先《ふでさき》では、大本の世継ぎは女であると決められ、大本教法では「教主は開祖の血統を受け、出口の姓を名乗る女性でなければならない」と定められています。直は生前、「私が死んだら、こっそり直日のおなかに入って生まれ変ってくる」といい、直日の長女直美《なおみ》が出口直《なお》の生まれ変りと信じられていました。そして王仁三郎、澄《すみ》も四代は直美と宣言し、三代も「神《しん》定《てい》の直美を変えることがあれば、私は行く所へ行けない」といって、「いづとみづの会」の危惧《きぐ》をきっぱり否定し、信者の動揺を押えてきました。だが私たちの心配はまもなく現実となったのです。執行部は三代直日の名によって直美を追放し、すでに他家に嫁いでいた三女三諸聖子《きよこ》を出口姓に戻して、四代教主に据えました。しかも聖子夫妻には子がありません。教えを歪め、道統を歪め、最後まで王仁三郎の遺志を踏みにじる教団執行部の面々こそ、「反聖師・反大本」ではありませんか。

『霊界物語』に登場するウラナイ教は神素盞嗚大神《かむすさのおのおおかみ》の神業の妨害を使命とする反瑞霊《はんずいれい》教団ですが、十五巻八章「ウラナイ教」には、

フト表門《おもてもん》を眺むれば、風雨に曝《さら》された表札に幽《かすか》に「ウラナイ教の本部《おほもと》」と神代文字《じんだいもじ》にて記されてある。

と書かれています。そこをよくごらん下さい。「本部」にはわざわざ「おほもと」とルビがふってある。私たちは大本本部はいずれウラナイ教化するとの予言と理解していましたが、まざまざと今、その正体を暴露したのです。

新憲法では不敬罪は存在しませんが、現大本教団では、それに変わる生《い》き神《がみ》が作り上げられ、逆らう者は「反教主」、すなわち「不敬罪」の烙印が今もって押され続けているのです。

❖『古事記』神話と大本事件

最後に申し上げたいのは、『古事記』神話の各段が、私の頭の中に一連の大本事件と二重写しに浮かんでくることです。

須佐之男命《すさのおのみこと》が委任された大海原《おおうなばら》を治めることができず、泣いていました（大本の立替《たてか》え立直《たてなお》しの絶叫）。そこでいろいろな災《わざわ》い（米騒動、スペイン風邪の世界的流行、第一次世界大戦など）が起こります。伊邪那岐命《いざなぎのみこと》がお咎《とが》めになると、須佐之男命は「母の住む根《ね》の堅《かた》洲国《すくに》（月世界）に行きたいと思って泣いている」と答えます（神素盞鳴大神への崇敬）。伊邪那岐命は怒って「この国に住んではならない」といい、神やらいにやらわれます（第一次大本事件、入蒙《にゅうもう》）。須佐之男命は、天照大神《あまてらすおおかみ》にお暇乞いをしに高天原《たかあまはら》へ上ります（『霊界物語』口述）。その時、山川は動き、大地は震《ふる》います（昭和神聖会《しょうわしんせいかい》運動など、大本の激しいエネルギーと大衆の共感と反感）。そこで天照大神は驚き、高天原を奪《と》りに来たのではないかと疑い（国体変革の疑い）、武器を整えて待ち受け（おおげさな検挙準備）、「何しに来たのか」と問い詰めると（予審）、須佐之男命は「私には汚い心はない」と弁明します（無抵抗連行、調書捺印）。そこで須佐之男命の潔白証明のための誓約《うけい》（二度にわたる事件の裁判）が始まるのです。

ずいぶん突飛な我田引水《がでんいんすい》だと思われるでしょうが、このことは私のみならず、王仁三郎が一九四三（昭和十八）年一月四日、大本事件について語っています。

今度は天照皇大神《あまてらすすめおおかみ》と須佐之男命の誓約《うけひ》であった。大本《おおもと》が政治運動をするものと思はれて、疑はれたのである。高天原《たかあまはら》をとりに来ると疑はれたのである。それを弁護士の方が、大本《おおもと》文献を調べて、噛《か》みわけて吹かれたのが、天照大神と素盞嗚尊の剣《つるぎ》と玉を、さがみにかみてふきうつるので、それによって、大本の正しいことがわかって無罪になったのである。

それに弁論要旨の精神を忘れて、いろいろと云ったりすることは、又疑ひをうけることである。古事記では二度目の誓約《うけい》はないが、そんな事がない様にせねばならぬ。弁護士さんは非常に御苦労である。

五《い》十《そ》猛《たける》があばれたので、素盞嗚尊が神やらひにやらわれたのであるから、そんな事にならぬ様に注意せねばならぬ。（木庭次守編『新月のかげ』）

第一次事件は出口直の筆先、第二次は『霊界物語』が裁かれたともいえるから、第一次は天照大神、第二次は素盞嗚尊の誓約《うけい》とも理解されましょう。

第二次事件の場合、国家の威信を代表する裁判所が十年の日時を費やし、血眼《ちまなこ》になって大本教義を詮索し、死刑か無罪かの二者択一の裁判の結果、国体変革の陰謀結社ではないと無罪を認めたばかりか、二審の判決文では「大本は宇宙観・神観・人生観に対して理路整然たる教義を持つ」と謳《うた》い上げた結果、須佐之男命の三女神《さんにょしん》の霊性が明らかになったのです。

第二次事件では確かに治安維持法違反は無罪になりましたが、不敬罪は有罪。それに対して、王仁三郎は一九四二年十一月十六日に語っています。

もう誓約はすんだ。有罪だったので吾勝《われか》てりがなかった。貴方達は五十猛だ。(『新月のかげ』)

だが問題は誓約《うけい》の後です。王仁三郎の昇天後、教団は意図的に瑞霊《ずいれい》を軽んじ、天照大神に比せられる教主・教主補生神信仰が教えの上に立ちはだかるのです。五十猛《いそたける》というのは、須佐之男命《すさのおのみこと》の神格を理解されぬ悔しさの余り暴れまわった「須佐之男命に味方する系統の者」(十二巻二二章「子生《みこうみ》の誓《ちかい》」)、沢山の荒ぶる神たちのことでしょう。

王仁三郎のいうように、第二次事件直後には五十猛はなかったのですが、瑞霊否定という教団の腐敗堕落が、ついに五十猛を立ち上がらせた。その役割を「いづとみづの会」の人たちが演じさせられたと思うのです。

『古事記』では、その後、須佐之男命が天照大神の機屋《はたや》(三代直日《なおひ》の経綸《けいりん》)に暴れ馬の皮を逆《さか》はぎにして落とし(「いづとみづの会」による激しい教団批判)、天照大神の岩屋籠りの因を作ります。三代教主直日に率いられた教団は、大本出現の意義である立替え立直しの使命を忘れ、歌舞音曲《かぶおんぎょく》にうつつを抜かすような教団に変質していました。複数の須佐之男集団を自認する「いづとみづの会」の発足は、三代教主や教団執行部の人たちにとっては、経綸を妨害されたばかりか、血だらけの馬を投げ込まれたような驚きだったのです。

神代では「爾《すなわ》ち高天原皆暗《みなくら》く葦原《あしはら》の中津国《なかつくに》悉《ことごと》に闇《くら》し」という状態になり、現大本教団も表面的には華やかながら、陰にこもる権力闘争も加わり、その宗教的生命は瀕死の状態にあるといえます。しかも三代の死によって開かれた岩戸から「ニセアマテラス」が出現したのでは、何ともお気の毒です。

有形と無形の大障壁

須佐之男命の神歌に示された密意とは、あらゆる垣根、壁を取り払わねばならぬということですが、『霊界物語』六十四巻（上）では、エルサレムにあるアメリカン・コロニーの礼拝場で、スパッフォード聖師が演説しています。

……個々分立して日《ひ》に夜《よ》に争闘の絶え間がなかったといふ高砂島《たかさごじま》（日本）が、今より五十年以前において統一せられ、また厳瑞二柱《げんずいふたはしら》の救世主が現はれたまうたのも、メシア再臨世界一体の大神様の深遠なる御経綸《ごけいりん》でございませう。国内の凡《すべ》ての障壁《しょうへき》が取り除かるることによって、今日の向上と繁栄を来すことになった以上は、なほも進んで世界中が争闘を止めて相親愛し、各国各人種などといふ根本的敵愾心《てきがいしん》を取り去ることによって、人類の文化は神聖なものとなり、これと同時にその福利の程度も大変に高めらるること疑ひなき真理であります。要するに吾々お互ひの親愛の範囲の大小によって、野蛮ともなり文明ともなるのです。世界の平和を来たさむがために、すなはち五六七神政《みろくしんせい》出現のためには、各国国民間の有形と無形の大障壁を第一着に取り除かねば駄目です。この挙に出でずして世界の平和、五六七神政の成就を夢見るは恰《あたか》も器具を別々にして、水の融合を来たさうとするものと同様の愚挙ではありますまいか。……（『霊界物語』六十四巻上五章「至聖団」）

この巻の口述されたのは一九二三（大正十二）年、今より七十年も昔ですが、大正の時代によくもこれだけの思想が発表できたと驚きます。

霊界の出来事が現界にうつり世界に波紋を投げるのには、ずいぶん気の長い時がかかるものですね。一八九二（明治二十五）年、国祖《こくそ》国常立尊《くにとこたちのみこと》が出口直《なお》の肉体に懸《か》かって「立替《たてか》え立直《たてなお》し」を叫んでほとんど半世紀。大日本帝国は幾多の血を流したあげく民主国家日本に立替えられ、また半世紀で「いづとみづの会」は「愛善苑」へと立替えられ、それに呼応するように間もなくゴルバチョフ大統領のペレストロイカが起こります。ペレストロイカは「立替え立直し」と同じく大工用語で、直訳すれば「立直し」のことですからね。
　一九二三年、王仁三郎が『霊界物語』でスパッフォード聖師に「各国国民間の有形と無形の大障壁を第一着に取り除かねばだめです」と語らせてから七十年、私たちの心の岩戸が開いた頃には、すさまじい民衆のエネルギーが歓喜とともにベルリンの壁を打ち壊す。続いてドイツの統一という素晴らしい夢の実現。スサノオのいのちの息吹《いぶ》きは、もう誰も止めることはできません。一方では中東紛争に見るような混乱も巻き起こり、アマテラスの復活も兆します。

　この世紀末にむけての神素盞嗚大神《かむすさのおのおおかみ》の御発動の行方はどうなり行くのか。私たちの動きは小さくとも、それはやがて日本を、世界を、宇宙を救う愛の波動、スサノオの方舟《はこぶね》となるように、皆さんと共に頑張りたいと念じます。(文中敬称略)

世は常暗《とこやみ》となり果てて／ふたたび天《あま》の岩屋戸《いわやど》を／開く由《よし》なき今の世は／心も天《あま》の手力《たぢから》男《お》／神の御出《みで》まし松虫の／鳴く音《ね》も細き秋の空／世の憂事《うさごと》を菊月《きくづき》の／十《とお》まり八《や》つの朝《あした》より／述べ始めたる霊界の／奇《く》しき神代《かみよ》の物語／三《み》つの御魂《みたま》にちなみたる／三筋の糸に曳《ひ》かれつつ／二度目の岩戸を開きゆく／一度に開く木《こ》の花の／色香《いろか》目出たき神嘉言《かむよごと》／常《とこ》世《よ》の国の自在天《じざいてん》／高くかがやく城頭《じょうとう》の／三《み》ツ葉葵《ばあおい》の紋所／科戸《しなど》の風に吹きなびき／思想の洪水氾濫《はんらん》し／ヒマラヤ山頂ひたせども／明《あけ》の烏はまだ啼《な》かず／長鳴鳥《ながなきどり》も現はれず／

橄欖山《かんらんざん》の嫩葉《わかば》をば／ふくみし鳩の影もなし／天地くもりて混沌と／妖邪《ようじや》の空気充《み》ちみちて／人の心は腐りはて／高天原《たかあまはら》に現はれし／ノアの方舟《はこぶね》たづね侘《わ》び／百《もも》の神人《かみびと》泣きさけぶ／阿鼻叫喚《あびきようかん》の惨状を／救ひ助くる手力男の／神はいづれにましますぞ／天《あめ》の宇受売《うづめ》の俳優《わざおぎ》の／歌舞音曲《かぶおんぎよく》は開けども／五《い》つ伴緒《とものお》はいつの日か／現はれ給ふことぞかし／つらつら思ひめぐらせば／天《あま》の手力《たぢから》坐《ま》しませど／手を下すべき余地も無く／宇受売《うづめ》舞曲を奏しつつ／一人狂へる悲惨さよ／三五教《あなない》の御諭《みさと》しは／最後の光明艮《こうみようとど》めなり／ナザレの聖者キリストは／神を楯《たて》としパンを説き／マルクス麵麭《パン》以《も》て神を説く／月照彦《つきてるひこ》の霊《たま》の裔《すえ》／印度《インド》の釈迦《しやか》の方便は／そのまま真如実相《しんによじつそう》か／般若心経《はんにやしんきよう》を宗《むね》とする／竜樹菩薩《りゆうじゆぼさつ》の空々《くうくう》は／これまた真理か実相か／物理に根ざせる哲学者／アインシュタインの唱へたる／相対性の原理説は／絶対真理の究明か／宗教学者の主張せる／死神死仏《ししんしぶつ》をはうむりて／最後の光は墓を蹴《け》り／よみがへらすは五六七神《みろくしん》／胎蔵《たいぞう》されし天地《あめつち》の／根本改造の大光明／尽十方無碍光如来《じんじつぽうむげこうによらい》なり／菩提樹《ぼだいじゆ》のもと聖者をば／起《た》たしめたるは暁の／天明《てんめい》ひらめく太白星《たいはくせい》／東の方《かた》の博士をば／馬槽《ばそう》にみちびく怪星《かいせい》も／否定の闇《やみ》を打ちやぶる／大統一の太陽も／舎身供養《しやしんくよう》の炎まで／のこらず五六七《みろく》の顕現ぞ／精神上の迷信に／根ざす宗教はいふもさら／物質的の迷信に／根ざせる科学を焼きつくし／迷へる魂《たま》を神国《かみくに》に／復《かえ》し助くる導火線と／秘《ひそ》かにひそかにただ一人／二人の真《まこと》のわが知己《ちき》に／注《そそ》がむための熱

血か／自暴自爆の懺悔火《ざんげび》か／吾は知らずに惟神《かむながら》／神のままに述べ伝ふ／心も十《たり》の物語／はつはつここに口車／坂の麓にとどめおく／あゝ惟神々々《かむながらかむながら》／御霊幸《みたまさち》はへましませよ。

○

三個の桃と現はれし／松《まつ》、竹《たけ》、梅《うめ》の姉妹《おとどい》が／獅子奮迅《ししふんじん》の大活動／智仁勇《ちじんゆう》をば万世《よろずよ》に／のこす尊き言の葉の／いや永久《とこしえ》に茂りつつ／八洲《やしま》の国の礎《いしずえ》を／造り固めしそのごとく／あまたの人を大神《おおかみ》の／誠の道にいざなひて／雄々《おお》しき魂《たま》となさしめよ／黄泉比良坂《よもつひらさか》大《おお》峠《とうげ》／昔も今もおなじこと／三《み》つの御魂《みたま》に神習《かむなら》い／三月三日の桃の花／五月五日の桃の実と／なりて御国《みくに》につくせかし／神は汝《なんじ》とともにあり／御仁慈《みなさけ》ふかき大神の／御手《みて》に曳《ひ》かれて黄泉国《よもつくに》／うとび来《きた》らむ曲神《まがかみ》を／まことの教《おしえ》の剣《つるぎ》もて／善言美辞《ぜんげんびじ》に打払ひ／その身そのまま神となり／皇御国《すめらみくに》のおんために／力かぎりに尽せよや／神を離れて神につき／道にはなれて道守る／誠ひとつの三五教《あなないきょう》の／月の心を心とし／つくす真人《まびと》ぞ頼《たの》母《も》しき／あゝ惟神々々《かむながらかむながら》／御霊《みたま》の幸《さち》を賜へかし

大正十一年二月廿七日　旧二月一日　　於竜宮館　王仁識

（『霊界物語』十巻「総説歌」）

『霊界物語』の黙示

穴太《あなお》の皇子

『霊界物語』第一巻第一章は、次の文章で始まる。

高熊山《たかくまやま》は上古は高御座《たかみくら》山と称し、後に高座《たかくら》といひ、ついで高倉と書し、つひに転訛《てんか》して高熊山となつたのである。丹波穴太《たんばあなお》の山奥にある高台で、上古には開化《かいか》天皇を祭りたる延喜式内《えんきしきない》小幡《おばた》神社の在《あ》つた所である。武烈《ぶれつ》天皇が継嗣《けいし》を定めむとなしたまうたときに、穴太の皇子はこの山中に隠れたまひ、高倉山に一生を送らせたまうたといふ古老の伝説が遺《のこ》つておる霊山である。天皇はどうしても皇子の行方がわからぬので、やむをえず皇族の裔《えい》を探しだして、継体《けいたい》天皇に御位《みくらゐ》を譲りたまうたといふことである。

出口王仁三郎の故郷丹波の国桑田《くわた》郡曽我部《そがべ》村穴太（現京都府亀岡《かめおか》市曽我部《そがべ》町穴太）の産土《うぶすな》である小幡神社は、第九代開化天皇を祭る。

王仁三郎は開化天皇に特別の興味と関心を抱いていた。

記紀《きき》は第一代神武《じんむ》天皇より第九代開化天皇まで歴代天皇の名をあげるが、豊富な神話で飾り立てられた神武天皇は別として、以後の天皇には事績らしいものは記されず、称して闕史《けっし》八代という。戦後の歴史学では、天皇家の権威を高めるために創作された幻の天皇群であろうというのが定説らしい。

日本には、二人のハツクニシラススメラミコトがいる。神武天皇と第十代崇神《すじん》天皇である。『日本書紀』では前者を「始馭天下之天皇」、後者を「御肇国天皇」と文字で使い分けている。スメ（統べ）ラミコトは絶対的権威を持つ天下の統治者としての天皇の称号だが、初めて国を治めた天皇が二人も存在するのは不自然である。そこで崇神天皇こそ大和《やまと》に王権を確立した、実在の可能性のある最初の天皇であろうと推測される。だとすれば、その父である開化天皇は、実際に天皇の地位にあったかどうかは別として、それ以前の天皇群よりはるかに実在性が濃くなる。

言論の自由の厳しく封じられた時代に、王仁三郎は開化天皇の和風諡号《しごう》を強調し、「若き日本の根本の神」としてとらえている。

稚日本根子比古大毘毘天皇《わかやまとねこひこおおびびてんのう》の神を祭りし小幡《おばた》の大神《おおかみ》
あたらしき若き日本の根本の宮の氏子《うじこ》と生れしわれなり
新日本もとつ光を地の上にあまねく照らさむ御名《みな》ぞかしこき

大毘毘《おおびび》の神《かみ》の命《みこと》のあれまさむ世は近づきぬこの地の上に
いつはりの殻《から》ぬぎ捨てて天地《あめつち》の真木《まき》の柱の道光るなり
古《いにしえ》のいつはりごとのことごとくさらけ出さるる神の御世《みよ》なり

冒頭に引用の穴太の皇子の伝説は、『日本書紀』「継体天皇紀」の倭彦王《やまとひこのおおきみ》を連想させる。第二十五代武烈天皇に子がなく、彼が崩御《ほうぎょ》すると、皇統の皇子探しはまず丹波に視点が向けられる。丹波の国桑田郡《くわたのこおり》には、第十四代仲哀《ちゅうあい》天皇の五世の孫倭彦王《やまとひこおう》がいた。大連《おおむらじ》の大《おお》伴金村《とものかなむら》らが軍兵を従えて、王を迎えに行く。だが『日本書紀』に「是《ここ》に、倭彦王、遙《はるか》に迎へたてまつる兵を望《おせ》りて、懼然《おそ》りて色失《おもえりあやま》りぬ。仍《よ》りて山壑《やまたに》に遁《にげほどはし》りて、詣《いま》せむ所を知らず」と示すように、武烈天皇の凶暴性を知る王は、驚き、顔色を変えて山中に隠れてしまい、行方が知れなくなったというのである。

倭彦王は開化天皇の皇統を継ぐ仲哀天皇の五世の孫という。仲哀天皇は古代のヒーロー日本武尊《やまとたけるのみこと》の皇子であり、皇后は気長足姫尊《おきながたらしひめのみこと》、すなわち神功《じんぐう》皇后である。仲哀天皇が熊《くま》襲《そ》の国を討《う》とうと軍を起こした時、天皇が神霊をいざない寄せる琴を弾き、建内宿禰《たけのうちのすくね》が審《さ》神者《にわ》になり、神功皇后を神主《かむぬし》として神託を乞う。しかし、その神託を疑った仲哀天皇は神の怒りに触れ、息絶える。

『古事記』の伝えるこの説話によって、古代の鎮魂《ちんこん》帰神法《しんほう》を知ることができる。神主と審神《さにわ》と琴の三者、後に王仁三郎が修する鎮魂帰神法も、この原形に学んでいる。

王仁三郎は、倭彦王のいた丹波の国桑田郡を穴太と特定し、穴太の皇子と呼ばれて、高熊山の山中に隠れしのび、生涯を送ったと記す。

高熊山伝説にことよせてさりげなく述べるこの一文の意味は容易ならぬ。現皇室の祖である第二十六代継体天皇は単に体《たい》を継いだにすぎず、真に皇統を継ぐべき皇子倭彦王は霊山高御倉（天皇の位の称）山、すなわち王仁三郎の修行した高熊山に潜み、その皇胤《こういん》は郷里穴太に人知れずこぼれ落ちたことを暗示している。まさしく大日本帝国のうたいあげた万世一系の否定である。

王仁三郎の生き抜いた七十七年間（一八七一～一九四八）のほとんどは、現人神《あらひとがみ》天皇の御威光が猛威をふるった時代であり、天皇制との対決の生涯でもあった。また実際に、第一次（大正十年）、第二次（昭和十年）と二度にわたる大本事件で獄中に囚《とら》われる。その罪名は第一次が不敬罪と新聞紙法違反、第二次が治安維持法違反と不敬罪。第一次事件では大正天皇崩御のための恩赦《おんしゃ》によって決着がつかず、第二次事件では治安維持法違反は無罪になるが不敬罪は有罪、結局は敗戦によってそれも自然消滅する。

不敬罪の根拠は、建国神話を信ぜず、天皇を現人神として信奉しないことにある。だが王仁三郎に憑《かか》る神は、天皇を超えた宇宙の本源的存在である。しかもその神は、闇《やみ》の世と堕《だ》した世界の大改造を宣言する。

王仁三郎が不敬罪の枠をはみだし、神の声を民衆に伝えようとする限り、国家権力との対決は覚悟しなければならない。彼は真実の思いを『霊界物語』の中に塗りこめてゆく。しかも王仁三郎の言葉には両義性ばかりか多義性がある。だからさらりと読んだのでは、その仮面の下の素顔を見ることはできぬ。現に引用の文章にしても、発禁にならず、きびしい検閲の目を潜り抜けているのだ。

最後に掲げる『霊界物語』六二巻の一連の歌はなんの変哲もない情景歌だが、瑞月《ずいげつ》という号が示すように、月は王仁三郎の象徴、高山《たかやま》や天津日《あまつひ》が天皇の象徴、天津日の神は皇室の祖《そ》神天照大神《しんあまてらすおおかみ》、東は東京を指すことを意識して読めば、全く違った情景が浮かびあがってくるはずである。大正十二年のこの当時、天皇は脳を病んでおられた。

高山《たかやま》に雲湧き立ちて天津日《あまつひ》の影もかすかになりにけるかな
東《ひむがし》の峰をわけつつ昇り来る月の姿の大きく見ゆるも
いつ迄も日はわが上に輝かじやがて傾く夕暮の空
大空の星の光りを押しかくし輝き渡る天津日の神
天津日の光の西に沈みてゆ星の真砂《まさご》は輝き初《そ》めぬ

千二百六十日と六百六十六匹の獣

出口王仁三郎は「将来、物語一章だけの研究を学者が三人がかりで一生かかってやるときが来る」といっていたが、『霊界物語』の中には、よほど特別な知識がないと理解できない文章にでっくわすことがある。第三十六巻第一四章の余白歌《よはくか》もまた不思議な数字の並んだ難解極まる歌である。

千二百六十日《むそか》の間月汚《けが》す　　六百六十六匹のけもの

「月汚す」の「月」は王仁三郎自身を指す。彼は瑞月《ずいげつ》と号し、しばしば自分を月になぞらえる。文字通り読めば、王仁三郎は、六百六十六匹の獣《けもの》によって、千二百六十日の間、汚されるという。

「六百六十六匹の獣」は、『新約聖書』中の預言書とされる「ヨハネ黙示録《もくしろく》」十一章の語句である。

思慮のある者は、獣の数字を解くがよい。その数字とは、人間をさすものである。そして、その数字は六百六十六である。

王仁三郎は「バイブルに六百六十六の獣と云ふ言葉があるが、それは三六様《みろくさま》に抵抗するといふ事である。○○○○（著者註・加藤確治《かとうかくじ》を指す。王仁三郎と浅野和三郎《あさのわさぶろう》を不敬罪ならびに内乱罪で告発、当局を刺激した）の如きがそれである。もしその通りになつたならば宗教は滅びる。滅ぶれば反乱が起る。六といふ字は神と人とが開くと云ふ字なので、すなわち、丶はカミ、一は人、八は開くと云ふ事である」（『水鏡』「六百六十六の獣」）と述べている。

「千二百六十日」もまた、「ヨハネ黙示録」が出典である。

それから、わたしはつえのような測《はか》りざおを与えられて、こう命じられた。「さあ立って、神の聖所《せいじょ》と祭壇《さいだん》と、そこで礼拝している人々とを、測りなさい。聖所の外の庭はそのままにしておきなさい。それを測ってはならない。そこは異邦人《いほうじん》に与えられた所だから。彼らは、四十二か月の間この聖なる都を踏みにじるであろう。そしてわたしは、わたしのふたりの証人に、荒布《あらぬの》を着て、千二百六十日のあいだ預言することを許そう」彼らは、地の主のみまえに立っている二本のオリヴの木、また、二つの燭台《しょくだい》である。もし彼らに害を加えようとする者があれば、彼らの口から火が出て、その敵を滅ぼすであろう。もし彼らに害を加えようとする者があれば、その者はこのように殺されねばならない。預言をしている期間、彼らは、天を閉《と》じて雨を降らせないようにする力を持っている。さらにまた、水を血に変え、何度でも思うままに、あらゆる災害で地を打つ力を持っている。そして、彼らがそのあかしを終えると、底知れぬ所からのぼって来る獣が、彼らと戦って打ち勝ち、彼らを殺す。彼らの死体はソドムや、エジプトにたとえられている大いなる都の大通りにさらされる。彼らの主も、この都で十字架につけられたのである……。(十一章)

女は荒野《あらの》へ逃げて行った。そこには、彼女が千二百六十日のあいだ養われるように、神の用意された場所があった……。(十二章)

この獣には、また、大言《たいげん》を吐き汚《けが》しごとを語る口が与えられ、四十二か月(著者註・ユダヤでは一か月を三十日と計算するため、四十二か月は千二百六十日に当たる)のあいだ活動する権威が与えられた。そこで、彼は口を開いて神を汚し、神の御名と、その幕《ばく》屋《や》、すなわち、天に住む者たちとを汚した。そして彼は、聖徒《せいと》に戦いをいどんでこれに勝つことを許され、さらに、すべての部族、民族、国語、国民を支配する権威を与えられた……。(十三章)

また黙示録と並んで預言の書とされる『旧約聖書』「ダニエル書」には、千二百六十日に関連したような文章がみえる。

彼は、いと高き者に敵して言葉を出し、かつ、いと高き者の聖徒を悩ます。彼はまた時と律法とを変えようと望む。聖徒はひと時と、ふた時と、半時の間、彼の手にわたされる。（七章）

わたしは、かの亜麻布《あまぬの》を着て川の水の上にいる人にむかって言った、「この異常なできごとは、いつになって終るでしょうか」と。かの亜麻布を着て、川の水の上にいた人が、天に向かって、その右の手と左の手を上げ、永遠に生ける者をさして誓い、それはひと時とふた時と半時である。聖なる民を打ち砕く力が消え去る時に、これらの事はみな成就するだろうと言うのを、わたしは聞いた……。（十二章）

「ひと時とふた時と半時」は百二十六。この数字も「千二百六十日」と関係ありそうだ。では千二百六十、また百二十六の数字と王仁三郎の示す余白歌とはどう関わるのか。

戦前の中国に道院《どういん》という新宗教団体があり、多くの信者を抱えて「扶乩《フーチ》」による壇訓《だんくん》（神示）に従って行動していた。大正十二年から大本と深い提携が成立していたが、昭和十三年二月十八日、第二次大本事件で獄中にある王仁三郎に壇訓が下った。

数運《すううん》と天運《てんうん》と相合す。尋仁《じんじん》（王仁三郎の道院名）は化生《かせい》の大責を負う者、必ず数運と天運の輪転《りんてん》に循《したが》い、以《もっ》て世間諸劫《しょごう》の障《さわり》を受く也《なり》。

「化生の大責」「世間諸劫の障」などといえば、千座《ちくら》の置戸《おきど》を負った素盞嗚尊《すさのおのみこと》がまず思い浮かぶが、王仁三郎の行動にも偶然の一致といいきれぬ不思議な暗合《あんごう》的数字がつきまとう。

①大正十二年二月十二日、第一次大本事件により王仁三郎は獄に投ぜられ、満天下の悪罵《あくば》嘲笑《ちょうしょう》の渦中にあった。そして六月十七日に責付《せきふ》出獄するまでの獄中日数百二十六日。

②大正十三年二月十三日、責付出獄の身の王仁三郎は三人の従者のみをつれて密かに日本を脱出、二月十五日、奉天《ほうてん》に到着。三月三日、蒙古《もうこ》に渡る。満蒙独立を夢見る満州浪人や盧《ろ》占魁《せんかい》の率いる馬賊《ばぞく》らが続々と王仁三郎の傘下《さんか》に加わる。王仁三郎の発揮する霊力や奇跡的な出来事が伝わり、蒙古平原に馬を進める一行はふくれ上がる。それが第二次奉直《ほうちょく》戦争に備えて兵力を必要とした張作霖《ちょうさくりん》を刺激し、軍を動かして、六月二十日、王仁三郎一行をパインタラに追いこむ。

王仁三郎が奉天に到着した二月十五日（大正十三年は閏年）からパインタラに追い込まれる前日の六月十九日まで、すなわち蒙古の地に救世主の再来と仰《あお》がれ奇跡を行なった期間が百二十六日。

③六月二十一日、張作霖側の軍は盧占魁将軍はじめ百三十七人の将兵を銃殺、王仁三郎ら日本人六人を捕らえて向けた銃口は何故か暴発、射手が後方に倒れてひるむ瞬間、日本領事

館の「待った」がかかる。七月六日、六人は奉天の日本総領事館に護送される。

三月三日、王仁三郎一行が蒙古に足を踏み入れてから奉天の日本総領事館に護送される七月六日まで、すなわち王仁三郎が蒙古の地に足跡を刻した期間が百二十六日。

④危うく死線を越えた王仁三郎ら一行は日本へ送還され、七月二十五日門司《もじ》に到着、七月二十七日、大阪の未決監に入獄。王仁三郎が保釈出所したのは十一月一日である。

六月二十一日にパインタラの地で捕らわれ、十一月一日に大阪刑務所を保釈出獄するまでの獄中日数百二十六日(七月二十一日に奉天から護送され、二十七日に大阪の刑務所に投獄されるまでの船車中の日数は獄中生活ではないため除外する)。

⑤第一回入獄の大正十年二月十二日から入蒙を経て再度入獄の前日、大正十三年七月二十六日までの日数千二百六十日(ユダヤ式に一か月三十日の計算で四十二か月)。

まだまだあるかも知れないが、私の知りえたところ、わずか三年の間に王仁三郎の入蒙に関して百二十六の数字が五回繰り返されている。特に千二百六十日の間(⑤参照)は世を挙げて月(王仁三郎)を汚し、四十二か月の間、異邦人(「黙示録」十一章・弾圧者)に委ねられた聖なる都(神苑《しんえん》)は徹底的に蹂躙《じゆうりん》される。官憲たちは土足で神殿を汚し、破却し、開祖出口直《なお》の墓を二度まで暴いて辱め、「この獣には、また、大言《たいげん》を吐き汚《けが》しごとを語る口が与えられ、四十二か月のあいだ活動する権威が与えられ」全国のマスコミは王仁三郎や大本を根も葉もない怪奇に満ちた冒瀆記事で埋めた。

ではなぜ王仁三郎に対する観方《みかた》が急変したのか。王仁三郎が蒙古より生還し門司に入った日から、世間の王仁三郎に対する評価が大きく変化したからだ。民衆は、徒手空拳《としゆくうけん》を持って大陸に理想的な新王国を建設しようとした前代見聞の壮挙に共感し、凱旋《がいせん》将軍のように迎えて喝采《かつさい》を送ったのだ。

王仁三郎の行動は、壇訓のいう「数運と天運の輪転に循い」を実証したものであり、黙示録の預言と恐ろしいほどに符合する。そして気になるのは、「預言をしている期間、彼らは、天を閉《と》じて雨を降らせないようにする力を持っている。さらにまた、水を血に変え、何度でも思うままに、あらゆる災害で地を打つ力を持っている」の一句である。なぜならばその期間に当たる大正十二年九月一日、関東大震災が勃発し、大いなる都を徹底的に壊滅させる。

この日、熊本の山鹿市で、九州地方に宣教中の王仁三郎は出口宇知麿《うちまる》に命じて『霊界物語』第三十一巻第二章「大地震」、第三章「救世神」を拝読させた。この二つの章は南米のヒルの国の大地震について述べたものだが、ヒルの都ならぬ昼《ひる》の都《みやこ》（大地震発生は午前十一時五十八分）で「東京はすすき野になるぞよ」の予言が実現したのだ。この日、王仁三郎は身体中に火で焼かれたような赤い傷ができ、「熱い、熱い」ともだえ苦しんだ。翌日の新聞号外で関東大震災を知った熊本の信者は驚いたという。

さらに「もし彼らに害を加えようとする者があれば　その者はこのように殺されねばならない」（「黙示録」一章）の一句も気になる。なぜならば、大本に第一次弾圧を加えた内閣の首班原敬《はらたかし》は、本宮山神殿《ほんぐうさんしんでん》の破壊を終って八日目の大正十年十一月四日、東京駅頭で珍しい艮《うしとら》の一字を名に持つ青年中岡艮一《なかおかこんいち》のために刺殺され、パインタラで盧占魁とその将兵らを銃殺し、王仁三郎一行をも機関銃の前に立たせた張作霖は四年後の昭和三年六月四日、京奉《けいほう》線爆破事件で悲惨な爆死を遂げた。大本に第二次弾圧を加えた岡田内閣は、三か月足らずで二・二六事件のために崩壊し、王仁三郎や大本を二度にわたって徹底的に弾圧した大日本帝国は第二次大戦によってみじんに打ち砕かれる。

テルモン山騒動に見る日本の命運

出口王仁三郎は、『霊界物語』の全体の構想を百二十巻という膨大なものにおいたが、一応、六十巻でストーリーの運びに区切りをつけようと考えていた。第五十六巻は綾部《あやべ》の教《きょう》主殿《しゅでん》でテルモン山騒動の伏線となる事件を口述、その大詰めに至る第五十七巻から第六十巻は、居を移して素盞嗚尊《すさのおのみこと》が大蛇《おろち》退治をした伯耆《ほうき》の国《くに》・大山《だいせん》を眺める皆生《かいけ》温泉の浜屋《はまや》旅館で口述している。

第五十七巻第一章は「大山」で始まり、八岐《やまた》の大蛇《おろち》の思想ともいうべき六師外道《ろくしげどう》についての解説、第二章から第五十八巻前半までは、テルモン山を舞台にしての騒動が華々しく展開する。それが太平洋戦争前後の日本の状況と酷似し、一種の予言ではないかと注目されている。

テルモン山は、イランとインドの国境にあり、バラモン教発祥の霊場である。だが王仁三郎は、場所を外国にとっても、実はすべて日本にかかわるのだという。世界の雛型《ひながた》が日本であるという以上、まず事は日本から起こって外国へ波動を広げて行く。

テルモンを「照る門《てもん》」と読めば、「朝日もきらきらテルモンの」（五十七巻一章）とあるように、「朝日の照り輝く東国の門」であろうし、「照る紋《てもん》」なら「日の照る紋どころ（日章旗）」となり、いずれも日本を指す。日本はすでにバーモン化して、力主体霊《りきしゅたいれい》・強いものの勝ちの本領を発揮しているとの示唆でもある。

テルモン山の神館《かむやかた》を守るのは小国彦《おくにひこ》・小国姫《おくにひめ》の老夫婦、その家令《かれい》はオールスチン、家令の息子で騒動の張本人が薄野呂《うすのろ》のワックスである。ところで『如是我聞《によぜがもん》』によれば、王仁三郎はオールスチンは「お留守朕《るすちん》」すなわち「朕が留守で、本物ではない」、ワックスは和《わ》の国《くに》の主、日本の国の宰相《さいしょう》との意だと語ったという。そうであればテルモン山騒動は単なるドタバタ劇ではなく、深い密意が込められているはずである。

ワックスは小国彦の長女デビス姫の婿《むこ》になる野心を起こし、神館の重宝である如意宝珠《にょいほっしゅ》の玉をひそかに盗み出して隠した。もし紛失が露見すれば、小国彦は大黒主《おおくろぬし》から厳罰に処せられるのは必定、跡目《あとめ》はデビス姫が継ぐことになろう。その時、玉を発見したと大黒主に届け出れば、その功績でデビス姫の婿に選ばれようという、捕らぬ狸の皮算用である。

如意宝珠の玉は世界を自由自在にできる神徳のこもった宝玉、または神徳《しんとく》そのものである。

主神《すしん》の神徳・神権を象徴した無形の珠ともいえる。バラモン教の霊場に伝わるそれが盗まれ、隠されるということは、バラモン教の信仰生命の衰退を暗示するのであろう。

ワックスの悪事が露見するのは、三五教《あなないきょう》の三千彦《みちひこ》の出現と霊犬《れいけん》スマートの活躍による。やけくそになったワックスは、民衆を扇動して「弱きをくじき強きを助ける」悪酔怪《あくすいかい》（会）を組織し、自ら会長になる。悪酔怪は国粋会《こくすいかい》をもじったもの、王仁三郎の当時の右翼団体に対する認識を示すものであろう。

　国粋会は大日本国粋会の略称で、大正初期の右翼国粋団体の代表的なものである。皇室中心主義を掲げる侠客《きょうきゃく》・土建業者の団体で、原内閣の内相床次竹次郎《とこなみたけじろう》が産婆役となり、関西の老侠西村《にしむら》伊《い》三郎《さぶろう》の首唱により一九一九（大正八）年創立、関東・関西の侠客を集めて当時のデモクラシー的風潮に対抗するために創立された。綱領を二つ持ち、杉浦重剛《すぎうらじゅうごう》筆という「本会は意気を以て立ち、仁侠《にんきょう》を本領とする集団なり云々」の三か条がもっぱら用いられたようである。

　創立当初の国粋会はしばしば労働・小作争議に暴力的に介入し流血的抗争を行なったが、なかでも一九二四（大正十三）年三月の奈良県水平社《すいへいしゃ》と同県国粋会支部との衝突事件は有名だ。一九四二（昭和十七）年に解散したとも、敗戦後解散を命ぜられたとも伝えられる。

　当時、口述地に近い松江で国粋会支部の旗上げ式が行なわれたらしく、「大《だい》テルモン国《こく》、悪酔怪《あくすいかい》（国粋会）、スマーネーケン（島根県）凡夫発怪《ぼんぷはっかい》色（発会式）は鬼報《きほう》（既報）の通り、二重惨日《にじゅうさんにち》（二十三日）午後一爺《いちじ》（一時）より待合《まちあい》において開催され」と徹底的に揶揄《からか》っている。

テルモン山騒動は三千彦とスマートの活躍でめでたく解決し、行方を探していた玉国別《たまくにわけ》、真澄彦《ますみひこ》、伊太彦《いたひこ》が神館を訪ねてきて、再会を喜ぶ。この三五教の四人の宣伝使は、四十三巻で描かれたハルナ言霊隊《ことたまたい》第三陣の面々である。

彼らは河鹿峠《かじかとうげ》の急坂《きゅうはん》を下る途中、記録破りの烈風を避けて懐谷《ふところだに》に休息するうち、幾千とも知れぬ猿の群に取り囲まれる。伊太彦が力に任せて間近に来た猿を押し倒したのがきっかけで、猿たちは四人に襲いかかる。すると、背後から来た白毛《はくもう》の大猿が玉国別の目をかきむしった。彼らは必死で防戦するが、多勢に無勢、まさに命も危《あや》うい時、巨大な獅子《しし》にまたがった時置師神《ときおかしのかみ》の宣伝歌で、猿たちは逃げ散る。

全く失明した玉国別は河鹿河《かじかがわ》の水で腫《は》れ上がった両眼を念入りに洗い、神に真剣な祈りを捧げると、左目はたちまち開眼した。

昭和十年の第二次大本事件前、彼らについて、王仁三郎はヒントを与えている。

玉国別は日本の使命を現わし、精神的な世界統一のことだ。従者の道彦《みちひこ》（後・三千彦）は大本《おおもと》教団であり、伊太彦は軍人であり、純公《すみこう》（真澄彦）は正しい日本国民である。

敗戦が濃厚になった一九三四（昭和十九）年、王仁三郎は幹部の土井靖都《どいやすくに》に語った。

玉国別は日本のことである。後ろから玉国別の目を引っ掻いた白猿はロシアのことである。

類似のことを、同年十一月三日、王仁三郎は信者の木庭次守《こばつぎもり》にも語っている。

フィリッピンは日本の坤《ひつじさる》（西南）である。昨年は未《ひつじ》、今年は申《さる》である。今は小猿があばれてゐるところである。うしろから白露《はくろ》の大猿が出てきて目を引っかく時が大変である。霊界物語の玉国別は日本の事を書いたのである。（『新月のかげ』）

むろん、ソ連参戦の九か月以上も前のこと。

絵解《えと》きをされてみると、河鹿峠の遭難《そうなん》は、第二次世界大戦前後の国際情勢の推移と日本の帰趨《きすう》が予言されていることに気づく。

王仁三郎は外国を猿に例えているが、一九四一（昭和十六）年七月、米英は日本在外資産を凍結し、A（米）B（英）C（中国）D（蘭）包囲陣を敷いて日本を経済的に封鎖しようとしたのは、まさにじりじりと猿の大群が輪をせばめ、詰め寄る状況だ。

そういえば、戦時中、子供だった私も、米英を「ヤンキー、モンキー」と差別的な言葉で侮辱《ぶじょく》したものである。その重圧に堪えかねて、軍部（伊太彦）が米英（猿の大群）に先制攻撃をかけ、泥沼の戦争へと突入する。もし玉国別に本当の英知が備わっていれば、猿をなだめるもう少し別の方法があったろうに。

乱戦の最中、玉国別は背後から襲った白猿に両眼をかきむしられるが、第二次大戦の帰趨の見える昭和二十年八月八日、ソ連は日ソ不可侵条約を一方的に破棄してソ満国境を越え、光を失った日本人は数十万の孤児たちを置き去りに逃げ、死に、無残な敗戦へ至る深傷を負ったのだ。

両眼を失明した玉国別が真剣に神に祈って左目を開眼するが、日本がドイツのように分割占領される悲劇を免れ、戦後、比較的順調に復興できたことにも相応しよう。

さて、テルモン山騒動に戻るが、ハルナの都の大黒主《おおくろぬし》の使者ニコラス大尉は六人の従者と数十人の兵士をつれてテルモン山の神館に現われ、三五教《あなないきょう》勢力を駆逐《くちく》しようとするが、最後に翻然《ほんぜん》と改心する。

王仁三郎は、「ニコラスは日本を懲《こ》らすの意で、マッカーサー元帥《げんすい》のことだ」と語っている。終戦の詔勅《しょうちょく》を聞いた王仁三郎が、即座に「ははは……マッカーサれた（負かされた）」と洒落《しゃれ》のめした。マッカーサーの日本の戦後政策、特に日本の分割統治を拒否したことや戦争放棄を規定した平和憲法を残したことを、王仁三郎は高く評価していた。「マッカーサーはへそだ。朕《ちん》の上にある」とも語っていた。

ワックスら一味の悪事が露見し、町民たちの意志で、彼らに笞《むち》を加えて追放することにした。三千彦は処刑の中止を説得するが、町の不文律を破るわけにいかず、やむなく笞刑《ちけい》を許した。暗夜《あんや》を幸い、三千彦は彼らの尻《しり》に銅の金盥《かなだらい》をくくりつけ、衝撃を和らげる。

ワックスが尻叩きのあげく追放された件について、王仁三郎は木庭次守に語っている。

太平洋戦争の終戦近き頃に、聖師さまが私に「物語のテルモン山でワックスたちが尻を叩かれて追放される所があるが、これは（日本の戦争責任者の）追放のことである」と教えられビックリいたしました。イランと印度《インド》の国境にあるテルモン山の物語は、太平洋戦争における日本の敗戦からその後のことを口述されたことを教えられたわけです。聖師さまは昭和十七年八月七日、未決出所された時に「悪魔と悪魔の戦争だから協力しないように、これに協力するものは戦争の責任者として追放される」と警告されていましたが、のちに重ねて、ワックスとは和国《わこく》の主ということで、戦争に日本をみちびいた指導者たちのことであると教えられました。

テルモンの神館の前の叩き払いは、東京裁判において、日本の戦争責任者たちが逮捕された上にさばかれて処刑され、追放されることだと判らして頂いた訳であります。そのとき、「それでは大本事件は全員無罪になりましたから、東京裁判も無罪になりますか」とおうかがい致しますと、「大本《おおもと》は型《かた》だから全員無罪になったが、日本は実地《じっち》だから、そうはいかぬ」と教えられました。

「東条《とうじよう》は英機《えいき》（良い気）になって神風は頼むなといっているから天佑《てんゆう》はない」と教えられました。「北条時宗《ほうじようときむね》は宗とあって宗教があったが」と嘆《なげ》かれた通りに、大敗戦をまねきよせてしまいました。

霊界物語の過去、現在、未来にわたった活教典《かつきようてん》であることには、日夜ただただ敬服するのみであります。（『霊界物語のしおり』第二十八号「笞刑と追放」）

その後の日本の行方と使命は、以後の一連の物語の展開の中にひそかに塗り込められていると思われる。

天祥地瑞の世界・大過去の過去の物語

天祥地瑞《てんしようちずい》を読もうとする読者のために、まず私の体験を告白する。若い頃、いよいよ天祥地瑞を繙く時の期待と感動はいまだに鮮明である。「まず『霊界物語』を読み終えなければ、天祥地瑞を読んではならん」と先輩から聞かされていたから、ようやくその資格を得たとの思いだ。

勇躍《ゆうやく》して頁をめくるなり、冒頭の「故《ゆえ》に本書は有徳《うとく》の信者又は上根《じようこん》の身魂《みたま》にして神理を解し得る底《てい》の身魂にあらざれば授与せざるものとす」（天祥地瑞・子の巻「総説」）で気勢をそがれ、本文に入ると、どこまで行っても歌と詩ばかり……ストーリーは遅々《ちち》として展開せぬ。

当時の乱読癖が頭をもたげ、次第に斜めに読み、飛ばして読み、最終巻を閉じた時には虚《むな》しさだけが残った。これまでの『霊界物語』の外分的智識《がいぶんてきちしき》が全く役に立たぬことも、思い知らされた。それからの長い間、『霊界物語』は何度か読み直すことがあっても、天祥地瑞は敬遠して棚に埃《ほこり》をかぶっていた。

私のような態度で初めて天祥地瑞に取り組む人は、同じような苦い思いをなさるのではないだろうか。

昭和五十五（一九八〇）年、腐敗化し官僚化した大本《おおもと》教団の改革を目指す「いづとみづの会」が結成され、教団本部と激しく対立する。私も改革派の一員として参加した。いわゆる第三次大本事件である。

金も組織もない我々にとって、頼りは根本教典『霊界物語』のみである。思えば『霊界物語』に真っ向うから取り組んだのはそれ以来であり、同志たちと研鑽《けんさん》を重ね、その密意に触れるほどにまさに人類の聖典であるとの熱い思いを抱いてきた。そして改めて天祥地瑞に至った時、私は素直にその世界に参入することができた。「天祥地瑞を理解するには、『霊界物語』を少なくとも二、三回読まぬと分からぬ」と王仁三郎が語っていた通りであったのだ。

昭和八（一九三三）年十一月十九日、「皇道《こうどう》大本大祭・開祖十五周年大祭」第一日目の午後、至誠殿《しせいでん》で信者総会が開催された。その席上、王仁三郎は天祥地瑞口述の苦心を語っている。

……私は今まで『霊界物語』を七十四巻までこしらえておりますが、一巻は発行禁止を食つて、一巻は『入蒙記《にゆうもうき》』にしてしまいましたから、ちようど今七十二巻である。これまでは天之御中主大神《あめのみなかぬしのおおかみ》からこちらのことを書いたのでありまして、天国《てんごく》のことは書いておりますが、霊国《れいごく》のことはまだ書いていない。これは初めから霊国の話は容易に判るものではありませんから、七十二巻を読んでおいて、その間に予備智識をこしらえて、それから霊国の物語をしようという考えを始終もつておりました。

それで筆記する人も養成する必要もあり、七年間かかつて、あるいは――神代の言葉はちよつと解らないので――その表現法に苦しみ、これはいつそのこと歌の方で表わしたらまだやわらかく聞えるだろう、しかしながら神代の言葉ばかりであつたならば、「ウ」「ア」ばかり言つておつて何もわからぬ。そのために明光社《めいこうしや》（大本の短歌結社）の人をもつて筆記の稽古をさしておいて、いよいよ今日になつて始めてみましたがむずかしい。なかなか筆記も出来ず、今までのように三日で一冊出来たものが、どうしても十日ぐらいかかる。あるいは十五日もかかつて一冊がようやく出来たのであります。

また先のような筆記と違うて、今度のは言葉使いからすべてのものが違つているので、大変むずかしい。文字が一字違うても、言霊に基いて物語をしてありますから、大変に意味が違うて来る。それがために非常に訂正なり、校正なりにみなよつてかかつております。けれどもどうしても間違いがある。しかし今どうやらこうやら十月四日にかかりまして、二巻こしらえた。三巻目の第三篇まで出来た。三巻目がまず四分通り出来た所であります。

どうぞ今までの『霊界物語』をお読みになつているお方は、また今度出来ましたのを御一読せられまして、そして日本の国の何ゆえに世界で一番尊いか、或《あるい》はどうして言霊《ことたま》が日本の国においては生きているか、どうして言霊が天照《あまて》り幸《さちわ》うているのかということを知られ、そして日本人としての使命なり、或は今後に処する所のすべての大要を悟られんことを希望しておきます。それで今度の『霊界物語』（註・天祥地瑞を指す）を読みますと、治国平天下《ちこくへいてんか》のことから修身済家《しゆうしんママか》のこと及びその他万般のこと、また医学のことも分かれば、一切のことの根本が分かるようにしてあるのであります。これもまだ後が四十六巻ありますが、それを出すだけの時間があるかないか、まず超非常時が目の前に現われるまでにはやりたいと思つてるけれども、本日の考えでは二十巻もむずかしいかと思うように世の中が迫つておるのであります。（昭和八年十二月十日号『真如の光』）

『霊界物語』は大正十（一九二一）年十月十八日（旧九月十八日）に口述を開始し、大正十五（一九二六）年五月二十二日をもって第七十二巻の口述を終る。「天祥地瑞」は昭和八（一九三三）年十月四日（旧八月十五日）に始まり、翌九年八月十五日（旧七月六日）に九巻目を終る。『霊界物語』から「天祥地瑞」開始までに七年の歳月を要している。それは口述者の身辺多忙ばかりではなく、筆録者の養成期間であり、『霊界物語』研鑽による読者のエネルギーの充電期間でもあった。

大正十一年十月二十五日号『神霊界』に、「松葉《まつば》の塵《ちり》」と題する小文が掲載されている。執筆者は「八島別《やしまわけ》」。教団の機関誌『神の国』は第一次大本事件によりしばらく休刊、大正十一年十月十日号を「復活号」として再刊したが、八島別はその号でも「山椒粒《さんしょうつぶ》」なる投稿欄に辛味《からみ》の利いた文を掲載している。

では八島別とは一体何者？　当時の教団内に、『霊界物語』に登場する神名をペン・ネームに使用できる者があるとは思われない。また教義の根幹に係わる重要な内容の発表は、王仁三郎以外には許されぬ。当時、王仁三郎は第一次大本事件で裁かれる身で、教団の役職から隠退し、機関誌への論文の発表も遠慮していた。八島別こそ、王仁三郎の世を忍ぶ仮の名であったと断定しよう。

○霊界物語の時と場所とが解らぬといふ人が多い。之《これ》は誠に尤《もつと》もの事と思ふ。或人《あるひと》はこれは天の霊界神界の事であるといひ、或人は昔の神界の事であるといひ、或人は幽界の事であるといひ、何れにしても解らない○そこで私は四ケ月以前に此事を先生（註・王仁三郎）に尋ねて見た○すると先生は神界幽界現界の各界に過去現在未来があつてつまり全体で九界《きゆうかい》となる。其中霊界物語は太古に於ける現界を主として神界幽界との相互の関係を述べたものであると申された○すると霊界物語は有史以前の太古に於ける地球上の人間界に起りたる事実を主として記したものであるといへる。但《ただ》し当時の人間は今の人間と全然等しからず故に之《これ》を神代と云つた。昔の事と今の事とを一緒に書いたからとて何も時間空間を超越した訳ではない○つまり今の世は大現在《だいげんざい》の事であつて此の大現在中に過去現在未来がある。吾人が読んだ歴史はこの大現在の過去の事実である○而《しか》して其《その》有史以前に大過去《だいかこ》の世があり、其大過去中に過去と現在と未来とがある。歴史は繰り返す意味に於て大過去の過去は大現在の過去に映り、大過去の未来は大現在の未来に映る訳である○又同様にして大未来《だいみらい》があつて之に又過去現在未来があり、此時が真の立替立直《たてかえたてなおし》されたる三千世界の五六七《みろく》の神代とも思はれる○先生が之《これ》はよい質問であると、直ちに筆を執《と》つて書かれたのが第六篇（註・第六巻）の序文松葉の塵である。（八島別）

王仁三郎の空間観によれば、太陽系天体を小宇宙、小宇宙の無数の集まりを大宇宙という。我々人体もまた一つの小宇宙を型どっている。天祥地瑞は大宇宙の核となる最奥霊国紫微天界《さいおうれいごくしびてんかい》の創造物語であるから、さらに特殊な時間感覚を持たねば理解できない。

かつてこのような時間観を述べた人を、寡聞《かもん》にして私は知らない。王仁三郎にとって、時間は過去から現在・未来へと直線的に流れるばかりではなく、大過去・大現在・大未来の各段階に質的にも超越的飛躍があるのだ。しかも大過去は大現在に、大現在は大未来に投影（単になぞるのではなく、その間に質的にも向上）するという。

『霊界物語』は主に地球を中心とした宇宙物質の世界にかかわる創造や経緯《けいい》が示されており、『古事記』に現われる伊邪那岐《いざなぎ》・伊邪那美《いざなみ》二尊《にそん》の神代が第六巻以降重ね合わされる。これら大過去の現在と未来にわたる物語すら我々の時間感覚ではついていきがたいのに、天祥地瑞は幽《ゆう》の幽《ゆう》の世界、大過去の過去の時代である。三次元的感覚ではとうてい計り得ない。

大過去（神代時代）
- 過去 ― 天祥地瑞の世界
- 現在・未来 ― 霊界物語の世界

大現在（今の世）
- 過去 ― 有史以来（大過去の過去の投影）
- 現在（大過去の現在の投影）
- 未来（大過去の未来の投影）

大未来（五六七の神代）
- 過去（大現在の過去の投影）
- 現在（大現在の現在の投影）
- 未来（大現在の未来の投影）

大過去の過去、天もなく地もなく、したがって時間も空間もない大虚空の中に、ただ幽玄《ゆうげん》なるスの言霊（言葉にあらず）だけが発した。それは、王仁三郎の心の中に存在する無意識の世界といえるであろう。それを言葉にした瞬間、意識された世界になる。だが言葉で表現せぬ限り、人に伝えることはできぬ。その矛盾に、王仁三郎は苦しんだと思う。

天祥地瑞の世界は、いわば濃縮されたジュースの原液《げんえき》である。そのままでは飲めぬ。王仁三郎はそれを和歌によって薄め、口当りを良くする方法を考えついた。

天界における言葉は、すべてアオウエイの五大父音《ごだいふいん》をもって通ずるといえども、現代人は七十《しちじゆう》五声《ごせい》の言霊《ことたま》をことごとく使用せざれば、神代語《じんだいご》は解し難きを以て、止むをえずここに三十一文字の敷島《しきしま》の歌を応用して神意《しんい》を発表したれば、読者はその意を諒《りよう》せらるべし。（七十四巻「序文」）

天祥地瑞・丑の巻第一四章「誠《まこと》の化身《けしん》」や寅の巻第八章「結《むすび》の言霊《ことたま》」の和歌を見て、誤植ではないかと疑う人も出てこよう。だが第一次大本事件で保釈出所した王仁三郎は、木庭次守氏に「言霊の発射法を示したものだ」と教えている。一例を挙げよう。

ウーヴーヴーヴヴアーアームーアアムム久方《ひさかた》のス声《ごえ》にかへれわが言霊よ

ウーウーウー アーアーアー ムムー力充男神《ちからみちおのかみ》はス声《ごえ》によみがへりてむ

スースーヾー静《しずか》に宮の御扉《みとびら》を開きて出《い》でませ元《もと》つ親神《おやがみ》

言霊は南を向いて発することを原則とし、体は南を向いたまま、アは正しく南へ、アは東へ、トは西へ、ムは北へ向かって出す言霊だという。

宇宙は言霊によって創造された。だからこそ宇宙創世記《うちゆうそうせいき》は言霊学《ことたまがく》によって述べられ、天祥地瑞全巻は王仁三郎言霊学の集大成であり、奥義書といえよう。

そんな途方もない物語など、我々人類にとって無縁のものだという人もあろう。否、刻々大過去の過去は現在の過去に投影しつつある。その意味では、天祥地瑞の世界は、大本にとって、教団草創期の真実でもある。そのことを意識して読む時、西の宮《にしのみや》（開祖中心の当時の綾部《あやべ》に相応）と東の宮《ひむがしのみや》（瑞霊《ずいれい》の救世活動の拠点として、亀岡《かめおか》に相応）、厳霊《げんれい》・天之道立の神《あめのみちたつのかみ》（開祖出口直《なお》に相応）と瑞霊《ずいれい》・太元顕津男神《おおもとあきつおのかみ》（聖師王仁三郎に相応）との相違や葛藤《かつとう》を描いた第七十三巻なども、ぐっと現実のものとして胸迫るのである。そして瑞霊神《ずいれいしん》としての太元顕津男神の救世活動の意義も深く理解されてこよう。

天祥地瑞は国生《くにう》み神生《かみう》みの一大史詩であり、神々の愛の賛歌である。また第七十八巻巳の巻のグロス島に仮託した大日本帝国に対する仮借ない批判、第八十巻末の巻に示される水奔《すいほん》鬼《き》の四婆に象徴される悪とそれを焼き尽くす瑞霊の働きなど、さまざまな問題が提示されている。さらに大過去の未来は大現在の未来に投影するのであれば、天祥地瑞の中に預言もまた存在しよう。

我は今《いま》宇宙の外《そと》に身をおきて天界の事象を語りつづくる（余白歌）

「神示の創作」・天魔坊と転倒坊

『霊界物語』を読み続けてきた方なら、その不思議な魅力は一体どこから来るのかと思われたろう。そして二度三度と繰り返し読むうち、いつのまにか魂《たましい》の内分《ないぶん》にまで浸透し、世界観・人生観まで大きく変わっていることに気づかれるのではないか。

それにしても一巻は百字詰め原稿用紙一二〇〇枚、全八一巻八三冊、原稿用紙一〇万枚という大長編物語を、ほぼ三日で一巻という超速度で仕上げることが、人間技《わざ》で可能だろうか。しかも内容たるや時空を超越し、宇宙創造から主神《すしん》の神格、神々の因縁経歴、大本《おおもと》出現の由来、神と人との関係、霊界の真相、独特の世界観・人生観、さらには宗教・哲学・思想・教育・文化・芸術・政治・経済などあらゆる問題を含み、いたるところに密意がちりばめられ、大預言書というべき特色も持つ。それも参考書一つ傍に置かず、淀みなく語られる。

口述中にいびきをかくこともあり、登場人物が寒帯地方に入ると寒がって夏でも炬燵《こたつ》を入れ、場面が熱帯地方に移ると冬でも布団《ふとん》をはずして団扇《うらわ》を使う。登場人物が苦痛を受けると王仁三郎も苦しむという、霊感状態である。文字通りモノ（霊）が語る。神霊が王仁三郎の肉体を機関として口述させているかに見える。

だが時には、確かに過去の霊的体験を頭の中で整理しながら、人間的意識のままに語っている。

血とあぶら搾《しぼ》るが如《ごと》き心地してわれは霊界物語あみぬ
心血も涸《か》れなむとす骨も肉も砕《くだ》けなむとす物語して
吾が作と思へど可笑《おかし》さ堪《た》へがてに吹き出だしたり校正しながら
いたつきの身を横たへて述べおきしこの物語は月の血の露
神々がうつりて霊界物語述ぶるとおもふ人心あはれ

これらの歌を見れば、王仁三郎の人間的努力の所産としか思えない。

はたして『霊界物語』は神霊《しんれい》によるものか、王仁三郎の創作か。実はこの問題は、第一次、第二次大本事件を通しての裁判での大きな争点になったのである。

この問題解明の参考に、第一次大本事件の裁判における今村新吉《いまむらしんきち》博士の精神鑑定で、王仁三郎が切れ切れに語っている奇怪な経緯をまとめてみよう。ただし王仁三郎の言は、裁判中に引き出されたものであることも考慮する必要がある。

時は大正五年暮にさかのぼる。海軍機関学校英語教官の浅野《あさの》和三郎《わさぶろう》は鎮魂帰神《ちんこんきしん》に魅《み》せられ、一家を上げて綾部《あやべ》移住を決意する。

十一月二十八日、王仁三郎はその浅野一家を迎えがてら、役員の村野《むらの》龍洲《りゅうしゅう》を伴い横須賀宣教に出向。帰綾《きりよう》の日も近づいた十二月八日には、神戸から横須賀に寄港中の軍艦「榛名《はるな》」を見学に行った。軍艦のデッキに立っていると、急に烈しい悪寒《おかん》に襲われ、三浦屋《みうらや》旅館に戻る。高熱を発して呻吟《しんぎん》するところへ、二人の髭《ひげ》もじゃの大男がぼろぼろの衣服をつけて現われた。上は洋服か法被《はっぴ》のようで、下はぼんやりしてよく分からない。二人は小豆大《あずきだい》になって王仁三郎の右手人差指の爪の中に入り、空豆大《そらまめだい》の塊《かたま》りに成長してぐるぐる回りながら体内に入り込む。いいようもない苦痛を感じた。

王仁三郎には高熊山《たかくまやま》以後、ずっと小松林命《こまつばやしのみこと》が守護しているので、二人の大男は小松林命と同居の形になる。王仁三郎の体内に幾つかの神霊が雑居するのは、この時が初めてではない。素盞嗚尊《すさのおのみこと》・坤金神《ひつじさるのこんじん》・大八洲彦命《おおやしまひこのみこと》・松岡芙蓉仙人《まつおかふようせんにん》・大霜天狗《おおしもてんぐ》・河原林《かわらばやし》などが時に応じて憑依《ひょうい》してくる。先住権のある小松林命は、なぜか沈黙を守ったままである。

十日、例の二人が初めて口を切る。

われわれは天魔坊《てんまぼう》・転倒坊《てんとうぼう》（天真坊《てんしんぼう》・天道坊《てんどうぼう》）と呼ばれる荒神《あらがみ》だが、悪神ではない。昔は天真道彦命《あめのまみちひこのみこと》・天道別命《あめのみちわけのみこと》といったが、国常立尊《くにとこたちのみこと》が八百万《やおよろず》の神々に押しこめられた時、共に従い外国で隠れ忍んでいた。だが国祖《こくそ》出現により、外国船で帰国した。お前が横須賀へ来たのは、われわれが引き寄せたのだ」

その日の夕方、王仁三郎は綾部移住の浅野一家と共に横須賀駅を出発、翌十一日朝、綾部につく。天魔坊・転倒坊ぐるみである。

ある夜、六畳の居間で寝ていると、汚い法被姿《はっぴすがた》の天魔坊・転倒坊が体内から抜け出し、王仁三郎を捕らえようとする。その顔が村野龍洲と浅野和三郎に酷似《こくじ》していた。驚いて声を上げると、姿が消失する。天魔坊・転倒坊は村野や浅野にも憑依《ひょうい》するらしい。以来、この二人が私を狙《ねら》っているから将来は油断がならぬと、王仁三郎は思った。

大正十年二月十二日、第一次大本事件が勃発し、王仁三郎は大阪梅田《うめだ》の大正日日新聞社《たいしょうにちにちしんぶんしゃ》で検挙され、京都監獄未決監に収容される。当然、王仁三郎に憑依する小松林命・天魔坊・転倒坊も監獄に留置される。

三月十五日から京都地方裁判所で予審が始まる。王仁三郎は羽二重《はぶたえ》の紋付羽織を着用、深編笠《ふかあみがさ》をかぶり、看取に付き添われて出廷する。判事が不敬罪になるような言質《げんち》を得ようと、手を変え品を変えねちねち質問する。いつまでたってもラチがあかぬし、腹もへる。すると長い間沈黙を守っていた小松林命が耳元《みみもと》で囁《ささや》く。

こんなことで時間をつぶすのはお前の損だ。予審判事の気に入るよう、いいかげんに答

えておけ。まだ一審も二審もあるから、そこで詳しく陳述して公明正大な裁判を受ければいい

言われた通りに答えると、すぐ放免される。だが監房に戻ってからが大変だ。腹中《ふくちゆう》に同居の天魔坊・転倒坊が「なぜあんな嘘《うそ》っ八《ぱち》を言ったか」と王仁三郎を責め立てる。すると小松林命が喧嘩《けんか》を買って出て三つの霊が玉になって体内を走り回り、のど元まで駆け上がるので、目を白黒するような苦しさだったという。

予審の度に、正反対の意見の霊が体内で傍若無人《ぼうじやくぶじん》に喧嘩する。どちらの言に従うかの決定をせねば、こちらの肉体が持たぬ。大体、浅野和三郎の独走が今回の事件を惹起し、監獄に入る破目になった。浅野にも憑依する天魔坊・転倒坊はわが敵ではないのか。それでなくても、昔なじみの小松林命に贔屓《ひいき》がつく。

四月十八日のこと、決意した王仁三郎は胸を力いっぱい叩き、「出ていけ、わしの体から出ていけ」と激しく責め立てる。天魔坊・転倒坊は体内から抜け出し、「出てほしければ、その長い髪を切れ。伸ばしておるとまたいつでも憑《かか》ってくる」と宣言し、窓枠《まどわく》いっぱいの顔になってげらげら笑い、消え去った。翌十九日、看守に申し出て長髪を切り落とした。後は小松林命の言いなりに、予審判事の気に入るような陳述をした。

ちなみに王仁三郎は入蒙《にゆうもう》で奉天《ほうてん》軍に捕縛《ほばく》された時、彼らに無理に長髪を切られている。

第二次大本事件中の昭和十一年一月二十七日、王仁三郎は三尺伸びた長髪をばっさり切っている。警察の取り調べに当たって、長髪を引きずり回される苦痛を避けるためだ。髪を切った直後の写真が残っている。中立売署《なかたちうりしょ》で撮影され新聞に掲載されたものだが、左掌を開いて左膝に当て、右掌は握って人差し指だけ伸ばし、右膝に当てている。この六本指は「事件は無罪」との獄中からのサインで、全国の信者たちを無言のうちに励ましている。

大正十年五月十日、予審決定書が発表され、新聞記事禁止が解禁になる。全国の新聞雑誌が連日、大本や王仁三郎に対する中傷誹謗《ひぼう》を争って報道し、参拝者も修行者も激減した。更に指導者を失った教団は難問を抱えていた。京都府警による開祖《かいそ》の墓地の改修命令と本宮山《ほんぐうさん》神殿《しんでん》への干渉である。

「開祖の墓地の一部と玉垣《たまがき》の大部分が共同墓地の地域外にあり、墓の背後に社殿を作っているのも不法だから改築せよ」と王仁三郎に迫り、留守を守る出口澄《すみ》には「六月中に改築しないと、非常手段に出る」と申し渡す。澄は役員会を開き深夜まで協議した結果、やむなく自主的改築を決定した。

六月十日、京都府建築課長は本宮山神殿を調査し、社殿が伊勢神宮を模したものとみなした。いずれ墓地と同様の運命が予測された。二代教主はいても、王仁三郎・浅野と二人のカリスマ的統率者を失った教団は、嵐の中で進路を見失った舟であった。

六月十七日夜、王仁三郎と浅野が予告もなく責付《せきふ》出獄し、教団情勢は一変した。開祖の墓地改修は直の遺骸を動かさず着工、さらに奥都城《おくつき》背後の社殿も焼却する。

十月五日に行なわれた第一回公判判決は、王仁三郎懲役五年、浅野懲役十カ月。大本側は直ちに控訴。

十月八日（旧九月八日）、王仁三郎は平静心を失っていたという。それほど彼を取り巻く状況は絶望的であった。監獄に入って以来すっかり体調を崩し、体が重くて痛い。大正日日新聞社の経営悪化で七十五万円の借金を抱え、返済をきびしく迫られる。また連日、国賊《こくぞく》だの何だのと脅迫の手紙が届く。三日前に第一審有罪の判決が下され、本宮山神殿破壊の命令が出ることは時間の問題だった。小松林命は「鼻の高い信者が多くて困る。その鼻高連中《はなたかれんちゅう》が建てたのだから、神さまのお気に入らぬ。神殿など潰《つぶ》されてもいいじゃないか」と無責任なことを言う。

考えると腹の虫が治まらぬ。その怒りは、破壊する国家権力よりも、むしろ神に向けられた。

神さまなんていいかげんなものじゃ。肝心の時には一寸《ちっと》も助けてくれぬ。あげくにお宮は潰され、監獄にも入れられる。世界改造などという大それたことは止め、いっそ奥都城で腹かき切って死ぬか楽天的な王仁三郎がである。本気で自殺を考え、刀を探した。だが日本刀はすべて警察に押収され、一本もない。王仁三郎の様子が異常だったのか、澄が「肝心《かんじん》の先生がしっかりしてくれんと、どうにもならん」と嘆く。

神示が下ったのはその日なのだ。

……しかるに本年の旧九月八日にいたつて、突如神命《とつじょしんめい》は口述者の身魂《みたま》に降り、いよいよ明治三十一年の年如月に「神より開示しおきたる霊界の消息を発表せよ」との神教《しんきょう》に接しましたので、二十四年間わが胸中に蓄蔵《ちくぞう》せる霊界の物語を発表する決心を定めました。（一巻「序」）

簡単に決意したわけではない。いくら神命でも、いつ裁判所に呼び出されるか分らぬ事態である。しかも監獄の暗い中で本を読んだせいか、健全だった眼がすっかり悪化し真赤に充血している。特に右目は灰神楽《はいかぐら》が舞っているようで、本を読んでも、何かを書こうとしても、紙の上に刺繍《ししゅう》のような模様ができる。左目にも時々そういう現象が起こる。とても執筆どころではない。

その訴えに、神は答える。

神がお前の口を借りて一切経《いっさいきょう》をいわすのじゃ。いいからやれ

だが神の注文通りには参らぬ。強いて執筆しようとすると、たちまち頭と目に激しい痛み

を感じ、とても座っていられない。

十月十一日、王仁三郎は京都府庁に召喚され、本宮山神殿の取り壊しを命じられた。「本年三十一日までに全部取りこわせ。この命令に服せざる場合は官憲の手により取りこわし、その費用は教団より徴収する」というのだ。現人神《あらひとがみ》天皇絶対をかさにきる当局の高圧的な無法の前には、受諾するより方法はない。信者の手でこわすには忍びないとして、官憲の手でこわすことを依頼した。

絶壁に立たされると、王仁三郎は常に思いきった手を打つ。十月十四日、二代教主出口澄・教主輔王仁三郎は引退し、長女の直日《なおひ》（二十歳）と養子婿の大二《ひろつぐ》（十九歳）を教主輔に据える。「皇道大本《こうどうおおもと》」は「大本」に改称。役員・幹部は責任を取り総辞職した。

最も戦慄《せんりつ》すべく、もつとも寒心《かんしん》すべき猛鷲《もうしゅう》の、暗雲の中より飛来して、聖処を荒し暴威を振はむとする三日前の夜半、松雲閣《しょううんかく》に瑞月《ずいげつ》が心さびしく横臥《おうが》せる枕元に、忽然《こつぜん》として現はれたまへる教祖の神影《しんえい》、指示桿《しじかん》をもつて、三四回畳を打ちたまふ様、あたかも馬に鞭打つがごときその御模様、瑞月は直ちに起き直り、頓首合掌《とんしゅがっしょう》しながら、「いよいよ明日より神界の御命《ぎょめい》のごとく、霊界物語の口述に着手いたしますから、御安心下さいませ」と申し上げるや直ちに打ちうなづき莞爾《かんじ》として貴き麗《うる》はしき姿を隠させたまひました。それよりいよいよその翌日なる昨年十月十八日より着手することになりましたが……（八巻「総説」）

この時の模様を、王仁三郎は精神鑑定で述べている。

十月十七日夜、王仁三郎が並松《なみまつ》の松雲閣で就寝していると、夜半、枕元に水色の羽織を着た出口直の霊姿《れいし》が現われ、二尺ほどの指示桿《しじかん》で畳を叩く。本宮山の神殿の破壊を怒っているなと思い、素直に詫《わ》びる。

まことにすまないことになりました。これから皆に言って聞かせまして、あなたの教えの立つようにいたします。許しておくれやす

直が首を横に振る。王仁三郎がとっさに「八日に神さまに言われた一切経を書かせて頂きます」と言うと、直は嬉《うれ》しそうに声を出して笑い、姿をかき消した。

十八日朝、王仁三郎が和知川《わちがわ》で禊《みそぎ》し松雲閣に戻ると、大八洲彦命《おおやしまひこのみこと》が指示した。

いよいよ今日からとりかかれ。いろいろの神がかかって、お前の口を借りて、霊界の消息を伝えさせる。さしずめわしは編集監督じゃ。それについては、天魔坊《てんまぼう》・転倒坊《てんとうぼう》は古い神だから、編集に参加させるとよい。お前はしゃべるだけで、執筆の必要はない。筆録者として外山豊二《とやまとよじ》・加藤明子《かとうはるこ》・桜井重雄《さくらいしげお》・谷口正治《たにぐちまさはる》を使え

さいわい獄中で切った髪も一九〇日を経てかなり伸びていた。天魔坊・転倒坊が善神だと知った王仁三郎は、彼らに肉体に戻ってもらうことを頼み、長髪を伸びるに任せた。

天魔坊の天真道彦命《あめのまみちひこのみこと》・転倒坊の天道別命《あめのみちわけのみこと》について、『霊界物語』は述べている。大洪水で地上の蒼生《そうせい》がほとんど死に絶えようとする時、艮《こん》・坤《ごん》二神《にしん》は世の終末を見るに耐えず、「かかる大難が起こったのは吾らの一大責任だから、身をもって天下万象に代ろう」と天の日月の精霊に対して祈り、地獄の口の開くという天教山《てんきょうざん》の噴火口に身を踊らし、根底に神避《かむさ》られる。その時、天真道彦命・天道別命ら多くの正しき神々がその後を追った。だが地上霊界の神々は三次元の物質とは違う霊身《れいしん》だから、いったんは死の世界に落ちても、死に絶えることはない。天真道彦命は火《ひ》の洗礼《せんれい》を受けて根底《ねそこ》の国《くに》を探検し、地上に出生して人体を持ち、エリア(紀元前九世紀頃のイスラエルの預言者)となってその福音《ふくいん》をあまねく地上に宣伝し、天下救済の神業に従事する。天道別命もまた根底の国で数十万年の神業を修し、清められて天上に昇り、再び肉体をもって現われ、モーゼの司《つかさ》となって天地の律法を地上に弘布した。

ある教団幹部が王仁三郎に天魔坊・転倒坊について質問したとき、「あれは立替《たてか》え立直《たてなお》しのことじゃ」とけろり答えたという。

十月二十日、ついに本宮山の神殿破壊が着手される。すがすがしい神明造《しんめいづく》りの神殿はこの夏完成したばかりで、飛州檜《ひしゅうひのき》の香《かおり》もかおる真新しさだ。六〇万円の巨費を要したものである。一〇人の警官が警戒する中、赤手拭《あかてぬぐい》で鉢巻した五〇人余の人夫が神殿に群がり、破壊は一週間にわたる。

……愈々《いよいよ》玉垣屋根《たまがきやね》の銅板を剝《は》ぎ放す音から始まり、メリメリ丁々《ちようちよう》と異様な響きが空に伝はる。並松橋《なみまつばし》辺の中野老鉄山《なかのろうてつざん》の別荘に神経衰弱になつて寝てゐる王仁三郎は、これを耳にして、眼を瞑《つむ》り胸を抑《おさ》へて打臥《うちふ》してゐたといふことである。（十月二十一日『大阪朝日新聞』）

王仁三郎の凄《すご》さは口述開始が本宮山神殿破壊の二日前ということ。絶望的状況にあり、新聞報道も神経衰弱と伝える中、神殿破壊の音を聞きながら、教団脱皮のための新教典の口述に踏みきったのだ。

第二次大本事件の公判審理中、裁判長と王仁三郎との間に興味ある問答が交わされている。「霊界物語は神示《しんじ》か」の裁判長の質問に、王仁三郎が「いえ、あれは私の創作です」と答えたのだ。弁護団は愕然《がくぜん》となった。予審での数々の証言によれば、本人が眠っていても、口が自然に動いて口述されたという。つまり責任は王仁三郎にはなく、彼にかかった憑霊《ひようれい》にあるという弁護側の今までの主張が、創作といったのでは根底から崩れてしまう。弁護団は再尋問を要求した。

改めて裁判長は問う。

「弁護人はあのように言うが、本当はどうかね」

「はあ、神示の創作です」

「神示と言ったら、人間王仁三郎が機関にはなっても、人間の意志は少しも混入せぬはずだ。創作と言ったら、人間王仁三郎の意志はあっても、神意とは無関係のものだ。左様なあい矛《む》盾《じゅん》する観念を混同した答弁は出来ぬはずだ」

「それでも神示の創作です」

「神示と創作とは相入れぬ観念じゃないか」

「私の方は矛盾しません」

「誰が考えても、論理上矛盾するものは矛盾する。お前だけ矛盾せぬと言う論理はない。無茶は言わぬようにせよ」

「いや、何と言われても神示の創作です」

裁判所で自分の信念を主張するのは良いが、論理に合わぬことを言い張るぐらい損なことはない。場合によれば、公判の供述全部を「措信《そしん》しがたし」として排斥される恐れがある。

小山《こやま》弁護士が拘置所に王仁三郎を尋ね、再確認した。

「神示の創作は、誰が聞いても矛盾して合わぬ観念じゃございませんか」

「いや、合う」

「それでは、どんなに合いますか」

「それはお前の方で勉強してくれ。わしが言うたんでは何もならぬ」

「常識で考えて合わぬ観念を、いくら勉強しても合いそうなはずはありません」

「大丈夫だ、分かる」

小山弁護士は呆れて押し尋ねる勇気も失せ、そのまま帰宅した。

その後、誰が送ったか、机の上に教団機関紙『神の国』が置いてあった。開いてみると、出口直《なお》開祖の事跡が掲載されている。

開祖は無学で、筆先は自動書記で書かれるが、はじめは自分でも読めなかった。ある時、「この頃は自分の考えていることが筆先に出る。自分は艮《うしとら》の金神《こんじん》の御用《ごよう》をしていたと信じていたのに、これでは出口直の考えが混じっていることになる。これでは大神《おおかみ》さまに申しわけない」と思い、腹《はら》の中の艮の金神に聞く。

「直よ、それで良いぞよ。その方の考えることはとりもなおさずこの方の考える所で、その方とこの方との考えに一部の隙《すき》もなくなっている」

王仁三郎は公判で「わしは早くから帰神《きしん》状態で、神人合一《しんじんごういつ》になっている」と述べていた。神人合一なら神示の創作の観念も成り立つ。まさに理外《りがい》の理《り》である。弁護団は勇躍《ゆうやく》して、以後その方向で弁論を押し進め、第二審で治安維持法違反無罪をかちとった。

『霊界物語』は神人合体による、無限の権威ある創作なのである。

『霊界物語』と「筆先」

『霊界物語』の刊行に当たって、当局からのさまざまな妨害、伏字の強制、発禁などが相次いだが、内部の抵抗も劣らず激しかった。

明治二十五年の開教以来、役員信者たちは、出口直のカリスマ性に引きずられてきた。明治三十二年、若き王仁三郎が大本入りし、直の末娘澄と結婚するが、謹厳実直な直と自由奔放な王仁三郎では、ことごとに対立するばかり。しかも、筆先は直が善の型であり、王仁三郎は「このものでなければ出来ぬ」悪の型と断じた。

王仁三郎に憑《かか》る素盞嗚尊が神代の昔、天の岩戸を閉める悪業を演じた如く、王仁三郎もまた直にたてつき、この世を悪化させる御苦労な悪役。だから弥勒の世を将来するには、まず何よりも王仁三郎の改心こそが第一と、役員信者は迫る。

さらに筆先は、彼を「大化物」と規定する。ならば王仁三郎の言説は逆にとる方が正解だと、真面目に思われさえした。このあたりの事情は『出口王仁三郎』(十和田龍著、新評論刊)に詳しい。だから『霊界物語』の刊行は、筆先を絶対と信じる開祖派の猛反対を押し切らねばならぬ。

第二輯に収録の第七巻から十二巻の「総説」などには、物語刊行反対派へ向けた、彼独自の説得が記される。そのためには、まず筆先の正当な位置づけが必要であった。

……お筆先そのままの発表は、随分断片的に語句が並べられ、かつ一見して矛盾撞着せし文句があるやうに浅い信者はとるやうなことが沢山ある。また教祖が明治二十五年より大正五年旧九月八日まで筆先を書かれたのは、全部御修行時代の産物であり、矛盾のあることは、教祖自筆の同年旧九月九日の御筆先を見れば判然します。(第七巻「総説」)

「全部御修行時代の産物」と、二十五年間にも及ぶ直の筆先のほとんどを、軽く片付けているのは一体なぜなのか。問題は、大正五年旧九月九日「神島開き」の夜の筆先である。今まで悪の元凶と信じ戦ってきた王仁三郎に憑る素盞嗚尊の霊統こそ、実は三千年のあいだ神島に封じ込まれていた弥勒の大神である。

このどんでん返しに、筆先を書かされた直自身が蒼白となった。「肝心のことは、直にもまだ明かせぬ」と、かねて神は繰りかえし申されていたが、それは直昇天のわずか二年前である。「弥勒さまが根本の天のご先祖さまであるぞよ。国常立尊は地の先祖であるぞよ」と、初めて神は明かされたのだ。

要するに教祖は、明治二十五年より大正五年まで前後二十五年間、未見真実の境遇にありて神務に奉仕し、神政成就の基本的神業の先駆を勤められたのである。女子（変性女子・王仁三郎）は入道は明治三十一年であるが、未見真実の神業は同三十三年まで全二ケ年間で、霊的にいふならば教祖よりも十八年さきがけて、見真実の境域に進んでゐたのは、お筆先の直筆を熟読さるれば判りませう。（第七巻「総説」）

大本における真実とは、王仁三郎の神格を弥勒の大神と認識すること。それ以前の段階を未見真実という。故に神島以前の筆先は、ぜんぶ未見真実時代の産物に過ぎない。

これは教祖派の役員信者を激怒させたばかりか、王仁三郎派の人たちをも戸惑わせたと思われる。第八巻「総説」で、『霊界物語』は、出口直の神霊の督促であるとして、その批判を和らげようと試みているのも、当時の事情をうかがわせる。

第九巻「総説歌」では「……羽の生えたる人間や／角の生えたる人が出る／夢か現《うつつ》か誠か嘘か／ホンにわからぬ物語」と煙にまき、第十巻「信天翁」（一）では『霊界物語』に批判的な連中をさんざからかったあげく、「苦集滅道説きさとし／道法礼節開示する／五六七の教いつまでも／生命の限りやめはせぬ／神の心を推量して／チツとは心広くもて／神の言葉に二言ない／止めぬと云つたら何処迄も／口ある限りやめはせぬ」とうそぶく。

第十一巻「言霊反」では第七巻「総説」に対する批判に答え、第十二巻「序文」では忠臣蔵の芝居の脚本に例える。筆先はいわば芝居の台詞書きで、役者が自分の台詞を覚えるための抜き書きだから、善役だけの台詞を見れば感心もするが、悪役だけの台詞を見れば嘔吐をもよおすほどの怪しからぬ筆先に見える。

そして、「筆先は決して純然たる教典ではありませぬ。要するに、太古の神々の活動を始め現在未来の神界の活劇を、断片的に示した台詞書きにすぎませぬ。これを一つに取まつめてその真相を劇化して、完全に世人に示すやうにするのが霊界物語編纂の大使命なのであります」とまで言い切るのである。

さらに第十三巻「信天翁」(三)では「変性女子の調べたる(王仁三郎が手を入れた)/大本神諭は大開祖/書かせたまえる綾錦/光も強き絹糸に/紡績糸も混入し/劣等糸とせしもので/もとの筆先調べむと/鼻たかだかとうごめかし/それの実地に突きあたり/錦の糸の原料は/桑葉なりしに肝つぶし……」と、大本に見切りをつけて去った知識人を笑っている。

当時の教団情勢の中で、一連の王仁三郎の主張は、いわば善悪の価値の転換であり、役員信者に信仰の根本的立替え立直しを迫るものだった。だが残念ながら、大本教団は未見真実の域を出ぬまま、今日に至った。つい近年まで、わずかな有志を除けば、『霊界物語』の真価は理解されず、過去のものとして隅に置かれた。根本教典でありながらその入手さえ困難なありさまに、昭和五十五年、教団の改革派「いづとみづの会」が立ち上がったのだ。王仁三郎昇天四十一年の平成元年、初めて八幡書店の勇断によって『霊界物語』が一般に公開される運びとなった。さぞやさぞ、天上の王仁三郎はワニ口あけて大笑しているだろう。

大蛇退治の段

記紀神話を裏返し、その善悪すらを問い直す対抗神話が大本には存在する。国祖隠退・再現の記紀以前の神代から解き明かす物語だ。

国祖隠退までの経過は『霊界物語』第一巻から第四巻までに詳細に述べられているが、神代における神政崩壊の原因は、神政を補佐すべき瑞霊系の神々がその正統な位置を奪われたことに発し、ここに国祖神のある種の限界性が感じられる。

あまりにも厳正至直な国祖の神政に対する八百万の神々の不満を押えかね、天祖（弥勒の大神）はついに国祖に隠退を勧告し、「されど吾また一陽来復の時を待つて、貴神を元の地上世界の主権神に任ずることあらむ。その時来らば、吾らも天上より地上に降り来りて、神業を輔佐せむ」と神約した。

国祖は甘んじて暴悪な邪神どもに髪を抜かれ、手足まで切られ、筋を千切り骨を断つの残酷な処刑を受ける。しかしその威霊は滅ぼしきれぬ。国祖は元の霊身に立ち返り、一人エルサレムを立ち去って、艮《うしとら》の孤島（日本）に封じられる。以来三千年の年月が経過し、再び国祖が再現する。

国祖再現については、第六巻第二四章「富士鳴門」で「節分の夜を期して隠れたまひし国祖国治立の大神以下の神人は、ふたたび時節到来し、煎豆に花の咲くてふ節分の夜に地獄の釜の蓋を開けて……」と語られる。

国祖隠退・再現神話のポイントは、地上霊界の主宰神たる国祖がなぜ隠退に追い込まれたかにある。

国祖の示す律法を支える霊主体従の原則だけでは、物質文明は発展せず、地上生活の豊かさも望めない。国祖の隠退によって、体主霊従的神策が目覚ましく地上を発展させた。だがその結果、人類はやがて我が手で地球そのものを破壊しかねぬ邪悪な力を持つだろう。そこで、明治二十五年を期して霊主体従的神策に復帰の立替え立直し宣言がなされる。

善悪相混じてこそ万物は生成する。体主霊従的物質文化の基盤の上に霊主体従的精神文化の花を咲かせよう。

神の子・神の宮であるべき人間の成長過程を見ても、幼児期は全くの体主霊従的に生い立つのだ。母が眠かろうがおかまいなく、わがままいっぱいに乳を飲む。国祖の隠退も再現も、すべては天祖の大経綸の手の内にあったと考えることができよう。

国祖すなわち地球とのイメージに視点を変えれば、国祖隠退は、人類が地球という存在基盤への愛を失い、妖邪の気は満ち満ちて、われよし、つよいものがちの小さな精神構造に封じ込まれつつ発展した過程であり、再現とは、その結果地球全体と人類との関わりが否応なく見えてきて、上げも下ろしもならぬ今であろう。

『霊界物語』全八十一巻の基本テーマは立替え立直し、主役は神素盞嗚大神（尊）であるが、救世主神としての本格的登場はようやく第十五巻第一〇章「神楽舞」に至ってである。高天原神話を下敷きに、素盞嗚尊の涕泣から高天原追放までを語り、「これより神素盞嗚大神は、今まで海原の主宰神たる顕要の地位を捨て、心も細き一人旅、国の八十国、島の八十島にわだかまり、世人を損なふ八岐大蛇の悪神や、金狐、悪鬼の征服に向かはせ給ひける」として、第一一章「大蛇退治の段」につなぐ。

実はこの章は、単に「古事記言霊解」としてさほど省みられなかったが、最近、そのもつ重要な意味が注目され始めたのである。

地上霊界では国祖が八百万の神々に追われて隠退すれば、地上現界では素盞嗚尊が八百万の神々に高天原を追われて、さすらいの旅に出る。国祖隠退神話と高天原神話とは相対応し、そのヒーローである国祖と素盞嗚尊がオーバーラップされてくる。さらに明治三十一年旧八月、故郷穴太を追われて綾部におもむく王仁三郎の行動と対応する。

素盞嗚尊が混乱する地上に降り立つと、老夫婦（国祖と開祖出口直）が一人の童女（人類）を中において泣いている。八岐の大蛇（悪思想）に八人の娘が次々に毒され、一人しか残っていない。いかにしてこの惨状を救ったものかと、嘆き悲しんでいたのだ。

素盞嗚尊が「汝の守護し愛育するところの、至粋至醇の神の御子たる優しき人民であるならば、吾にこの女のごとき可憐なる万民の救済を一任せずや」と問うと、国祖は素盞嗚尊の地位と職名を尋ねる。素盞嗚尊の答えに国祖は畏み歓び、「さやうに至尊の神様にましますならば、吾が女なる可憐な人民を貴神に御預けします」と全権を委譲した。

国祖のかかる出口直が神業の主体で、素盞嗚尊のかかる王仁三郎は補佐的役割に過ぎないと軽く考えていた大本信者の既成観念を、「大蛇退治の段」は全く転倒させたのだ。天祖弥勒大神のかかる王仁三郎こそ神業の主体であり、その手（手名椎）となり足（足名椎）となってお仕えするのが国祖・厳の身魂の出口直の役割だというのである。

「大蛇退治の段」の王仁三郎独自の解釈は、単なる『古事記』の言霊解ではなく、国祖隠退・再現の対抗神話をときほぐし、神素盞嗚大神こそ救世主神であると顕示した展開神話なのだ。

高姫と福島久

『霊界物語』は神素盞鳴大神《かんすさのおのおおかみ》の神系（国祖艮《うしとら》の金神《こんじん》系を含む）と盤古大神《ばんこだいじん》系、大自在天神《だいじざいてんじん》系が三つ巴になって大活劇を演じるスペクタクル・ドラマで、舞台は時空を越えて現界・幽界・神界にまたがる。数多くの神や精霊《せいれい》や人が入れ替わり立ち替わり登場しさまざまなパフォーマンスを演じるが、わけても重要な役割を担い、読者に強烈なインパクトを与える存在がヒロイン・高姫《たかひめ》である。

『霊界物語』七十四巻（天祥地瑞九巻を除く）中、三十七巻分に登場するから、まさに最多出場の立役者。神素盞鳴大神の神業を妨害する悪役中の悪役でいながら、彼女が登場するとがぜん物語が活気づき面白くなるという役回り。脱線だらけのせいか、テレビドラマの青島幸男扮する「意地悪婆さん」のように、なにかユーモラスでどこか憎めぬ。

高姫のルーツをたどると、日の大神の直系で太陽界から降誕した温厚無比の正神・盤古大神塩長彦《しおながひこ》。その火水《いき》から生れたのが八王大神常世彦《やつおうだいじんとこよひこ》（後、ウラル彦と改名）で、稚姫君命《わかひめぎみのみこと》（別名稚桜姫命《わかざくらひめのみこと》・国祖が日月の精を吸引し、その気吹により出生）の娘常世姫（後、ウラル姫と改名）を妃にする。常世彦には八頭八尾の大蛇、常世姫には金毛九尾白面の悪狐が憑依し、力を合して国祖を封じ込める勢いを持ち、その霊は今日に至るも体主霊従的世界経綸《けいりん》を遂行しつつある。

高姫は常世彦・常世姫の第三女で、常にその血統を意識し、二言目には「系統《ひっぽう》の身魂《みたま》」を誇示し、他を威圧するための切札に使う。

日の大神……盤古大神塩長彦——八王大神常世彦
国祖・国常立尊……稚姫君命——常世姫
　　　　　　　　　　　　　　　　　——三女高姫

読者が高姫に初めて出会うのは、十五巻八章「ウラナイ教」である。イラン国北野山中の広い館の表門に風雨にさらされた表札がかかり、それには神代文字でかすかに「ウラナイ教の本部」と記されている。注目すべきは、「本部」にことさらに「おほもと」とルビがふってあることだ。ウラナイ教はバラモン教・ウラル教・三五教をミックスして作った変則的教義の人造宗教で、高姫を教祖とする。本尊は盤古大神、表面は変性男子の教えをかざし、実質は瑞霊《ずいれい》を極力否定する。「ウラナイ」とは、「裏（瑞霊の教え）がない」との意で、瑞霊封じが行なわれた時には大本本部もウラナイ教に堕するとの預言とも理解できる。

高姫についての最初の表現は、「ウラナイ教の教主と見えて、ぽってり肥えた婆一人、雑水桶に氷のはったやうな眼をキヨロつかせながら中央に控へている」で、今後の彼女の行動を暗示している。

人の欲望を誇張し、戯画化したと思えるほど、名誉欲、物質欲、色欲すべてが人並みはずれて強烈で、目的貫徹のためには手段を選ばぬ。その高姫の肉体に金毛九尾の悪狐が憑依し、さらに妖幻坊という兇党《きょうとう》霊が巣窟にする。高姫の生涯は、憑霊現象研究の好個の素材である。

「自分の悪いことはみな人にぬりつけ、人の手柄はみな自分の手柄にしようという、抜け目のない高姫」（二十八巻二二章・常彦の言葉）は、自分に関する誇大な形容詞によって己を権威づける。「義理天上日の出神の生宮」「底津岩根《そこついわね》の大ミロク」「第一霊国の天人」「常世姫の御霊《みたま》」「ヘグレ（変化）のヘグレのヘグレ武者」といった具合である。

とりわけ高姫が固執したのは、日の出神の生宮だ。物語の中で、日の出神は智略にすぐれた花形スターであり、立替え立直しにあたって「神機発揚の神として五六七《みろく》神政の基礎となり、国祖出現にさいし、突然地の高天原に顕現する神人なり」（三巻三二章）、「琴比良別神《ことひらわけ》および日出神の今後の活動は、実に目覚ましきものありて、五六七神政の地盤的太柱となり、後世ふたたび世に現はれる因縁を有したまへるなり」（四巻三二章）というように、欠くことのできない神柱である。

高姫は詭弁の達人で、独特の用語を豊富に持ち、それらを駆使して、自説を強弁する。特に日の出神を自称する時、信念に裏打ちされた彼女の情熱的饒舌は大河の氾濫のようで、周囲のものを惑乱させる。

慢心取り違いの連続的人生ではあるが、自我が強いだけにいったん改心すると、徹底的である。改心慢心の繰返しの高姫だが、三回にわたる大改心（十九巻八章・二十二巻一三章・三十三巻一八章）は高姫物語の圧巻である。

だがいったん憑依した兇党霊は、容易なことでは引き下がらない。高姫の肉体の虚隙を見すまして侵入し、三回目の改心の後は再び本性に立ち返ることはない。そして瑞霊封じの彼女の活躍は現界だけに止まらず、精霊が中有界《ちゆうう》に籍を置いてからもますます執念を燃やし、七十巻からはトルマン国の女王千草姫《ちぐさ》に憑霊し、千草の高姫としてますます邪悪な行動を展開する。物語最終巻の七十二巻は、高姫が正体を暴露し遁走するところで終っている。

高姫は進退これ谷《きわ》まり、白衣をパッと脱ぐや否や、たちまち金毛九尾白面の悪狐と還元

し、雲を呼び雨を起し、大高山《たいこうざん》の方を目がけて雹《いなづま》のごとく中空を駈けり姿を消してしまった。（七十二巻二二章）

大本教団の歴史の中で高姫のモデルとされるのは、出口直の三女福島久である。福島久の狂態は、『霊界物語』五十巻二章「照魔燈《しょうまとう》」で、高島久子の仮名ながら、あからさまに述べられている。

福島久は明治二十三年九月、初産で手指に触りのある子を産んだのが引き金となり、激しい神憑りになる。この時は金光教《こんこう》の布教師の祈祷で回復し、お蔭を目の前にした出口直は金光教に入信する。明治二十五年一月には直の長女大槻米の神憑り、同二月には直の神懸りと続き、久の神憑りは、大本における憑霊現象の初発であった。

明治三十一年には上田喜三郎（後の出口王仁三郎《おにさぶろう》）と出口直を結ぶ機縁（三十七巻二一章参照）を作る。

大正四年二月、久は二度目の激しい神憑りになり、それ以来、義理天上日の出神を自称し、出口直の血統であることを誇り、狂熱的な宣教活動によって飯盛正芳・浅野和三郎らを大本に導き、軍人や知識人らの大量入信の導火線となる。第一次大本事件では王仁三郎に対して不利な証言をするなど、大本歴史の節目に重要な役割を演ずる。そして『霊界物語』の高姫そのままに大本内部に大きな勢力を作り上げ、反王仁三郎運動に熱中する。

「かかる例（高姫に兇党霊が憑依して大狂態を演ずること）は三十五万年前の神代のみではない。現に大本の中においても、かかる標本（福島久を指す）が示されてある。これも大本の神示によれば、神の御心にして、善と悪との立別を示し、信仰の試金石と表はし給ふものたることを感謝せなくてはならぬ」（五十巻一章）とあるのは、これの口述された大正十二年時点だけのことではなく、現在でも高姫に憑った兇党霊はむしろその力を強めながら、大本教団の中にあって瑞霊封じの活動を続け、教団をウラナイ教化しようともくろんでいる。

九月八日のこの仕組

九月八日・九月九日は、瑞霊にちなむ三月三日・五月五日とともに、『霊界物語』の中で示される数少ない特定の日である。

自転倒島《おのころじま》すなわち現代の日本国内における太古の『霊界物語』は第十六巻から始まるが、その巻の「総説歌」には「三五の月の数みちて／四四十六の菊の巻／九月八日の神界の／錦の機の糸口を／結ぶも嬉し道の友」と示され、神代の頃の九月八日の出来事が語られる。

辛酉《かのととり》の九月八日朝、由良《ゆら》の港の秋山館で、神素盞嗚大神と国武彦（国祖の分霊）は八人《やたり》乙女の一人英子《ひでこ》姫と侍女の悦子《よしこ》姫、亀彦（のち治国別）と会い（第四章「夢か現か」）、翌九月九日、神素盞嗚大神と国武彦《くにたけひこ》一行は由良の港から世継《よつ》王丸《おうまる》に身を任せ、北風を真帆にはらませ、由良川をさかのぼる（第五章「秋山館」）。綾の聖地に着いた彼らは桶伏山の蓮華台上に登り、天神地祇八百万の神を神つどえに集うと、百の神たちが処狭きまでに集まり、神素盞鳴大神の出現を祝いことほぐ有様は、蓮華の一度に開き初めたようであった。神素盞鳴大神は国武彦に何事かを委任され、弥勒神政の暁まで三十五万年の後に再会を約し、たちまち来る丹頂の鶴にひらりとまたがり、中空高く東を指して飛去る。国武彦は亀彦初め英子姫・悦子姫に何事かを囁き、万神に向かい厳格な神示を与え、四王《よつおう》の峰のあなたに姿を隠す（第六章「石槍の雨」）。

再び九月八日・九月九日が問題になるのは、第二十六巻に至ってである。

神素盞鳴大神と国武彦が秋山館を後にして三年後の甲子《きのえね》の九月八日、処も同じ秋山館に五個の宝玉が安着する。神素盞鳴大神は国武彦と何事かを諜し合わせ、密かにある経綸《けいりん》を行なう（第一章「麻邇《まに》の玉」）。ここに感謝の祭典が行なわれ、玉の奉仕をした十人が心のたけを歌う。

秋山彦「年てふ年は多けれど／月てふ月は多けれど／生日足日《いくひたるひ》は沢なれど／今日はいかなる吉日《よきひ》ぞや／九月八日の秋の空／四方《よも》の山々紅葉《もみじ》して／錦織りなす佐保姫の／機《はた》の仕《し》組《ぐみ》も目のあたり……」

紅葉姫《もみじ》「月日の駒のいと早く／思ひ返せば満三年《まるみとせ》／辛酉《かのとのとり》の菊月の／八日に吾《わ》が館《や》に出でまししし／神素盞鳴大神の／尊き御影を拝してゆ／心も赤き紅葉姫／誠のかぎり身をつくし／仕へ奉りし甲斐ありて／天地に充つる喜びは／又もや廻り甲子《きのえね》の／九月八日の

今日の空／嬉しき便り菊月の／薫り床しきこの祭典《まつり》……」

翌九月九日、五個の神宝を乗せた神輿は無事に綾の聖地に安着し、八尋殿《やひろどの》に設けられた聖壇に安置され、聖地の神司はじめ信徒らは立錐の余地なく集まり、弥勒神政の曙光をみとめ、歓喜の声にみたされる。聖地の空は、金翼を一文字にのべて空中に飛翔する八咫烏《やあたがらす》の雄姿悠々として飛び交い、妙音菩薩の微妙な音楽は三重《みえ》の高殿の空高く響き渡る。

すなわち九月八日は瑞霊・神素盞嗚大神の神界の経綸の日柄であり、九月九日はその紋日ということになろうか。

九月八日の意義について、王仁三郎は昭和六年十月十八日（旧九月八日）、亀岡・天恩郷の大祥殿で語っている。

今日は九月八日という記念すべき日であります。出来大本では九月八日を非常に尊重するのであります。なぜならば九月九日は菊の節句であり、九月八日はこれに先立つこと一日であつて、何事も世の中の先端を切り、来たらむとすることを前つ前つに悟つて実行しているからであつて、これを九月八日の仕組というのであります。また五月五日は菖蒲の節句でありまして、六菖十菊といつて六日の菖蒲は後の祭であり、十日の菊はもう時節が済んでいるのであります。宗教家でも、政治家でも、教育家でも、ことごとく世の後端を行つているのに反して、皇道大本《こうどうおおもと》は常に九月八日の仕組で先端を進むのであ

ります。（『真如《しんによ》の光』昭和六年十一月五日号）

事実、九月八日の重要性は、大本歴史の中で明らかに証明されている。

大正五年六月二十五日、坤《ひつじさる》の金神《こんじん》として女装した王仁三郎ら一行六十名は播磨灘の神《かみ》島《しま》に渡り、神島を守護する坤の金神を鎮祭する。九月八日、王仁三郎はじめ一行六名は再び神島にわたり、王仁三郎は神宝を受ける。十月十四日（旧九月八日）、出口直・王仁三郎・妻澄・長女直日《なおひ》はじめ役員信者たち八十一名は播磨灘の神島に渡り、坤の金神の鎮座祭を行ない、王仁三郎は祭服を改め、剣をもって大祓いの神事を執行する。この三回にわたる神島参りを「神島開き」といい、特に三回目の神島参りは大本歴史の一大エポックを画するものとなる。なぜならばその夜、直・王仁三郎はじめ出口家一同は、大阪・松島の谷前家に宿泊するが、翌十五日（旧九月九日）直は神懸りして筆先を書く。

みろく様の霊はみな神島へ落ちておられて、坤の金神どの、素盞嗚尊と小松林の霊がみろくの神の御霊で、結構な御用がさしてありたぞよ。みろく様が根本の天のご先祖様であるぞよ。国常立尊は地の先祖であるぞよ……（大正五年旧九月九日）

この筆先によって、王仁三郎を守護する坤の金神ばかりか、悪神ともいわれた素盞嗚尊も小松林命も実は根本の天のご先祖である弥勒の神の御霊として、神々の因縁や神観に対する大本の理解が大きく修正されることになる。

大正十年十月八日（旧九月八日）、王仁三郎に「神より開示しておきたる霊界の消息を発表せよ」との神示が示される。

霊界物語を始めましたのは大正十年旧九月十八日でありましたが、御神命は（旧）九月八日に降ったのであります。その時はあたかも大本事件、九月五日の第一審で懲役五年を言い渡された当時で、その日から三日目に神命が降ったのであります。（『真如の光』昭和六年十一月五日号）

王仁三郎が述べるように、旧九月八日に神命が降り、十月十七日に出口直の神霊からきびしい督促があり、翌十八日（旧九月十八日）より『霊界物語』の口述が始まる。

これについては、王仁三郎はすでに預言している。

辛の酉の紀元節、四四十六の花の春、世の立替え立直し、凡夫の耳も菊の年、九月八日のこの仕組（大正八年一月二十七日）

「辛の酉」は大正十年に当たる。その「紀元節」に王仁三郎の拘引状が出て、翌十二日に検挙され、第一次大本事件勃発。「四四十六の花の春」は大正十六年、すなわち昭和二年五月十七日に免訴になる。「世の立替え立直し、凡夫の耳も菊（聞く）の年」は、日本中のジャーナリズムが大本の立替え立直しの主張や事実無根の捏造まで交えて大本と王仁三郎の悪口を書き立て、万人の耳目をそばだたしめたこと。そして「九月八日のこの仕組」で、旧九月八日、大本の根本教典である『霊界物語』を口述せよとの神命が降る。

大正十三年、入蒙した王仁三郎はパインタラ（現・通遼）の法難によって日本に護送され、大阪刑務所に入監されるが、獄中より教団に「旧九月八日より五六七殿《みろくでん》の七五三の太鼓を五六七と打つことに改めて下さい」との書信を送り、「三千年の岩戸の七五三《しめ》も解けにけりみろく三会の神音《かね》の響きに」と付記した。これによって、十月六日（旧九月八日）より、五六七殿の大太鼓は五六七の打ち方に改められる。

昭和六年九月八日、王仁三郎は本宮山山頂の神殿の破壊跡に三個の石碑を立て、「これから十日後に大きな事件が起こり、世界的に発展する」と預言したが、はたして十日後の九月十八日に満洲事変が勃発、日本が中国大陸を侵略する最初の事件となり、太平洋戦争の導火線ともなる。それから敗戦までの十五年間、日本は戦争の泥海にあえぐが、それはいわば新日本再生への産みの苦しみでもあった。

昭和二十年九月八日、大本は大審院において第二次大本事件に対する無罪の判決を受け、十年にわたる事件もようやく幕となる。まさにこの日、マッカーサー元帥が騎兵八千その他計一万五千の兵を率いて入京し、日本全土が建国以来初めて外国の占領下に入る。その六年後の昭和二十六年九月八日、サンフランシスコにおいて講和条約が結ばれ、十年にわたる太平洋戦争も幕を閉じる。

九月八日の言霊学的意義について、王仁三郎は「九月八日の九はツクシであり、月はミロクであり、八は開く、日は輝くの意味で、梅で開いて松で治めるといふ意義である。九月とは松で治める意義、八日とは梅で開く意義である」（第七巻「総説」）と述べるが、すなわち弥勒神政の経綸を指す日柄といえよう。

錦の宮とイソ館

第七輯、第八輯に所収の第三十七巻から第四十八巻までは「舎身活躍」編と題され、明治三十一年五月の高熊山第二回修行中に王仁三郎が見聞した神々の活動の記録という。ちなみに「舎身」は「捨身」でないことに御注意。『広辞苑』によれば、「捨身」は「修行・報恩のために身を犠牲にすること、身命を投げ出して死ぬこと」とある。

ここに云ふ舎は家であつて、衣食住の完備して一家の斉ふたる意義である。そこで舎身活躍とは、他の厄介にならず独立独歩して活動すると云ふことであつて、身を捨てて活躍すると云ふ意味ではないのである。尚約めて言へば、軍人には軍人の服装があり、農家には農家の服装がある如く軍人は軍人らしく農家は農家らしく、商人は商人らしく、労働者は労働者らしく、それぞれ、それらしき身の構へをして活動すると云ふことである。(『月鏡』「舎身活躍」)

第三十六巻までは神素盞嗚大神は陰の守護に回った錦の宮中心の神業であり、「霊界物語も凡百の艱難を排除し、やうやく三十六巻、原稿用紙百字詰四万五千枚、着手日数百八十日にて完結を告げました」（第三十七巻「序」）とあるように、第三十六巻までで一区切りのついたことを示唆している。

第三十九巻からは錦の宮は姿を消すと共に、神素盞嗚大神がいよいよ表に現われ、イソの神館（イラン）を中心に画期的な大宣教が展開される。中心軸の転換であると共に、読者は錦の宮中心では世界改造の神業が進展しないという、思い切った意識の転換を迫られる。

この霊界物語は、……決して現界の事象にたいし、寓意的に編述せしものにあらず、されど神界幽界の出来事は、古今東西の区別なく、現界に現はれ来ることも、あながち否み難きは事実にして、単に神幽両界の事のみと解し等閑に附せず、それによりて心魂を清め言行を改め、霊主体従の本旨を実行されむことを希望す。（第一巻「序」）

『霊界物語』第一巻冒頭に述べるように、第三十六巻以前と第三十九巻以後の物語は、そのまま大本歴史とクローズ・アップされる。

明治二十五年の出口直の帰神以来、大本神業の中心は錦の宮に相応する地の高天原・綾部であったが、王仁三郎に対する出口直初め役員信者の無理解により神業は硬直化する。王仁三郎は大正八年十一月、亀岡の明智光秀旧城址（のち天恩郷と命名）を買収して開拓にかかり、役員信者の強い反対を押し切って神業の中心をイソの神館に相応する亀岡に移して行く。その重大な舞台転換の幕間というべき第三十七巻、第三十八巻は、高熊山入山の経緯と穴太での幽斎修行、綾部入り、綾部での幽斎修行、直の末娘澄との結婚、冠島開き、沓島開き、鞍馬山出修、元伊勢水の御用、出雲火の御用など、明治三十八年頃までの教団草創期の歴史が忌憚なく述べられている。部分的な自伝ともいえるが、大本の総帥という立場でいながら、徹底した自己暴露が行われてもいる。

丹波地方の郷土史や当時の民間宗教事情などの研究にとって貴重な資料であり、わけても鎮魂帰神の体験記録は、憑霊現象の研究にとって絶好なものであろう。だがそこに語られていることは余りにも信じ難いことばかりで、眉に唾つけて見たくもなろう。

今日の大本へ修行に来る人間は、大部分、中等や高等の教育を受けた人が多いから、この時のやうなあまり脱線的低級な霊は憑つて来ない。が、大本の最初、すなはち明治三十二年ごろの神がかりといつたら、実に乱雑極まつたもので、まるで癲狂院そのままの状態であつた。その上邪神の奸計で、審神者たる者はしばしば危険の地位に陥ることがあつて、たうてい筆や口で尽くせるやうなことではなかつた。幽界の事情を少しも知らない人々が、この物語を読んでも、到底信じられないやうな事ばかりであるが、それでも事実は事実として現はしておかねば、今後の斯道の研究者の参考にならぬから、有りしままを包まず隠さず、何人にも遠慮会釈なく、口述することにしました。

また、この巻の口述された大正十一年にはまだ多くの関係者が生存しており、有りもせぬことを述べるはずがない。綾部での幽斎修行で悪霊が修行者にいっせいに憑依した時は、全く手のつけられぬ状態であった。村人たちは珍しがり、弁当持ちで見物に来る始末。

喜楽（王仁三郎の号）は一生懸命に鎮圧に力を尽くしても、二十有余人の神憑の大部分に、不在の間に妖魅が憑つたのであるから、なかなか容易にしづまらない、こちらを押さへばあちらが上がる、ちやうど城の馬場で合羽屋が合羽を干してゐたところへ、にはかに天狗風が吹き合羽が舞ひあがり、一度に押さへることが出来なくなつて、爺があわてて堀へはまつたやうな具合になつてきた。（第三十七巻「妖魅来」）

中でも、強力な妖魅が憑って醜態を演じ審神者の王仁三郎をてこずらせたのは、福島寅之助、四方春三、黒田きよ、塩見せい、村上房之助、野崎徳三郎らであった。彼らは普段の時はどこにでもいるような平凡な人たちだが、いったん霊が憑ると、人格が豹変する。

そして彼らは、確固たる使命感をもって王仁三郎を迫害し、彼らの目を盗んで三年がかりで書き溜めた五百冊の原稿を全部焼き払ったり（第三十八巻第二六章）、暗殺隊を組織して命まで狙う（第三十八巻第一一章）。しかも彼らの背後には、稚姫君命に相応する出口直の影が見え隠れする。第三十八巻が次の文章で終っていることも、まことに意味深長である。

出雲参拝（明治三十四年七月の出雲火の御用）後は教祖（出口直）の態度はがらりと変はり、会長（王仁三郎）に対し非常に峻烈になつて来た。そして反対的の筆先も沢山出るやうになつて来た。澄子が妊娠したので、もはや会長は何ほど厳しくいつても帰る気遣ひはないと、思はれたからであらうと思ふ。それまでは何事も言はず、何時も役員が反対しても弁護の地位に立つてをられたのである。いよいよ明治三十四年の十月頃から、会長が変性男子（出口直を指す）に敵対ふといつて、弥仙山へ岩戸がくれだといつて逃げて行つたりせられたので、役員の反抗心をますます高潮せしめ、非常に海潮（王仁三郎の号）、澄子は苦心をしたのであつた。それから大正五年の（旧）九月九日（新暦では十月五日）まで、何かにつけて教祖は会長の言行に対し、一々反抗的態度をとつてゐられたが、始めて播州の神島へ行つて神懸りになり（神島開き）、今までの自分の考へが間違つてゐたと仰せられ、例のお筆先（旧九月九日に示された「王仁三郎に懸かる神が五六七の大神であること」の筆先）まで書かれたのである。（第三十八巻第二八章）

これで見ると、王仁三郎と直の対立のなかった時期は、王仁三郎が綾部入りした明治三十二年七月から出雲火の御用までの一年と、神島開きの大正五年十月から直昇天の大正七年十一月までの一年余、王仁三郎と直の並立時代十九年のうち、わずか三年一カ月に過ぎないことになる。

役員信者の妨害はまだ我慢ができるとして、一番頼りにする義母直が王仁三郎を掣肘し、妻澄は夫と王仁三郎の中に挟まれて、その感情は揺れ動く。

王仁三郎ほどの能力を持った男なら、これほどいじめられてまで綾部に留まらずとも、別の地でいくらでも大教団を創立することは可能であったろう。だが王仁三郎は、事情があって一時は綾部を離れることがあっても、必ず舞い戻ってくる。綾部に王仁三郎を引き止めるどんな魅力があったのか、読者は疑問に思うことだろう。その解答を行間から読み解くことも、『霊界物語』を読む楽しみであろう。

厳瑞二霊と変性男子・女子

『霊界物語』第七輯までをお読みになった読者ならば、作中に頻々と使われる「変性男子・変性女子」、「厳の御霊・瑞の御霊」という言葉は、もうすっかりお馴染みであろう。いずれも重要な大本用語の一つだが、その出典は出口直の筆先だと思い込んでいる人が多い。

確かに筆先には「変性男子・変性女子」は頻出するが、意外なことに「厳の御霊・瑞の御霊」の語句は全く使われていない。

では、当時そういう言葉がなかったかといえば、さにあらず。たとえば明治三十七年、日露戦争当時の出口王仁三郎の著作『道の栞』は、全編が「厳の御霊・瑞の御霊」の神格論といってもよく、「変性男子・変性女子」は全く表われていない。

すなわち、「変性男子・変性女子」は出口直（あるいは直に懸かる神）、「厳の御霊・瑞の御霊」は王仁三郎（あるいは王仁三郎に懸かる神）の造語であり、両者が互いに相手の専門用語を見事に無視している。

この用語の意義を言霊で教学的に裏づけたのが、『霊界物語』第十二巻第二九章「子生《みこうみ》の誓《ちかい》」である。天照大御神と神素盞嗚大神は誓約《うけい》の結果、おのおの五男神と、三女神を生む。天照大御神は姿は女である。女の肉体をおもちであつたのでございますが、その霊は以上述べたごとく、実は勇壮無比の男神でありました。鎮魂の結果お生れ遊ばしたのは、五柱の男の神さまの霊性があらはれた。それで姿は女であつて、男の御霊をそなへてをられますから、天照大御神を変性男子と申し、厳の御霊と申し、須佐之男命は姿は男であつても、女の霊をおもちであつたから変性女子といひ、瑞の御霊といふのでございます。しかして前の三女の霊に対して、この五柱の命を五男の霊とも申します。

要するに、「変性男子・変性女子」も「厳の御霊・瑞の御霊」も同じ意にみえるが、『霊界物語』の中の用語例でみると、前者は霊性を、後者はそれを超えた神格を指すことが多い。そして前者の言葉を好んで使用するのは、高姫、黒姫一派のようである。例えば、ウラナイ教副教主の黒姫の台詞。

……変性女子の霊や肉体を散り散りばらばらに致して血を啜り、骨を臼に搗いて粉となし、筋を集めて衣物に織り、血は酒にして呑み、毛は縄に綯《な》ひ、再びこの世に出て来ぬやうにいたすのがウラナイ教の御宗旨だ。

高姫に至っては、変性男子の系統の身魂であることを最高の誇りにし、相手を威圧する時の常套句に用いる。ウラナイ教は「裏（瑞霊）がない」ことが立教の趣旨だから、当然といえば当然であろう。

第八輯所載の第四十七巻「総説」は、救世主神が神素盞嗚大神であることを明示し、厳瑞二霊の働きを示す重大な論文だが、読者はこの箇所を読むに当たって、余りにも回りくどい表現に少なからず困惑するのではないか。まるで迷路のようで、何度も読み返さねば、王仁三郎が読者に伝達しようとする真意が理解しにくい。

この論文を整理していえば、瑞霊神・神素盞嗚大神は宇宙の大原霊・大国常立大神が霊・力・体の三方面から神界・幽界・現界に救いの活動をする時の状態であり、換言すれば、最奥天界における厳霊神の神格と活動につけられた神名だ。

故に神素盞嗚大神は、宇宙の造り主の神徳を一身に集めて、神霊世界および人類世界に神の教えを伝達し、地上に弥勒《みろく》の世を樹立しようとする救世主神であり、その神格の一部を分けて天照大神として天界を主宰させ、自らはこの大地を主宰されるという。

それにしても、なぜことさら難解な文脈で発表せねばならなかったのか、読者は疑問に思うことであろう。その理由を知るには、『霊界物語』の書かれた時代背景を洞察する必要がある。

王仁三郎の生涯は、国内においては天照大神を祖神とする現人神天皇の支配、教団の中においては、厳霊の直系分霊・稚姫君命の再生とされる大本開祖出口直との二重支配で苦しめられてきた。

大日本帝国での天皇の権威は絶大で、国民は等しく天皇を唯一絶対の現人神と仰ぐことを強制されたが、王仁三郎の信じる神は、天皇を遥かに超えた宇宙の根源的存在、神素盞鳴大神だ。だがその信念を発表すれば、たちまち不敬罪の烙印を押される。

さらに教団内部では、開祖派の役員たちの監視の目がある。彼らの出口直に対する信仰は絶対的で、「大神さま」と尊称し、王仁三郎はようやくその補佐役ぐらいに軽く考えられていた。出口直の筆先は無条件で信じられていたが、『霊界物語』の発刊に対しては批判的な人たちが多かった。

彼らの共通認識は、須佐之男命に対する誤った悪神観である。須佐之男命は皇室の祖神である天照大神に反抗して「天の岩戸」に押し込めた、不敬極まる弟神だ。そして神素盞鳴大神といえば、『古事記』にある須佐之男命をだれしも連想する。なぜ、救世主神の神名をことさら危険な神素盞鳴大神とするのか。それは神からの強制であろうし、王仁三郎の言霊観からしても、その神名しかなかったのであろう。

検閲官や教団役員の検閲の網の目を潜って神素盞鳴大神の神格を明確にするには、彼らの頭が混乱するほど、ややこしくする必要があった。そこで天照大神と混同しやすい天照皇大御神という神名を使い、もって回った表現で、その神の顕現こそ神素盞嗚大神だと示す。しかも天照皇大御神、すなわち神素盞嗚大神は天皇家の祖神である天照大神とは似て非なる神であることを、王仁三郎は忘れずに念を押す。

天照皇大御神様と天照大神様とは、その位置において、神格において、所主の御神業において、大変な差等のあることを考へねばなりませぬ。

天照大神は、主神である神素盞嗚大神より位置、神格、神業において遥かに低いという主張だから、よくぞこれが検閲に引っ掛からなかったものである。

最近、問題の第四十七巻「総説」を読み、重大なことに気がついた。

前に述べた通り、宇宙一切の大権は、厳の御魂の大神、すなはち太元神に属し、この太元神に属せる一切は瑞の御魂に悉皆属されたる以上は、神を三分して考へることは出来ませぬ。つまり、心に三《さん》を念じて、口に一《いつ》をいふことはならないのであります。ゆゑに、神素盞嗚大神は、救世神ともいひ、仁慈大神とも申し上げ、撞の大神とも申し上げるのであります。

私は以前から「心に三を念じて、口に一をいふことはならないのであります」という表現が気にかかっていた。常識的に考えれば、「心に一を念じて、口に三をいうな」という表現が自然ではないかと。ところが「三」に「さん」とルビが振ってあるので惑わされたが、「一」は「いつ」とルビが振ってあり、厳と瑞の神格論の前後の文章から考えても、「三」は「みつ」と読むべきじゃないか。「いつ」は「厳」、「みつ」は「瑞」だ。すなわち、心で「瑞の御魂（註・この場合、王仁三郎）」を信じながら、口で「厳の御魂（註・この場合、直）」を称えてはならないという、戒めなのであろう。

第一巻第二四章「神世開基と神息統合」の末尾に記された二首の歌が、今更ながらに思い出される。

耳で見て目でき鼻でものくうて口で嗅がねば神は判らず
耳も目も口鼻もきき手足きき頭も鼻もきくぞ八ツ耳

まさに八ツ耳の感覚でなければ、物語の真解は非常に困難であろう。

兇党界と妖幻坊

第九輯所収の第四十九巻からは、妖幻坊という兇党霊が登場する。神素盞嗚大神の経綸を妨害する悪役として高姫に憑依、以後のストーリー展開に重要な役割を果たして行く。『霊界物語』最終巻（「天祥地瑞」を除く）の第七十二巻は、妖幻坊が正体を現わして雲を霞と消え去り、高姫は金毛九尾白面の悪狐に還元して大高山の方を目がけて中空を駆けるところで終っている。大高山とはどこを指すのか。この場面の口述は大正十五年七月一日、その年の十二月二十五日には、高山の住人大正天皇は崩御する。

妖幻坊はバラモン教本山・大雲山の八岐大蛇の片腕で、兇党界に属する獅子と虎の両性の妖怪（第六十巻「総説」）である。天国天人界に籍を持つ初稚姫と凶妄熱烈な高姫、高姫に憑依する妖幻坊との三つ巴の活躍を助けるために、兇党界と兇党霊についての若干の知識が必要である。

兇党界は、霊界と現界の間にある変則的幽境、すなわち妖魅界といわれる境域で、人間界とのかかわりが深い。その兇党界に住む精霊を兇党霊という。兇党霊は肉体的精霊、いわば半物質体であり、一種の妖魅・魑魅魍魎の類《たぐい》である。現界にも、霊界にも行ききれない精霊だ。彼らは山の入口や河の堤や池の畔、墓場の付近などに群居している。開《あ》かずの間《ま》などというのも、兇党霊のかっこうな住処となろう。

墓場跡に人家を建てると、兇党霊がわざわいして、いろいろなよくないことがある。だが見世物小屋とか飲食店などは、よく繁盛するらしい。通りがかりの人がひょいと兇党霊に誘われると、急に食べたくなったり、見世物が見たくなって飛びこんでくるからだ。兇党霊は、人に憑依して飲食したり、おもしろいものを見て楽しみ、次々に友を呼ぶから、繁盛するわけである。

肉体的精霊である兇党霊は「人に似て人にあらず」で、天狗、河童、龍、大蛇、狐、狸などの姿を装う。昔は狸や狐が人を化かすと信じられた。

では昔の狐や狸は人を化かす能力があったかというと、王仁三郎によれば、それは兇党霊の仕業ということになる。日本人の血のなかに、昔から狸や狐は化かすものという観念がしみついている。だから兇党霊は狸や狐に憑依して、人を化かす。外国にはそんな観念がないから、外国の狸や狐は人を化かさない。今は科学が発達して、日本でもそんなことを信じる者はいないから、兇党霊が狸や狐に憑依しても効果がない。そこで人に憑依して化かすという。

兇党霊に憑依されやすいタイプは、暗冥頑愚な妄想家である。兇党霊はその人の欲望につけ入る隙を見つけて、足や背中から潜入してくる。風邪でもないのにゾーッと寒いような時には、注意した方がいい。また善《よ》い霊が憑ってくる時は、眉間からくる。おでこがボーッと暖くなる。

人間の肉体を占領した兇党霊は、腹の中におさまって、声帯や手足などの人間の諸器官をわが物と思いこみ、自由自在に扱う。その上、脳内のある部分を占拠して人間の記憶と想念の中に入りこむから、祖先の名や、声やしぐさ、過去の出来事など、うまく引き出してくる。預言する行者とか巫女などの場合も兇党霊の仕業が多い。すぐ「何々の大神」などと、ありがたそうにいい出す。また偽預言を連発しているうちに、ついには自分で真の預言者だと思いこんでしまう。そうなると、憑依霊とまったく一体化して浮遊の眷属どもを連れこみ、集中的に家族や回りの人々を引きずりこもうと必死になる。その意味で、高姫と妖幻坊の関係は、憑霊現象の研究の上で参考になろう。

王仁三郎は「兇党霊は預言が好きだが、予知能力はない」と断言する。なぜなれば、兇党霊自身が無明暗黒の世界にいるものだから、神界の経綸など分るはずもない。せいぜい三日先の天気が当たるくらいであろう。富士山の大爆発とか、東京の大地震とかいって騒いだのも、兇党霊の仕業であろう。しかし預言した人は、だますつもりはない。兇党霊のいいなりに大変真面目で信じている。

兇党霊に憑られた人の記憶や想念を基礎にして預言や大言を吐くから、自覚しにくいのだ。そのうちエスカレートしてその人の記憶や想念に背くことまで口走り出すと、不安になって、「もしかしたら自分に憑ってる霊は邪神じゃないか。それだったら追い出さなければならん」というので、急に審神《さにわ》的態度に出ることがある。そのあたりの妖幻坊と高姫の関係は面白い。目的のある兇党霊は人を選んで憑ってくる。人徳もあり、正直で善良で一途な者、悪くいえば、頑固一徹な人が狙われやすい。世間に信用されない者に憑っても、だますことはできないからだ。そしてその偽預言者は自分を固く信じているから、熱心だし、言葉が自信に満ちて説得力がある。だから「もしかしたら……」と引き込まれて行く。そうなると善人や常識人をもって任ずる人、逆に奸智にたけた人でも、知らず知らず偽預言者のいいなりになってしまう。

王仁三郎は「心霊現象として現れる諸現象のうち、その物理的なものは兇党界に属する霊の働きである」(『月鏡』)と断言している。卓子傾斜運動、空中拍手音、自動書記、幽霊写真、空中浮揚、物品引寄せ、超物質化、天眼通、天言通、精神印象鑑識、読心術、霊的療法などは、地獄界や兇党霊からくる劣等な霊的現象が多い。

王仁三郎も若い頃は興味に引きずられて、兇党霊を便利使いしたことを告白している。

……私もいろんな不思議なことをした時代がある。その火鉢をそつちに持つて行けと命ずると、火鉢はひとり動いて他に移る。お茶をつげと命ずると土瓶が勝手に空中飛行をやつて、お客の茶碗にお茶をついで回る。そんなことはごくたやすいもので、そのほかいろんな不思議なことをやつたが、神さまが「そういうことばかりやつておると、兇党界に陥つてしまうぞ」とおつしやつて固くいましめられたので、断然止めてしまつた。

（『水鏡』「兇党界」）

兇党霊にも組織がある。世界の大親分は大黒主という霊で、日本では筑波山を本拠にする山本五郎衛門という霊である。山本と書いて、サンモトという特殊な読み方をする。

王仁三郎は「五郎衛門が最近人間としてこの世に姿を現わしたのは、今より百五六十年前（昭和三年時点より）であって、それが最後である」と語っている。

組織があれば、それを拡大し強固にしたいと願うのは当然で、彼らは仲間を増やしたい願望を持つ。しかし霊界にも行ききれない肉体的精霊など特殊だから、ぜひ現界からスカウトして予約済みのレッテルを貼っておきたい。いわば青田刈りだ。それには神の定めた現界的法則を破らせることが必要である。「正法に不思議なし」だのに、不思議なことに弱い人間がいっぱいいる。それら兇党界予備軍に超物理的不思議を見せ、とりこにしようと狙っているから、気をつけねばならない。

『霊界物語』の中での高姫も兇党霊の巣窟となって大狂態を演じるが、王仁三郎もまた兇党霊に憑依された福島久（出口直の三女）にてこずる。第五十巻第二章「照魔燈」では、高島久子の変名ながらその実態を暴露しているのは、被害の大きさに放置できぬものがあったのだ。

神素盞嗚大神と山上の神訓

『霊界物語』の主要テーマは、第一巻「序」に明示されている。

この『霊界物語』は、天地剖判の初めより天の岩戸開き後、神素盞嗚命が地球上に跋扈跳梁せる八岐大蛇を寸断し、つひに叢雲の宝剣をえて天祖に奉り、至誠を天地に表はし五六七神政の成就、松の世を建設し、国祖を地上霊界の主宰神たらしめたまひし太古の神代の物語および霊界探険の大要を略述し、苦・集・滅・道を説き、道・法・礼・節を開示せしものにして……

この大河物語の主役は、救世主神・神素盞嗚大神である。スサノオの旋律が全巻を通じてバック・ミュージックのように流れ、随所に神素盞嗚大神の神格と神業が説かれていながら、実際に神姿を現わして活動される場面が意外に少ない。

最初の登場は第十五巻である。天の岩戸ごもりの責任を一身に負って天教山を追われた素盞嗚尊は、母神伊邪那美尊に会わんと地教山（ヒマラヤ山）に進む。地教山の山麓、奇岩怪巌の立ち並ぶ谷の辺りにわだかまる八岐大蛇、白面九尾の古狐の霊を追い払い、山頂を目指す。中腹で、雲突くばかりの大男鬼摑《おにつかみ》が四、五十人の配下を従え、道を遮る。素盞嗚尊は片足を上げて蹴れば、鬼摑は四、五間も空中滑走して林に着陸、手下は驚いて辺りの森林に姿を隠す。

委細構わず先へ進むと、巨大な大蛇が路上に横たわる。思案に暮れていると、伊邪那美尊が数多の美しい神人を従えて現われ、素盞嗚尊の天賦の職責が贖い主であること、そのために千座の置戸を負ってあまねく世界を遍歴し、天地にわだかまる悪霊の心を清め、善を助け悪を和《なご》め、八岐の大蛇を十握の剣をもって切りはふり、叢雲の剣を得て天教山の天照大神に奉れ。それまでは妾は汝の母にあらず、汝はまた妾が子に非ずと、教え諭す。

やむなく山を下りる途中、鬼摑が待ち受け、大地に平伏して帰順の意を表し、意外なことを打ち明ける。

「私は実を申せば鬼雲彦の家来とは偽り、高天原のある尊き神様より内命を受け、貴神の当山に登らせたまふを遮断せよとの厳命をいただきしもの。あゝ併しながら、この度の天の岩戸の変は貴神の罪に非ず、罪はかへつて天津神の方にあり、いずれの神も御心中御察し申し上げる方々のみ、私はこれより心を改め、貴神の境遇に満腔の同情を表し奉り、労苦を共にせむと欲す。何とぞなにとぞ世界万民のために吾が願ひを許させ給へ」

素盞鳴尊迫害の指令は「高天原の尊き神様」から出ているとぼかしているが、その神様が「天照大神」であることを示唆している。

素盞鳴尊は高国別（鬼搦）を従え、西蔵国に入り、カナンの家に一夜の宿を借りる。この国の住人は素盞鳴尊の出現を願い断食して祈願していることを知り、落涙して吐息をつく。

この巻の素盞鳴尊は、まことに人間的である。

第十六巻からは、自転倒島（日本）における太古の「霊界物語」だ。神素盞鳴大神は由良の港から世継王丸に乗り、由良川をさかのぼり、桶伏山の蓮華台に登って天神地祇八百万の神を集め給う。神々が大神の出現を祝いことほぐ様は、蓮華の一時に開き初めるよう。

神素盞鳴大神は国武彦命に何事かを命じ、弥勒神政の暁、三十五万年後の再開を約し、たちまち来る丹頂の鶴にまたがり、中空高く東を指して飛び去る。

第三十二巻では、神素盞鳴大神は末娘末子姫のウヅの館に降臨される。言依別命一行の凱旋を祝し、大歓迎会が開かれる。神素盞鳴大神は奥殿から宴席に現われ、大御歌によって神慮を伝える。一同は感謝の涙と共に、神恩の広大無辺に驚喜する。捨子姫は一同を代表し、答礼歌を謹厳な口調で返し、大神の大御心を慎み三五の教えを四方に拡充しようとの決意を述べる。大神は満足げに微笑みながら、再び奥殿深く入られる。

神素盞嗚大神は言依別命、松若彦とはかり、末子姫の夫に国依別を定められる。

第三十三巻では、国依別と末子姫の結婚式がウヅの館の大広間で行なわれ、神素盞嗚大神は「八雲立つ出雲八重垣」の神歌をもとに二人の結婚を祝し、欣然として奥殿に姿を隠される。めでたく婚儀が終ると、大神は言依別命、カールを従え、天の鳥船に乗り、フサの国イソ館をさして帰り給う。

第三十九巻では、イソ館の八尋殿に数多の神司を集め、大黒主調伏の相談会を開かれ、大黒主言向け和しの大方針と神司の選定を神歌をもって宣示される。

『霊界物語』のパターンとして、一区切りの出発には、核となる教えを総論的に叙述されている。すでに引用した第一巻の序文、三大学則や十曜の神紋の意義を記した第十三巻総説、大本神業の大要や素盞嗚の言霊学的意義、新しい舞台となる印度の地形、名称および人民の差別について述べた第三十九巻の序歌や総説などである。

第十一輯所収の第六十一・六十二巻で賛美歌を集め、第六十三巻から新たな出発である。序歌で苦集滅道の四聖諦を説き、総説では「今日までの口述せしところを熟読なし下さらば、凡て神界の御経綸も大神の御心も判然するはずでありますから、これにて口述が止まつても、神教を伝ふる点においては、あまり不便を感ずる事はあるまいと思ひます……」と断わり、第一章「玉の露」では基本神話に始まり、神素盞嗚大神のイソ館における救世の経綸と神業が述べられている。そして第六十三巻の眼目、いや、物語全体の眼目ともいえるのが第四章「山上訓」であり、王仁三郎の神観の断案でもあろう。

スダルマ山上に三千世界の救世主・神素盞嗚大神が嚠喨《りゆうりよう》たる音楽と共に、月の笠をかぶりながら雲押し分けて玉国別一行の前に神姿を現わし、声も涼しく神訓を垂れ給う。

要約すれば、誠の神または宇宙の主神は無限絶対無始無終の宇宙の大元霊たる大国常立大神（幽の幽神）であり、厳の御霊日の大神・瑞の御霊月の大神（幽の顕神）はその御顕現であり、高天原の天国では日の大神と顕われ、霊国では月の大神と顕われ給う。このほかの八百万の神々はすべて天使（顕の幽神）であり、真の神は大国常立大神ただ一柱のみである。そして現界に肉体を保ち、神の大道を伝え、また現界諸種の事業を司宰する人間を顕の顕神と称える。真に敬愛し尊敬し依信すべき根本の大神は、幽の幽にまします一柱の大神のみ。

そして神素盞嗚大神は、従神を率いて紫の雲に乗り、大空高く月と共に昇らせ給う。

第六十七巻第一章「梅の花香」で、大国常立大神こそ神素盞嗚大神であることを明示される。

現幽神の三界を浄め、天地開闢の昔の祥代に立替へ立直し、神人万有を黄金世界の恩恵に浴せしめ、宇宙最初の大意志を実行せむと天より降りて厳の御霊と現じ、大国常立尊と現はれて神業を開始し給ひし、宇宙唯一の生神、朝な夕なに諄々として神人万有を導きたまふ。愛善と信真の大神教を天下に布衍し、五六七神政出現の実行に着手せむと、ウブスナ山に聖蹟を垂れ、瑞の御霊と現じて三界の不浄を払拭し、清浄無垢の新天地を樹立せむと、神素盞嗚の大神は、世界各地の霊場に御霊を止め、数多の宣伝使を教養し、これを天下四方に派遣し給ひぬ。

神素盞嗚大神を奉斎主神とする宗教団体は、おそらく世界で愛善苑のみであろう。『霊界物語』を根本教典とし、出口王仁三郎聖師を永遠の苑主と仰いでその思想の実現を期する宣伝使集団だからである。

「神仏無量寿経」と「神力と人力」

「あんな者がこんな者になる経綸《しぐみ》」「牛糞が天下を取る経綸」とは出口直の筆先だが、『霊界物語』にもあてはまる例が数多い。琉と球の神徳を身に受けた神人・国依別は、元をただせば嬶《かかあ》泣かせの家潰し、後家倒し、借り倒しと評判のやくざ男の宗彦であった。

第十二輯で活躍する梅公も、第三十九巻で初登場の時は、月の国の大黒主調伏に出陣する照国別の三従者の一人に過ぎぬ。ところが三五教と軍国主義の関係が明示されている第六十六巻から言霊別命（神素盞嗚大神の幸魂で、言依別命として常世国に再生、大経綸を委ねられる）の化身としての片鱗を見せ始め、梅公の言霊によりオーラ山（印度のトルマン国の西北方に数百里に連なる大山脈）の諸悪が払拭される。

第六十七巻第一章「梅の花香」では、梅公を「神人の典型、宣伝使の模範」とし、「はたして梅公司は魔か神か真人か、ただしは大神の化身か」とまで絶賛している。

同巻第三章「美人の腕」では、ハルの湖（印度トルマン国に近い大高原にある東西二百里、南北三百里の大湖）を進む波切丸のあいつぐ危難が述べられる。海賊の襲来はヨリコ姫の武勇で追い払うが、安堵する間もなく波切丸は暗礁に乗り上げ沈没寸前、梅公の言霊で救われる。

第四章「笑いの座」では、船客たちの間で忌憚のない社会批判が行なわれるが、その鉾先はもっぱら腐敗した官吏に向けられる。

ところでこの章は初版（大正十五年八月）・再版（昭和六年七月）とも大部分が伏字で、八幡書店版では王仁三郎校正の底本によってすべて復元されている。校正に当たって、当局の思惑を考慮した王仁三郎は、原作の生々しい用語をぼかした表現に置き換えている。参考までに、「笑いの座」の船客の会話の中から、八幡版と原作（括弧内）の相違をいくつか記しておこう。

竹寺官（高等官）、馬（馬車）、車（自動車）、某役所（某省）、執事（局長）、赤門（大学）、官海（官界）、小名（局長級）、大名（知事）、納言（次官）、色々の雅号（動誤等だの獣誤異）、高等ルンペン（子供の弄物）、神様の神政（大黒主の神政）、米搗バッタ（官吏）、大名にもなつて（伴食大臣にもなつて）、上流の奴（上官の奴）、猪口才（野心家）、大番頭もその他の納言も（国務次官）、芝生（廟堂）、世情（政府）、印度の国（月の国）、人民（人物）、仁義（仁倫）、宗教（宗教家）、疎外し（罪し）、知者（悪人）、寒海（官界）、官（官吏）、納言（勅任官）、寒吏生活（官吏生活）、寒賊（官賊）、レッテル（勲章）、寒狸（官吏）

舞台の設定は印度だが、内容はいうまでもなく日本のこと。そこで原作の言葉に置き換えて見ると、大黒主（天皇に相応）を頂点とした、官吏に対する痛烈な揶揄となる。

官吏は、狭義には明治憲法体制の下で秩序づけられた制度上での呼称で、役人、官員を指す。官吏はすべて天皇によって任命され、「天皇陛下及天皇陛下ノ政府ニ対シ忠順勤勉ヲ主トシ」勤務することを義務づけられた「天皇の官吏」であった。

官吏は高等官と判任官に分けられた。高等官は親任官のほか九等に分ち、親任官・一等官・二等官を勅任官、三等官以下を奏任官とした。判任官は高等官の下にあり、属官ともいう。各省大臣、府県知事など本属長官の権限で、一定の有資格者の中から任命を専行された。従って同じ官吏でも、天皇と国家との距離の遠近を示す官等の差によって差別が生じ、食堂さえ区別された。一方、彼らは官吏以外の民衆に対して、過剰なエリート意識をはぐくんだ。

検閲制度もなく言論の自由の保証された今日では伏字を強制されることなどないが、当時なら官吏侮辱罪ものであったろう。

第五章「浪の皷」では、梅公が波切丸の甲板上で「神仏無量寿経」を音吐朗々と独唱する。無量寿は仏教用語で、無限の寿命を持つものの意。阿弥陀の漢訳名の一つで、無量寿仏・無量光仏ともいう。密教では、胎蔵界の仏としては無量寿仏、金剛界の仏としては阿弥陀仏と、区別する。

「無量寿経」は「浄土三部経」の一つで、阿弥陀仏の四十八願と極楽の様子、極楽往生の方法を説いたもの。仏教の経文である「無量寿経」に神仏をつけることで、伊都能売大神が神仏を超えた主神としての立場であることを示し、その神格、神徳を明らかにし、天国に復活する道を説く。

「神仏無量寿経」の最後の数行は、王仁三郎の死後についての戒めとして受け取られている。

瑞霊（王仁三郎）世を去りて後、聖道漸く滅せば、蒼生諂偽にして、復衆悪を為し、五痛五焼還りて前の法のごとく久しきを経て、後転《うた》た激烈なるべし。悉く説くべからず。吾は唯衆生一切のために略して之を言ふのみ。

爾等各善く之を思ひ、転《うた》た相教誨し聖神教語を遵法して敢て犯すことなかれ。あゝ惟神霊幸倍坐世。

伊都能売の大神　謹請再拝

この預言はあまりにも明確に実現、王仁三郎亡き後の大本教団は急激に変質し、ついに第三次大本事件を惹起する。

第六章「浮島の怪猫」に至って、批判の矢は直接、官吏の任命者である現人神天皇に向けられる。だが不思議なことに、伏せ字の箇所は「笑いの座」に比べて遥かに少ない。参考までに、八幡版から伏せ字の部分（二重鍵括弧内）を示す。

「あの山の頂きを御覧なさい……『世の中は之を見ても、此の儘続くものではありますまい。天の神様は地に不思議を現して世の推移をお示しになると云ひますから、これから推考すれば、大黒主の天下も余り長くはありますまいな』……」

「妙な怪物が沢山棲息してゐるといふ事です。……『大黒岩に関する話は口を閉じて』……」

乙「あなたは何教かの宣伝使様のやうですが……『吾々は不安で堪らないのです。つい一時間前まで泰然として湖中に聳えてゐた、あの岩山が脆くも湖底に沈没するといふやうな不祥な世の中ですからなア』」

梅「今日は妖邪の気、国の上下に充ちあふれ……『聖者は野に隠れ、愚者は高きに上つて国政を私し、善は虐げられ悪は栄えるといふ無道の社会ですから、天地も之に感応して、色々の不思議が勃発するのでせう。今日の人間は何れも堕落の淵に沈み、卑劣心のみ頭を擡げ、有為の人材は生れ来らず、末法常暗の世となり果ててゐるのですから』…

……『まだまだ世の中は、これくらゐな不思議では治まりませぬよ。ここ十年以内には、世界的、又々大戦争が勃発するでせう。今日ウラル教とバラモン教との戦争が始まらむとしてをりますが、こんなことはホンの児戯に等しきもので、世界の将来は、実に戦慄すべき大禍が横たはつてをります。』……」

甲「なるほど、承れば承るほど、今日の世の中は不安の空気が漂うてゐるやうです……『今の人間は神仏の広大無辺なる御威徳を無視し、暴力と圧制とをもつて唯一の武器とする大黒主の前に拝跪渇仰し、世の中に尊き者はハルナの都の大黒主より外にないものだと誤解してゐるのだから、天地の怒に触れて、世の中は一旦破壊さるるのは当然でせう。』……『まるきり神様を科学扱ひにし、御神体を分析解剖して色々の批評を下すといふ極悪世界ですもの、こんな世の中が出て来るのは当然でせう。』……」

伏字になった箇所は、大黒主の治世が長くは続かないこと、その国政批判、世界的戦争の預言などだ。

しかし検閲を免れ、発表を許された部分こそ、実けもっとも鋭く天皇ならびに天皇制の矛盾を剔抉する。

浮島の峰と称える岩島は、ハルの湖第一の高山である。天理教教祖の中山みきの「筆先」は皇室を「高山《たかやま》」で表現したが、王仁三郎は「岩のみをもつて築かれた高山」と称する。

「君が代は千代に八千代にさざれ石の巌となりて」の国歌を連想させるではないか。

その岩島には古来の伝説や由緒があり、昔は「夜光の岩山」といい、岩の頂上に日月のような光が輝き、月のない夜の航海には燈明台として尊重されていた。夜光とは、月と星以外からくる夜空の光だ。湖の中心に聳え立ち、万古不動の霊山といわれながら、その岩島はチクチクと東へ移動した。東京遷都を暗示する。

山頂は役に立たぬガラクタ岩で固められ、「ほとんど枯死せむとするやうなひねくれた、ちつぽけな樹木が岩の空隙に僅かに命脈を保つている」という。「山高きが故に尊からず、樹木あるを以て尊しとす」とあるように、「大きな面積を占領して、何一つ芸能のない」燈明台にもならぬ岩山だ。

これらは、莫大な皇室財産についての批判であろう。

皇室財産が膨れ上がるのは一八八四（明治一七）年から八七（明治二〇）年にかけてで、明治政府はまず政府所有の日本銀行・横浜正金銀行・日本郵船会社株を皇室財産に組み入れ、一八八九（明治二二）年の大日本帝国憲法施行の頃には約一千万円に達した。同年、佐渡・生野両鉱山が皇室に移譲され、また八九・九〇（明治二三）年には府県・北海道合わせて三百五十万町歩の山林原野が皇室財産に編入される。また九〇年以降には毎月三百万円の皇室費が国庫より支出され、一九一〇（明治四三）年度予算より、それが四百五十万円に増額される。九八（明治三一）年には日清戦争で得た償金約三億円のうち、二千万円が皇室会計に繰り入れられる。

もっとも皇室財産には変動があり、一八九六（明治二九）年には三菱合資会社への佐渡・生野両鉱山の払い下げ、北海道庁への御料林百三十六万町歩の無償下付、明治末から大正年間にかけての農地・市街地の払い下げ・売却が行なわれたが、いずれにしても天皇家が日本の超大地主であったことには変わりはない。そして一九四五（昭和二〇）年の敗戦の結果、皇室財産は連合軍総司令部によって解体される。

昔、山頂に特に目立って仁王のように直立していた岩はアケハルの岩と称せられ、国の守り神として国民が尊敬していたが、今日では少しも光りがなく、しかも縦に大きなヒビが入り、いつ破壊するか分からない。人々はそれを大黒岩と呼んでいる。

アケハルに漢字を当てれば明治であり、暗に明治天皇を示す。当時の一部信者たちはこの意味を鋭く察知し、「浮島の怪猫」の章だけが書き写されて、密かに回し読みされたという。だがなぜか、検閲当局はこれを見のがした。

王仁三郎が第一次大本事件で投獄され九十八日ぶりで保釈出所してきたのは、一九二四（大正一三）年十一月一日である。そしてこの章が口述されたのはその一月後であり、不敬罪・新聞紙法違反を巡って法廷で熾烈な裁判闘争が行なわれている最中なのだ。王仁三郎の剛胆不敵なしたたかさを思う一方、そうまでしても活字に残し、後の世に伝えねばならぬ預言者の使命の厳しさに粛然たる思いである。

ヒビ割れのアケハル岩が大黒主の象徴であるのは、いうまでもない。大黒主はバラモン教の大教主である。その主宰神・大自在天大国彦神は天王星（天皇制？）から北米に下った豪勇の神人という設定も思わせぶりだ。

岩島には、今や虎とも狼とも金毛九尾とも大蛇とも形容し難い怪物が棲み、人間が島に一歩でも踏み入れるとたちまち怪獣の爪牙にかかり、血は吸われ、肉は食われ、滅びるといって怖がり、誰も近寄らず、人々は「悪魔島」と恐れ、大黒岩に関する話は口を閉じて語らぬ。その怖さを身をもって知っているのは、不敬罪で二度まで裁かれ一族・信徒の多くを命がけの拷問にさらした王仁三郎自身であろう。

船客たちが岩島について語っているうち、頂上の夫婦岩が下方に向かって歩き出す。岩かと思えば、磯端に下ってきた時には牛のような虎猫になり、波切丸を目を怒らしてにらみながら、夫婦連れで湖面を渡り、西方さして浮きつ沈みつ逃げてゆく。にわかに浮島は鳴動し、山の量は小さく低くなり、水面にその影を没する。しかし沈没の仕方が漸進的であったため、恐ろしい荒波も立たず、波切丸は前後左右に動揺するぐらいであった。まさに大日本帝国の敗退と現人神消滅の大預言である。

「こんな事は昔から見た事はありませぬ」と船客甲は嘆声を発する。「昔から」は原文では「開闢来」となっており、大日本帝国と天皇制の運命を語るには、いっそう真に迫る表現だったといってよいだろう。この日本の運命について、工仁三郎は四五年一二月、鳥取県吉岡温泉で次のように語っている（十二月三十日付『大阪朝日新聞』掲載）。

……これからは神道の考へ方が変つてくるだろう。国教としての神道がやかましくいはれてゐるが、これは今までの解釈が間違つてゐたもので、民主主義でも神に変りがあるわけはない。ただほんたうの存在を忘れ、自分の都合のよい神社を偶像化して、これを国民に無理に崇拝させたことが、日本を誤らせた。殊に日本の官国幣社の祭神が神様でなく、唯の人間を祀つてゐることが間違いの根本たつた。しかし大和民族は絶対に亡びるものではない。

日本敗戦の苦しみはこれからで、年毎に困難が加はり、寅年の昭和二十五年までは駄目だ。いま日本は軍備はすつかりなくなつたが、これは世界平和の先駆者として尊い使命が含まれてゐる。本当の世界平和は、全世界の軍備が撤廃したときにはじめて実現され、いまその時代が近づきつつある。

浮島の怪という開闢来の変事に際して、梅公は何をしていたか。船の底で為すこともなく寝ていたのだ。そして船の少しの動揺で目を覚まし、ひょろりひょろりと甲板上に上がって来ると、すでに岩島は水泡となって跡形もなく消えていた。

肝心な時に寝ていたというのでは梅公の宣伝使としての面目を問われそうだが、それは太平洋戦争最中の王仁三郎の立場でもあったのだ。王仁三郎は第二次大本事件で獄中に囚われ、六年八ケ月の間、その肉体はへそを天井に向けて寝ているのである。

今後の世の行く末を問う船客乙に、梅公は「ここ十年以内には、世界的、又々大戦争が勃発するでしょう。今日ウラル教とバラモン教の戦争が始まらんとしているが、こんなことはほんの児戯に等しいもので、世界の将来は実に戦慄すべき大禍が横たわっている」と預言する。

この章の口述された一九二四（大正十三）年十二月二十七日（旧十二月二日）から七年後の一九三一（昭和六）年九月十八日、満州事変が勃発。日本が中国大陸を侵略する契機を作り、やがて世界大戦へと発展してゆく。

別の考え方がある。梅公の預言は岩島沈没以後である。そこで岩島の沈没と一九四五（昭和二〇）年の日本の敗戦を重ね合わせてみよう。五〇（昭和二五）年六月、大韓民国と朝鮮民主主義人民共和国が、それぞれ米軍を主体とする国連軍と中国義勇軍の支援のもとに国際紛争にまで発展した朝鮮戦争が勃発（五三年七月休戦）、第二次大戦後の米ソの対立を背景にした代理戦争で、第三次世界大戦にまで発展しかねない一触即発の危機をはらんだ。いずれにしても、鮮やかな預言の的中である。

船客の頼みに応じて梅公が説いたのが、「神力と人力」である。それを聞いたスガの港のイルクが賛嘆する。

……既成宗教は已に命脈を失ひ、ただその残骸を止むるのみ。吾々人民は信仰に飢え渇き、精神の道に放浪し、一日として、この世を安心に送ることが出来なかつたのです。旧道徳は既に已に世にすたれて、新道徳も起こらず、また偉大な新宗教も勃起せないといつて、日夜悔んでをりましたが、かやうな崇高な偉大な真宗教が起つてゐるとは、夢にも知らなかつたのです。……

波切丸の船上で梅公の説いた「神力と人力」こそ王仁三郎の教えの根幹をなすものである。そして王仁三郎は混迷した敗戦後の荒波を乗り切るため、日本に真宗教「愛善苑」を発足させ、人類の行く手に明るい希望の灯をともしたのだ。

初版あとがき

王仁三郎の生涯は、記紀神話に伝えられる素盞嗚尊《すさのおのみこと》と相似する。

いずれも高貴の血（スサノオは伊邪那岐尊《いざなぎのみこと》の貴《うず》の御子《みこ》、王仁三郎は有栖川宮熾仁《ありすがわのみやたるひと》親王の落胤）を受けながら、素盞嗚尊が天照大神《あまてらすおおかみ》によって高天原《たかあまはら》を追放されたように、王仁三郎は不敬罪の汚名で二度までも断罪され、八岐《やまた》の大蛇《おろち》（世にはびこる悪）と対決し、八重垣《やえがき》を取り払うことを念じつつ、贖《あがな》い主《ぬし》としての生涯をつらぬいたのである。

私は王仁三郎をテーマに一筋に執筆してきたが、その人生の核心に迫るほど、素盞嗚尊と王仁三郎がオーバーラップして映ることにいつの頃からか気づきはじめた。

心のキャンバスに王仁三郎を描いたつもりが素盞嗚尊であったり、素盞嗚尊を語る言葉が王仁三郎になっていたりする。そして、そのイメージを拡大していくと、『霊界物語』の中心軸である救世主神《きゅうせいすしん》・神素盞嗚大神《かむすさのおおおかみ》に行き着く。

天照大神を祭神とする神社は少ないが、素盞嗚尊はその系統の神々まであわせると、全国津々浦々の草深い神社にまで祀られ、「天王《てんのう》さま」などと民衆に親しまれてきた。それほど素盞嗚尊は民衆の心に深く住み着いていたのである。

ところが明治以降、天照大神が国家的な最高神とされる過程で、素盞嗚尊は天照大神に反抗した悪神として人々の意識のなかでも疎外されてきた。

ちなみに、幕末に流行した「ええじゃないか」で象徴される伊勢のお蔭参りは、民衆の世直し願望の熱狂的な現れであったが、民衆が目指したのは、天照大神を祀る内宮《ないくう》ではなく外《げ》宮《くう》であった。内宮がクローズアップされるのは、明治になって天皇統治との関わりにおいてである。明治二年三月十二日、明治天皇は東幸《とうこう》の途次、伊勢神宮に参拝するが、これは歴代天皇ではじめてのことであった。『明治天皇紀』は記す。

抑々《そもそも》天皇の両太神宮親拝《しんぱい》は実に神宮鎮座以来始めて行はせたまふ所の盛儀にして、其の儀典は神祇官勅《じんぎかんちょく》を通じて新定せし所なり、禰宜《ねぎ》等の上れる解状《げじょう》に曰《いわ》く、謹みて旧典を考ふるに、今次《こんじ》の御親謁《ごしんえつ》は神宮創基以来未《いま》だ曾《かつ》て列聖《れつせい》の覲幸《きんこう》を見ざるの洪蹤《こうし》なり……

つまり伊勢神宮は天皇家の祖神・天照大神を祀るとされながら、明治天皇以前の歴代天皇は誰一人として参拝していなかったのである。民衆に親しまれていた伊勢信仰は、明治政府によって内宮信仰へと切り換えられ、ことさらにいかめしい風貌でたちあらわれることになる。かくして神々が国家によって管理され抑圧される不幸な時代がはじまったのである。そのなかで、王仁三郎が素盞嗚尊の復権を目指したことの意味は、信仰的にはもちろん、宗教史的立場からも確認されねばならないだろう。

本書の成立について一言。「スサノオ考」は、一九九〇年六月一日から三日にかけて、王仁三郎にゆかりの深い信州皆神山（長野県長野市松代町）で開催された「霊界物語入門研修会」における講演内容に加筆したものである。翌九一年に他の講師諸兄の原稿とあわせ『予言と神話』として一冊にまとめられたが、同書が品切れになって相当期間が過ぎたため、今回、八幡書店の要望で、『霊界物語』の月報に掲載した若干の拙文とあわせ改めて『スサノオと出口王仁三郎』として刊行されることになった。

解説にかえて

武田崇元

本書の核心をなす「スサノオ神話と出口王仁三郎」は一九九〇年六月一日から三日にかけて皆神山で開催された「霊界物語研修講座」における著者の講演録に加筆されたもので、翌九一年に他の講師の原稿とあわせ『予言と神話』として弊社より上梓された。その後、『霊界物語』の月報に著者が執筆した論考から五本を選んで併収し『スサノオと出口王仁三郎』として刊行されたが、今回の増補にあたっては、月報掲載の著者の遺稿十四本をすべて収録することにした。初出は左記の通りである。

穴太の皇子（『霊界物語』月報1　一九八九年三月三日　所収）

千二百六十日と六百六十六匹の獣（『霊界物語』月報6　一九九〇年六月一五日　所収）

テルモン山騒動に見る日本の命運（『霊界物語』月報10　一九九一年七月三〇日　所収）
天祥地瑞の世界・大過去の過去の物語（『霊界物語』月報13　一九九二年八月三一日　所収）
「神示の創作」・天魔坊と転倒坊（『霊界物語』月報14　一九九二年一二月八日　所収）
『霊界物語』と「筆先」（『霊界物語』月報2　一九八九年六月六日　所収）
大蛇退治の段（『霊界物語』月報3　一九八九年九月一二日　所収）
高姫と福島久（『霊界物語』月報4　一九八九年一二月二五日　所収）
九月八日のこの仕組（『霊界物語』月報5　一九九〇年三月三日　所収）
錦の宮とイソ館（『霊界物語』月報7　一九九〇年九月二〇日　所収）
厳瑞二霊と変性男子・女子（『霊界物語』月報8　一九九一年一月二〇日　所収）
兇党界と妖幻坊（『霊界物語』月報9　一九九一年三月二五日　所収）
神素盞嗚大神と山上の神訓（『霊界物語』月報11　一九九一年一二月二四日　所収）
「神仏無量寿経」と「神力と人力」（『霊界物語』月報12　一九九二年四月二三日　所収）

これらの遺稿は、大本教団改革運動の中からあらたに愛善苑が発足する時期に発表されたもので、とりわけ「スサノオ神話と出口王仁三郎」は、新生愛善苑であらたに制定された「神素盞嗚大神」の神号に対する神学的正当性を弁証する重要な論考であった。

大本教団では一九八〇年頃に内紛が表面化し、教団改革を目指す「いづとみづの会」が結成された。神定の道統継承者とされた出口直美とその夫君である出口栄二に対する教団執行部の処遇が当面の大きな問題であったが、さらにその背景には大本教団の変質に対する信仰者としての違和感があった。

大本教団では、出口ナオ、王仁三郎は並立する存在として理解され、さらに出口日出麿や三代教主直日の権威が重複して存在した。とくに三代教主は開祖ナオを尊敬し、父親の王仁三郎に対しては懐疑的であったがゆえに、ややもすれば王仁三郎は軽視され、教団から発行の『霊界物語』は欠本になってもそのまま放置され、通読できない状況があった。ちなみにこの状況は弊社から『霊界物語』が一般発売されるまで続いた。また、そこで重視されたナオは、立替え立直し、幽閉された神々の復権を表象するナオではなく、質実剛健、清貧、実直という生活表象としてのナオであり、「脚下照顧」「下座の行」といった俗流禅の言葉が横行し、茶、仕舞などの芸事が度をこえて推奨された。さらに一九七五年には三代教主によって神言《かみごと》の中の「伊都《いづ》の大神《おほかみ》、美都《みづ》の大神《おほかみ》」を延喜式祝詞の「我皇御孫《あがすめみま》」に戻すという指令が出された。これは天皇制国家と対峙した大本歴史の全否定であり、著者夫妻の猛烈な抗議によって撤回されたが、「いづとみづ」運動が突きつけたのは、そういった当時の大本に蔓延した閉塞的な風潮に対する異議であった。そこから著者を中心に『霊界物語』の丹念な再読と研究が開始され、神学的には瑞霊一元論、組織的には教主制度そのものへの懐疑という方向へと向かい、一九八九年に新たな教団として愛善苑が分立するという経緯をたどった。

従来、大本教団では大本皇大神《おほもとすめおほかみ》という神号が奉唱されていたが、この新生・愛善苑では著者出口和明氏の主導で神素盞鳴大神《かむすさのをのおほかみ》へと変更された。

本書にも述べられているように、王仁三郎がみずからの神魂の表現とまで断言した『霊界物語』において、主神は神素盞鳴大神であると明確に述べられている以上、その『霊界物語』を唯一の教典とする集団が奉斎すべき神号としては、これはゆるぎない結論であった。思えば、著者が指摘するまで誰も気がつかないコロンブスの卵のような話であった。

大本皇大神という神号は大本教団が祀っている神という以上の意味の広がりを持ちえないが、神素盞鳴大神という言霊は当然のことながら記紀神話のスサノオを包み込む。

本書は、記紀におけるスサノオとアマテラスの神話がいかにして王仁三郎によって脱構築されたかについて詳細に論じ、さらにスサノオというシニフィアンを五十音図のアナグラムのなかに位置づけることでその脱構築を決定的に補完する。著者はあたかも王仁三郎に導かれ、王仁三郎と一体になったかのように、スサノオの甦りとその前景化をこれでもかとばかりに主張する。

大文字の神＝主神である神素盞鳴大神が、一方で神話における逸脱性を帯びたスサノオをも喚起する。そこに王仁三郎が構成した神秩序のダイナミズムとラディカリズムの巧みさがあり、王仁三郎はまさにそのようなスサノオとして生きたのである。王仁三郎の世界では、創造と破壊、秩序と反秩序はつねに往還する。『霊界物語』には数多くの国家改造説話が語られる。とりわけ六九巻は神素盞嗚大神の降臨によって聖化され、王仁三郎自身が投影された国依別《くによりわけ》が国司をつとめる「ウヅの国」が荒廃し、ついには焼け野原になるさまが描かれ、「天祥地瑞」七八巻では国津神と天津神の交代が語られる。王仁三郎においては、神々やこの世の秩序はけっしてスタティクなものとしては構成されないのである。

しかし、神素盞嗚大神という神号がかかえもつこのような力学や、王仁三郎のスサノオに対する思いは、著者が希望を託した愛善苑において自覚的に共有されたわけではなかった。そういう意味においては、本書はもっとも深く読まれるべき人々によって読まれなかったということである。

すでに一九九六年当時、執行部による独断的な運営手法に対して「これでは大本と同じではないか」と批判する総代に対して、当時の代表役員が「大本とは祭っている神様がちがう。こちらは宇宙の最高神を祭っている」と平然と居直るほど荒廃は進んでいた。これは今なお愛善苑を支配する一般的な意識のレベルである。

豊饒なビジョンと背景に対する認識が共有されないまま固定化され、権威化されたとたん、神号は空虚な記号と化した。

お題目のように神素盞嗚大神の神号を唱え、月々の例祭を行い、形式的に霊界物語を拝読するだけで教団の存在意義が担保されるという自己満足的な思い込みによって、彼らは神素盞嗚大神を、瑞霊を封じ込めてきたのである。その結果、高熊山の土地取引をめぐる金銭疑惑に対する徹底究明というきわめてまっとうな措置を求めるグループを組織的に排除するほどまでにモラルは崩壊する一方で、「旧漢字の廃止は日本文化の改竄」であり、旧漢字表記でなければ『霊界物語』は正しく理解できないという珍妙な論や、大本弾圧の政治責任を日本国家から〈フリーメーソン〉と〈ユダヤ〉に転嫁するかのごとき異様な言説が大手をふって罷り通るに至っている。

「あるべき大本の姿を実現」するという高邁な理想をもって出発したはずの愛善苑は、「かつて私たちが真剣に愛した大本教団はすでに根腐れ病を起こして、名だけは大本を冠する別団体に変わってしまいました」という著者の言葉をそっくりそのまま投げ返さなければならない状況にあると言えよう。

しかしそのような愛善苑の嘆かわしい現状は本書の価値をいささかも貶めるものではない。むしろ今こそ、ローカルな一教団の中に押し込められた神素盞嗚大神が本書を通じて再び復活する時であると確信する次第である。

増《ぞう》補《ほ》スサノオと出《で》口《ぐち》王《お》仁《に》三郎《さぶろう》

2012年2月3日　初版発行

著　者　出口和明
編　集　霊界物語刊行会（代表 武田茜）
発行者　武田崇元
発　行　八幡書店
　　　　東京都港区白金台3-18-1八百吉ビル4F
　　　　TEL：03-3442-8129　FAX：03-3444-9439
装　幀　勝木雄二
印　刷　平文社・ケーコム
製　本　難波製本

ISBN978-4-89350-389-3 C0014 ¥2400E